PSYCHO SUP

Nouveau Manuel du TAT

Approche psychanalytique

Sous la direction de
Françoise Brelet-Foulard
Catherine Chabert

2e édition
entièrement revue et augmentée

DUNOD

Illustration de couverture : Franco Novati

ISBN 2 10 049038 9

TABLE DES MATIÈRES

TROISIÈME PARTIE ILLUSTRATIONS CLINIQUES

CONTRIBUTION DU TAT À L'ÉTUDE PSYCHOPATHOLOGIQUE DU FONCTIONNEMENT PSYCHIQUE (C. CHABERT)

« Je place la perception dans la sensation
et je demande à l'intelligence de l'organiser. »

Cézanne

« S'il n'y avait pas de fantaisie et d'imagination,
l'homme comme l'animal resterait englué dans le présent et les choses ;
il n'y aurait ni réalité, ni vérité, il n'y aurait pas non plus de psychanalyse. »

D. Lagache, *Revue française de psychanalyse*, 1964, *28*, 4, p. 534.

Liste des auteurs

Ouvrage collectif réalisé sous la direction de :

Françoise BRELET-FOULARD	Professeur émérite à l'université Paris 13
Catherine CHABERT	Professeur à l'université Paris 5, Institut de psychologie

Avec la collaboration de :

Catherine AZOULAY	Maître de conférences à l'université Paris 5, Institut de psychologie
Marie-José BAILLY-SALIN	Psychologue clinicienne et psychanalyste, ancienne chargée de cours à l'Institut de psychologie (université Paris 5)
Krinio BENFREDJ	Psychologue à l'Aide sociale à l'enfance (DASS) à Versailles, chargée de cours à l'Institut de Psychologie (université Paris 5) et à l'université Paris 13
Monika BOEKHOLT	Professeur à l'université Paris 13
Michèle EMMANUELLI	Maître de conférences à l'université Paris 5, Institut de psychologie
Michèle MARTIN	Psychologue clinicienne, Service de psychopathologie de l'enfant et de l'adolescent (hôpital de La Salpêtrière), ancienne chargée de cours à l'Institut de psychologie (université Paris 5)
Estelle MONIN	Psychologue clinicienne, ancienne chargée de cours à l'Institut de psychologie (université Paris 5)
Marion PÉRUCHON	Maître de conférences à l'université Paris 5, Institut de psychologie
Annick SAUVAGE	Psychologue clinicienne et psychothérapeute

AVANT-PROPOS

Cet ouvrage prend la suite du *Manuel d'utilisation du TAT*, paru sous la direction de Vica Shentoub en 1990. Il est le fruit d'un long travail d'élaboration et aussi, ce qui me paraît lui donner une valeur particulière, d'un travail collectif réalisé grâce aux apports d'une équipe de psychologues cliniciennes et de psychanalystes assurant toutes des fonctions d'enseignement en psychologie clinique et projective. Ce nouveau manuel s'est assigné d'abord comme objectif d'exposer la méthode d'analyse et d'interprétation du TAT à partir des travaux de Vica Shentoub et de leurs prolongements actuels, en se référant à la théorie psychanalytique du fonctionnement psychique. Les auteurs ont tenu à remodeler le premier manuel de manière à mettre en évidence le devenir du TAT dans la psychologie clinique et la psychopathologie contemporaines. La méthode s'est affinée, en se mettant à l'épreuve à la fois de la clinique psychopathologique moderne et des apports théorico-cliniques qui se sont développés depuis dix ans. Que la méthodologie projective s'inscrive dans une dynamique sans cesse renouvelée, ouverte aux changements, mais attachée à ses fondements, voilà l'objectif essentiel que les auteurs se sont donné : en ce sens, ils montrent la vivacité de leur outil de pensée, l'intensité de leur expérience et la solidité de la méthode.

À l'origine, il s'agissait pour nous d'analyser et de définir les conduites psychiques mobilisées par la situation TAT, en en dégageant les spécificités. Mais une telle procédure, pour ne pas sombrer dans l'écueil réducteur d'une technique de mode d'emploi, requiert une armature métapsychologique ferme et pensée. Le TAT, pas plus que le Rorschach, ne recèle un modèle théorique exclusif : il peut être interprété en termes psychologiques, psychiatriques, sociologiques ; toutes les voies sont ouvertes selon le système de référence choisi.

Notre prise de position est très nettement définie : nous nous inscrivons dans les perspectives théoriques et cliniques proposées par la pensée psychanalytique. Vica Shentoub a tracé ce chemin dès le début de ses recherches sur le TAT, et c'est dans cette lignée que nous les avons poursuivies en tenant compte de l'évolution de la clinique et de la psychopathologie, ainsi que des ouvertures actuelles de la théorie psychanalytique. Cependant, une fois cette référence annoncée, comment établir des articulations, des liaisons possibles entre les modèles de pensée et les applications susceptibles d'être effectuées dans un champ autre que celui de la cure ?

Nous avons d'abord tenté, après l'exposé théorique de Françoise Brelet-Foulard qui établit les repères originaires de la démarche telle qu'elle a été promulguée dès 1954 par V. Shentoub, de cerner le cadre de la situation TAT en en définissant les diverses variables (au même titre qu'a pu être construite la notion de cadre analytique) ; dans ce champ, l'analyse du matériel proposé constitue une dimension déterminante, dont la prise en compte est indispensable dans le contexte transférentiel que la situation projective implique.

C'est en nous appuyant sur les concepts essentiels de la psychopathologie psychanalytique moderne que nous avons développé la présentation de la nouvelle feuille de dépouillement, en tentant d'éclaircir les significations de chaque procédé d'élaboration du discours, à la fois par sa définition détaillée et son illustration dans une séquence de récit. Il me paraît important de rappeler ici la complexité et la diversité des modalités du fonctionnement psychique individuel. La feuille de dépouillement ne saurait en aucun cas être considérée et utilisée comme une grille d'évaluation dont la simple cotation conduirait à la mise en place d'une étiquette nosographique : le nombre important d'items représentés se justifie par les exigences d'une analyse qui se veut fine et subtile (sinon, à quoi servirait l'épreuve projective ?), qui se donne comme principe et comme but de suivre le déroulement de la pensée du sujet traduite par le récit TAT dans ses condensations les plus massives ou les plus subtiles, dans ses méandres les plus serrés, afin de rendre compte de la dynamique associative qui les sous-tend.

On ne s'étonnera pas alors de découvrir, au sein de différentes configurations psychopathologiques, des conduites psychiques apparemment contradictoires, non apparentées, mettant au jour des registres de fonctionnement parfois hétérogènes – même si ailleurs la feuille de dépouillement révèle une cohérence et une stabilité particulièrement solide dans l'établissement d'une organisation psychique spécifique. Bien sûr, nous accompagnons le clinicien pas à pas dans la démarche d'analyse, mais il lui reste à effectuer un travail particulièrement délicat : mettre en place, à des fins diagnostiques, l'articulation entre l'analyse des supports formels des récits TAT et les problématiques dont ils sont porteurs.

La distinction entre procédés d'élaboration du discours et problématiques ne peut être justifiée que par des contraintes d'ordre méthodologique ou des impératifs pédagogiques : il est essentiel d'avertir le lecteur – et de le convaincre – de la nécessité d'associer ce double mouvement d'analyse à la fois formelle et « substantielle », en évitant le piège de l'isolation ou l'écueil du clivage.

Ce que la psychanalyse nous apprend montre bien l'importance de la prise en compte de l'épaisseur des constructions langagières, à entendre non seulement en termes de signifiants ou de syntaxe structurale mais aussi en termes de représentations et d'affects. La continuité ou la discontinuité associative dont les qualités originales mobilisent notre écoute, notre attention et nos interprétations, constituent la trame majeure du récit TAT ; mis à l'épreuve d'un penser-fantasmer, comme le propose Françoise Brelet-Foulard, celui-ci porte dans le corps même du discours, les configurations fantasmatiques et les affects qui leur sont attachés, caractéristiques de chaque sujet. À cet égard, les modulations offertes par les planches du TAT me paraissent très précieuses, car elles sont susceptibles de mobiliser, électivement, les différentes modalités de traitement des conflits dont dispose chaque sujet. En ce sens, un protocole de TAT permet de dégager non pas une, mais des problématiques mettant en évidence le recours à des conduites défensives parfois très diversifiées, donnant au fonctionnement psychique du sujet une image de structure « en étoile », ce qui souligne la coexistence de différents registres conflictuels.

Il est important, dans cette perspective, de saisir dans quelle mesure cette coexistence est rendue possible par la souplesse, l'ouverture, la pluralité des conduites de penser, grâce à l'efficacité des processus de liaison, garantissant à la fois la continuité narcissique et le maintien des investissements objectaux. Ou au contraire, d'être confronté à une hétérogénéité discordante du fait des attaques par les processus de déliaison ; ou enfin de se heurter à un mode de fonctionnement monolithique rigide et fermé dont les potentialités dynamiques apparaissent réduites. C'est dans cet esprit que nous avons proposé les illustrations cliniques dans la dernière partie du manuel : nous souhaitons, en effet, montrer notre méthode de travail et la manière dont elle peut conduire à la connaissance du fonctionnement psychique individuel.

Une dernière remarque enfin : la méthode d'analyse et d'interprétation des protocoles de TAT que nous préconisons reste ouverte ; cet instrument de travail doit être régulièrement questionné – comme il l'a été jusqu'ici – interrogé, voire remis en cause par les émergences de la clinique et les mouvements de pensée théorique. N'oublions pas pourtant que, parfois, les données du TAT ont permis de découvrir certaines subtilités psychopathologiques et de formuler autrement des constructions métapsychologiques.

Il me reste à souhaiter que ce manuel ne constitue pas une clôture mais un appel à de nouveaux essors, vers des créations à venir qui, seules, justifieront vraiment son existence.

Catherine CHABERT

Première partie

FONDEMENTS THÉORIQUES DU TAT LA RÉFÉRENCE À LA PSYCHANALYSE

1 LE TAT : À L'ORIGINE, LES TRAVAUX AMÉRICAINS

En 1935, Morgan et Murray publient une première ébauche du TAT, et Murray, trois ans plus tard, se sert des résultats obtenus pour écrire son livre *Explorations de la personnalité*. Mais ce n'est qu'en 1943 que sera publiée la forme définitive de l'épreuve, un jeu de 31 planches et un manuel d'application. Médecin et biochimiste de formation, analysé par Jung, puis par Alexander, Murray se donne pour projet de proposer une base « scientifique » à son « test », en validant un inventaire qu'il souhaite exhaustif des « variables de la personnalité ». Il isole ainsi trois séries de variables :

– les motivations (20 « besoins » regroupés sous 10 rubriques) ;

– les facteurs internes (instances psychiques qui, en interaction avec les besoins, déclenchent les conduites : idéal du moi ; narcissisme ; surmoi intégré auquel le moi se conforme ; surmoi en conflit) ;

– des « traits généraux », états internes et émotion.

La position interprétative vise à mettre en évidence la conflictualisation entre les besoins du sujet *(needs)* et les obstacles que ceux-ci rencontrent venant de l'environnement (*press*). Les histoires que le sujet raconte mettent en scène un héros auquel il s'identifie et à qui il attribue ses motivations. Les personnages en interaction avec le héros représentent les forces familiales et sociales dont le sujet ressent la pression. L'histoire est là considérée comme une évocation déguisée des conduites réelles. Cette position posera aux psychologues la question essentielle pour toutes les épreuves projectives : *la production « projetée » peut-elle être la transposition des conduites réelles, ou doit-on y voir une élaboration discursive (ordonnée par le langage) de conduites imaginaires ?*

Le système interprétatif de Murray apparut assez rapidement insuffisant aux psychologues américains. Certains comme Tomkins compliquent le dépouillement du TAT, espérant l'adapter de manière plus pertinente aux nécessités diagnostiques. D'autres, comme B. Aron, sous l'influence de la pensée psychanalytique, substituent à l'opposition héros/environnement celle des besoins et des défenses. Mais c'est peut-être Z.A. Piotrowski qui retrouvera au plus près l'inspiration psychanalytique de départ ; il proposera d'interpréter le TAT sur le modèle de l'interprétation du rêve : tous les personnages représentent le sujet, le héros, ce qu'il veut ou pense être, les autres personnages prenant en charge ses tendances refusées. Cette idée générale est traduite dans un système interprétatif très complexe, tendant à rendre compte des plus ou moins grandes proximités de ces tendances à la conscience du sujet. Piotrowski, en outre, sensible au fait qu'on ne peut appliquer les mêmes règles d'interprétation psychologique aux conduites des personnages réels et au maniement des personnages imaginaires, proposera des règles d'interprétation propres à ces derniers[1].

Les noms de J.B. Rotter (1940), D. Rapaport (1946, 1947), P.M. Symonds (1951, 1954), W.E. Henry (1956) resteront attachés aux tentatives de modifications de la méthode Murray. Parallèlement, ces mêmes auteurs et un certain nombre d'autres s'intéressent de plus en plus à la forme donnée à l'histoire. Nommons E.R. Balken et J.H. Masserman (1940), D. Rapaport (1952), H. Hartmann (1954), R.R. Holt (1958), R.H. Dana (1959). Mais le travail de Roy Schafer (1958), intitulé « How was this story told ? », marque un tournant pour le psychologue projectiviste : *ce sont les modalités du discours*, davantage que le contenu, *qui différencient les individus.*

Deux psychologues viennent ainsi illustrer la remise en route d'une théorisation et d'une méthodologie propre au TAT qui soit enfin plus performante : pour R.R. Holt (1961), il ne s'agit plus d'analyser le protocole à l'instar des rêves, mais de comprendre cette production d'une histoire « sur commande » comme différente de la fantaisie et de la rêverie spontanée et de la considérer « *as a cognitive product* ». Et c'est L. Bellak (1954*a* et *b*) qui, mettant l'accent, à partir de la seconde topique freudienne, sur le moi et ses fonctions, les résistances et les défenses, propose une méthode d'interprétation cohérente à la théorie psychanalytique, qui fera désormais référence.

---

1. Pour une analyse plus détaillée des modalités de dépouillement de H. Murray et Z.A. Piotrowski, on se référera à l'ouvrage de D. Anzieu et C.Chabert, *Les Méthodes projectives*, Paris, PUF, 1983.

2 VICA SHENTOUB ET LE TAT

C'est en s'appuyant sur les travaux de ces derniers auteurs que V. Shentoub, en France, s'intéresse au TAT dès le milieu des années 1950. Comme les auteurs américains, elle se préoccupe de situer l'histoire-TAT en tant que produit psychique. Fidèle à la pensée de D. Lagache, dont elle s'inspirera tout au long de ses travaux, elle propose une réponse opérante à cette question, en considérant l'histoire-TAT comme une fantaisie consciente induite. Ses travaux, puis ceux qu'elle poursuivit avec R. Debray, ont transformé pratique et théorisation de cet « outil » méthodologique. Le TAT a ainsi acquis une fiabilité diagnostique et une capacité d'élargissement qui en font, dans les pays de langue romane, l'épreuve projective accompagnant le plus fréquemment le Rorschach. C. Chabert (1987*b*, 1998) a d'ailleurs montré l'intérêt de l'utilisation complémentaire de ces deux épreuves.

Évoquant son évolution dans la précédente édition de ce manuel, V. Shentoub (1990), après avoir rappelé les travaux qui se proposaient de mettre en évidence tel ou tel facteur de la personnalité du sujet à travers son expression dans l'histoire-TAT, écrit :

> La visée fut précisément de sortir le TAT de l'ornière de ces contenus prétendument significatifs, pour le rendre opérationnel en matière de diagnostic différentiel entre les modes particuliers de fonctionnement mental. Le TAT n'avait d'intérêt dans cette perspective que dans une approche holistique ; en d'autres termes, c'est à la notion de structure individuelle que nous pensions devoir nous référer, celle-ci correspondant aux grandes lignes relativement stables de l'organisation mentale, aux systèmes électifs de la vie intérieure et relationnelle de chacun. (1990, p. 15)

Elle s'y situe en filiation avec l'école américaine, plus exactement avec celle représentée dans les années 1955-1960 par L. Bellak, D. Rapaport, R.R. Holt et R. Schafer, auteurs critiques, nous l'avons vu, quant à la position théorico-méthodologique de H. Murray, et pour certains, dans le champ psychanalytique du « retour à Freud » que préconise l'école de « l'Ego Psychology ». Retour à Freud qui insiste sur la deuxième topique (les États-Unis, avant la guerre et l'immigration des psychanalystes chassés par le nazisme, se servaient avant tout dans leur travail des modèles de la première topique). Mais aussi, petit à petit, les auteurs se référant à l'« Ego Psychology » valorisent la notion contestée, car non freudienne, « d'autonomie du moi » : l'instance moïque, au fur et à mesure de son développement, s'affranchirait de sa source sexuelle et deviendrait pour une part « autonome ». Cette sphère autonome serait en charge de la pensée et des modalités supérieures de fonctionnement psychique. Les partisans de « l'Ego Psychology », en soutenant cette désexualisation, s'éloignaient du travail de Freud sur un point essentiel : l'origine pulsionnelle, sexuelle, de tout le fonctionnement psychique.

Dans le cadre de la *première topique*, le fonctionnement psychique est modélisé selon des relations économiques et dynamiques entre trois instances psychiques (représentées comme des lieux) : le conscient/préconscient et l'inconscient.

Avec la *deuxième topique*, Freud ajoute à ce modèle une modélisation de la psyché décrite à travers les relations entre le ça, le moi et le surmoi.

Insistons : la deuxième topique ne remplace pas la première et ne rend pas compte des mêmes relations, elle s'y ajoute. Ainsi le moi, par exemple, peut être à la fois conscient et inconscient.

2.1 Historique

■ *1955-1960*

Dès ses premiers articles (1955-1959), sensibles à la notion de « distorsion aperceptive » telle que la propose L. Bellak (1951) et au travail de R.H. Dana (1955), V. Shentoub se réfère à l'idée, empruntée cette fois à P.M. Symonds, d'une « structure » susceptible d'être mise en évidence par le TAT.

> Ce qui distingue le normal et le pathologique, c'est que le normal intègre ces éléments [conflits, agressivité, culpabilité, etc.], les organise mieux, les domine, les utilise même en vue d'une meilleure adaptation. C'est donc la manière d'utiliser les éléments en présence, de les intégrer ou d'être débordé par eux qui permet d'opérer un diagnostic positif, et en partant de là, le diagnostic différentiel. (V. Shentoub, 1957, p. 187)

Elle ne se départira pas de ce scepticisme, d'emblée total, quant à l'intérêt à porter au contenu :

> [...] Les facteurs tirés du contenu [projectif] sont les mêmes pour les normaux et pour les malades. On constate la même culpabilité, la même agressivité, la même jalousie. Ce qui diffère, c'est leur « dosage », et comme nous venons de le voir, leur intégration dans l'ensemble de la personnalité. (V. Shentoub, 1955, p. 589)

Et si elle note déjà, sans s'y attarder, que « les réactions au réel, la planche, [sont à] considérer sous l'angle des mécanismes de défense dans le sens le plus étroit du terme » (*ibid.*, p. 589), c'est surtout au moment perceptif de la situation-TAT qu'elle se propose d'être attentive, suivant en ceci la position de R.H. Dana.

Très vite, elle pointe l'insuffisance des travaux sur les processus psychiques à l'œuvre dans la situation-TAT (V. Shentoub et N. Rausch, 1958). Elle se propose de pallier ce qu'elle considérera encore, dans son article de mise au point de 1982, comme la grande faiblesse des recherches américaines. « Les uns et les autres semblent se heurter à l'absence d'une théorie homogène susceptible d'expliquer ce qui se passe chez le sujet lorsqu'on lui demande “d'imaginer une histoire à partir de la planche” » (V. Shentoub et N. Rausch, 1982, p. 2).

Deux instruments méthodologiques se dessinent dans cette période, qui vont petit à petit s'affiner : la grille de dépouillement et la recherche de la réponse banale, esquisse de ce qui sera plus tard formalisé en termes de « contenu latent – contenu manifeste » de la planche (V. Shentoub et S. Shentoub, 1958). La recherche de la réponse banale, sans doute née d'un souci statistique, allait pour sa part laisser émerger de la clinique la notion de « bonne distance à la fantasmatique », que nous voyons apparaître dans les articles de la période suivante.

■ *1960-1969*

Pendant les dix années qui vont suivre, V. Shentoub met à l'épreuve cet instrument méthodologique (thème banal et feuille de dépouillement). Partant de la théorie psychanalytique comme théorie de la personnalité, elle isole de nouveaux paramètres de la situation-TAT susceptibles de rendre compte de ce qui en fait l'originalité : la production d'*une histoire racontée à partir d'un dessin.*

Les psychologues français s'intéressant au TAT se trouvaient pris dans une situation paradoxale. Ils participaient d'un côté à l'enthousiasme américain devant le renouvellement d'une pensée qui, et dans le champ de la psychanalyse et dans le champ du TAT, pouvait être fière de ses exigences de rigueur et de fidélité à Freud au sein d'une culture psychologique ambiante prête sur ce plan à beaucoup de facilités. En même temps, ils étaient affrontés en France à une non moins légitime suspicion[1] et fortement gênés par les critères interprétatifs de Holt, inspirateur jamais renié : selon lui, l'histoire-TAT, traitée comme « produit cognitif », témoignerait de l'efficacité de la « sphère du moi libre de conflit » et de « l'autonomie secondaire du moi ». Le TAT devenait dans cette optique la mise à l'épreuve efficace de la capacité de « neutralisation » du sujet (changement qualitatif de la pulsion dont l'orientation instinctuelle, sexuelle et agressive, est abandonnée quand elle s'engage dans la structure du moi) (V. Shentoub, 1972-1973, p. 585). Et c'est justement ce concept qui apparaissait comme des plus critiquables parmi ceux que proposait l'école de « l'Ego Psychology ».

1. De nombreux éléments de réflexion sur ce sujet sont proposés par A. Green dans *Le Discours vivant*, paru en 1973 (pp. 110 et suiv.).

Ce malaise se ressent fortement à la lecture des textes de V. Shentoub – très nombreux – qui se succèdent de 1960 à 1970 ; sans doute est-ce cette pression qui suscite son effort. « Sous l'influence de la psychiatrie moderne, d'inspiration psychanalytique » (V. Shentoub, 1968-1969, p. 9), elle trouve un premier compromis en se centrant sur la mise en évidence des mécanismes de défense du moi :

> Le mode d'organisation [du récit face au conflit réactivé par l'image] nous renseigne sur les procédés mis en œuvre par l'individu, autrement dit sur ses mécanismes de défense. L'éventail plus ou moins large de ces mécanismes et leur efficacité, autrement dit la faculté dont dispose le moi de se dégager des conflits, ou au contraire son impossibilité à le faire... (V. Shentoub, 1968-1969, p. 10)

Elle rapproche, dans sa thèse de 1967 (p. 53), la situation-TAT de « l'examen clinique approfondi » en discipline psychiatrique : même référence au corpus de la psychanalyse, temps limité, attitude active du clinicien, relation-choc et de courte durée, échantillon de conduite. Mais elle ne semble pas, par la suite, avoir souhaité pousser plus loin cette hypothèse de travail.

L'influence de D. Lagache (1961, 1964) l'aide à se dégager de la problématique de « l'Ego Psychology ». La notion de « mécanisme de dégagement[1] » qu'elle lui emprunte (V. Shentoub, 1967, p. 23) se substitue de manière heureuse à celle de « degré d'autonomie du moi face aux conflits défensifs », encore présente dans les travaux de 1963 et jusque dans sa thèse, en 1967 (p. 63).

> Ainsi arrive-t-on à dégager dans le moi deux « secteurs », l'un qui reste dépendant autant du ça que du surmoi, et l'autre qui s'en différencie par sa résistance aux tensions, aux répétitions, par sa relative autonomie par rapport aux structures inconscientes, et qui laisse à l'homme la possibilité de fonctionner en se réalisant. (V. Shentoub, 1968-1969, p. 16)

La clinique du TAT s'affirme à cette époque, grâce à l'usage systématique des instruments méthodologiques mis en place (feuille de dépouillement et thème banal)[2]. Il lui est alors loisible d'isoler la notion « d'investissement à bonne distance du fantasme évoqué » par la présentation de la planche-TAT. Cette notion apparaît aujourd'hui comme de très grande valeur heuristique et

1. Voici la définition qu'en donnent J. Laplanche et J.-B. Pontalis dans le *Vocabulaire de la psychanalyse* (1967, p. 237) : « Notion introduite par E. Bibring (1943) et reprise par D. Lagache (1956) dans son élaboration de la théorie psychanalytique du Moi. D. Lagache oppose les mécanismes de dégagement aux mécanismes de défense ; alors que ceux-ci n'ont pour fin que la réduction urgente des tensions internes [...], ceux-là tendent à la réalisation des possibilités, fût-ce au prix d'une augmentation de tension. »
2. V. Shentoub et S. Shentoub, 1960 ; V. Shentoub, 1963 ; V. Shentoub et M.J. Basselier, 1963.

sa fécondité est loin d'être épuisée. V. Shentoub en fait d'abord un critère normatif :

> C'est un problème de distance à établir [...], idéalement égale entre les éléments objectifs de la réalité (de la planche) et les fantaisies inconscientes empreintes de désir et de défense (défense par la réalité, défense par la fantaisie). Distance idéale : le sujet s'engage et peut se dégager, conscience de la fantaisie que D. Lagache rattache [V. Shentoub cite] à « une autonomie relative impliquant la communication entre les structures inconscientes et les activités adaptatives et créatrices de l'esprit ». (V. Shentoub, 1967, p. 57)

Ni trop, ni trop peu, dira-t-elle, rapprochant le TAT du sujet normal d'un « jeu qui se sait jeu et peut disposer de son déroulement » (V. Shentoub, 1968-1969, p. 28). Ces deux notions, dégagement et bonne distance, libéraient le TAT de ses sources hartmaniennes et d'exigences statistiques, difficilement conciliables avec la clinique à référence psychanalytique. Plus encore, sans doute, et il nous faut le noter ici avec beaucoup d'insistance, elles portaient en germe le développement de ses travaux plus récents (V. Shentoub, 1981) autour du TAT comme test de créativité. « Ainsi la notion de normativité, excluant toute référence axiologique ou statistique, se fonde sur un ensemble de critères qui pourraient converger vers la notion de créativité », écrit-elle dès 1973 (p. 257). Plus précisément encore :

> C'est au mécanisme de sublimation, donc de création [que le TAT fait appel]. Ce mécanisme ne pourrait s'enclencher que chez des individus dotés d'un certain type de fonctionnement mental, caractérisé en particulier : par la perméabilité des substructures de l'appareil psychique (Cs, Pcs, Ics) propre à assurer la communication entre elles ; par la possibilité de régresser, au risque de se désorganiser et d'avoir à se réorganiser à l'aide de mécanismes privilégiés. (V. Shentoub, 1981, p. 67).

Cette notion de « distance » impliquait que soit connue la réactivation fantasmatique liée à l'impact de chaque planche. Les travaux sur le thème banal débouchaient sur les catégories « contenu manifeste, contenu latent[1] », qui allaient donner leur empreinte définitive à la méthode d'interprétation de V. Shentoub :

> La problématique à laquelle le stimulus renvoie par construction, [voilà] ce que les deux écoles américaines scotomisent [...]. Le matériel renvoie essentiellement, sinon exclusivement à l'œdipe. (V. Shentoub et R. Debray, 1970-1971*a*, p. 898)

1. Nous disons maintenant « sollicitation latente ».

■ *1970-1971-1972*

Restait à mettre en place une théorie du « processus-TAT ». Un article de 1970, écrit en collaboration avec R. Debray, « Fondement théorique du processus-TAT » (V. Shentoub et R. Debray, 1970-1971*a*) puis la publication du cours de V. Shentoub dans le *Bulletin de Psychologie* (V. Shentoub, 1972-1973) allaient répondre à cet objectif. L'instrument de travail, en effet, pouvait permettre de multiples développements, des dérives, la découverte de méthodologies « pointues » ou pertinentes à d'autres champs : en tant qu'outil de compréhension et de recherche, il proposait une méthodologie cohérente à la théorie qui le soutenait.

Notons le mouvement qui l'anime : la reconnaissance explicite de la place nodale du concept de fantasme. Celui-ci est à l'origine du mouvement qui aboutit chez le sujet à la production de l'histoire, comme il est à l'origine de tout investissement, dans la vie quotidienne, de la réalité externe et de ses objets :

> Sans la fantaisie sous-jacente réactivée par le stimulus, porteuse, elle, de désir et de défense, il n'y aurait pas de réalité, comme dirait Lagache, ni d'histoire au TAT. (V. Shentoub et R. Debray, 1970-1971*a*, p. 898)

Conséquence de ce postulat, pour des auteurs fidèles aux positions théoriques de la psychanalyse : « Le contenu [de la planche] fait toujours référence à la situation œdipienne, même si le contenu manifeste privilégie tel ou tel aspect de la situation » (*ibid.*). L'accent est déplacé du travail du moi à la dialectique entre ses procédés de fonctionnement et la pression du fantasme, qui prend une place centrale. L'histoire témoigne du « compromis original face aux heurts entre les impératifs conscients et inconscients » (*ibid.*, p. 900). L'interprétation sera : « confrontation entre le texte manifeste du récit et le contenu latent de celui-ci » et la « mise en évidence des procédés qui ont permis le passage de l'un à l'autre » (*ibid.*, p. 901).

> L'analyse des données [se fera par référence] au modèle structural œdipien, car c'est à travers la possibilité ou l'impossibilité à maîtriser la poussée fantasmatique liée à l'œdipe que l'on peut apprécier aussi bien la position du sujet face à ce modèle que les aléas de son histoire. (*ibid.*, p. 901)

2.2 La théorisation du manuel : un aboutissement

On peut voir ainsi que la centration conceptuelle à l'origine de sa réflexion – structure et rôle défensif et dégageant du moi – restera agissante dans tout son parcours. Dans la précédente édition de ce manuel, V. Shentoub réglait à nouveau ses comptes avec la notion d'autonomie du moi qu'elle avait pourtant depuis longtemps dépassée. Elle y affirmait la richesse de la position de D. Lagache et sa fécondité pour l'interprétation du TAT.

> Le concept d'autonomie relative recouvre ce que D. Lagache (1966, p. 817) entend par « compénétration du monde privé et du monde commun ». L'hétéronomie, et à la limite la pathologie, résideraient dans l'isolation entre le monde fantasmatique inconscient et celui de la raison consciente. L'hypothèse d'une compénétration, d'une continuité est plus propre à rendre compte des actions humaines et, en particulier, des productions de l'esprit (Lagache, *ibid.*). En effet, il est difficile de concevoir une activité mentale de laquelle la résonance fantasmatique serait totalement absente. Même dans une élaboration scientifique, la pensée fantasmatique peut avoir un rôle « d'allumage ». Toutes les grandes découvertes reposent sur cette brèche brutale formée dans le courant de la pensée du monde commun par l'intrusion d'une idée qui n'en faisait pas partie. [...] Fait en apparence paradoxal : plus la conscience et l'action sont ouvertes à la fantasmatique, moins elles sont infiltrées, phagocytées par elle. Plus la fantasmatique est familière, plus on peut prendre de la distance par rapport à elle, plus librement on peut jouer et puiser en elle : c'est là un des aspects de la force du moi. Le contraire serait la subordination du moi aux fantasmes et aux compulsions défensives, sa faiblesse, son hétéronomie ou son aliénation. Ce qui précède touche directement à notre propos. Ce que nous recherchons à travers un protocole de TAT, ce n'est pas la trame anecdotique du conflit, tel qu'il nous est conté par le sujet au niveau du contenu manifeste du récit, mais la manière dont le moi organise sa réponse dans une situation conflictuelle que représentent, tout à la fois, le matériel (qui renvoie, comme on le verra plus tard, aux conflits universels), la consigne et la situation dans son ensemble. Pour que cette réponse soit « réussie », il faut que le moi dispose de cette autonomie relative qui permet la familiarité avec la fantasmatique. Il faut qu'il dispose de la faculté de jouer, tout à la fois, sur le registre conscient et le registre inconscient, qu'il passe sans trop de heurts de la déraison à la raison et inversement ; il faut cette relative intégration de l'appareil défensif qui laisse l'énergie libre à la disposition du moi conscient. (V. Shentoub, 1990, pp. 11-12)

Dans ce contexte, V. Shentoub propose de situer l'histoire-TAT dans un continuum dont la source serait le fantasme inconscient, et qui irait du rêve au produit « cognitif » qu'évoquait R.R. Holt. Elle localise sa production comme celle d'une « fantaisie consciente induite ». Plus contrôlée qu'une rêverie diurne, la fantaisie consciente induite est, comme cette dernière, consciente, mais, de plus, « produite sur commande d'autrui qui en attend la communication ».

Cela permet à V. Shentoub de mettre fortement en garde le psychologue quant à une interprétation immédiate du contenu, mais aussi de situer celui-ci en filiation plus ou moins directe avec le fantasme inconscient.

> « *Fantasme* : scénario imaginaire où le sujet est présent et qui figure, de façon plus ou moins déformée par les processus défensifs, l'accomplissement d'un désir et, en dernier ressort, d'un désir inconscient. » (J. Laplanche et J.-B. Pontalis, 1967, p. 152)

Le sujet n'apparaît, rappelle-t-elle, que déguisé et doit toujours être inféré à partir de « multiples fragments [...] de matériaux partiels et de données multiples et diverses ». Véhiculé par les paroles, actions, affects, états et actes « corporels, [le fantasme] énonce une relation du sujet avec les objets de son monde intérieur, exprime le désir inconscient et l'activité défensive à son égard » (V. Shentoub, 1990, p. 13).

Ce fantasme inconscient confère aux conduites du sujet et à son discours, une structure latente et permanente. Cette structure « puise aussi bien dans l'expérience individuelle qui lui donne une coloration particulière, qui lui fait prendre des traits éminemment singuliers, mais aussi dans ce qui transcende l'expérience individuelle ou plutôt dans ce qui relie l'expérience individuelle et l'expérience universelle : il s'agit de ce qu'on nomme fantasmes originaires, ceux qu'on observe chez les humains sans que l'on puisse les rattacher à des événements réellement vécus » (V. Shentoub, 1990, p. 13).

Fantasmes originaires : structures fantasmatiques typiques (retour au ventre maternel, scène primitive, castration, séduction) que la psychanalyse retrouve comme *organisant* la vie fantasmatique, quelles que soient les expériences personnelles du sujet.

Les fantasmes de tout un chacun se tissent autour de la réalité d'un sexuel infantile universel, structuré par l'œdipe pour rendre compte et éventuellement aménager différentes réponses aux énigmes majeures de l'existence : la naissance, la différence des sexes et celles des générations (l'immaturité biologique de l'enfant face au monde adulte). L'organisation de la vie psychique par l'œdipe permet ainsi de clore un premier travail de renoncement.

Le TAT – V. Shentoub et R. Debray le démontrent brillamment en 1970-1971*a* – propose des planches qui résonnent à cet œdipe nodal selon différentes modalités fantasmatiques, donnant ainsi une cohérence définitive à la méthodologie interprétative : devant telle ou telle sollicitation fantasmatique (la sollicitation latente de la planche), la réponse/histoire, à travers sa forme, son contenu et leurs relations dynamiques réciproques, traduit l'aménagement que le sujet se propose dans sa vie fantasmatique, pour qu'elle devienne communicable à l'autre. Les recherches plus anciennes sur la forme des récits comme traduisant les modes défensifs du moi et ses possibilités de dégagement quand ils s'incarnent dans la construction d'une histoire prennent alors une autre dimension : *réponse socialisée, communicable, à une excitation pulsionnelle réveillée selon le canal œdipien, et se proposant au partage.*

3 TAT : FANTASME ET ÉLABORATION PSYCHIQUE[1]

Dans les années qui suivront, nous allons voir s'élargir les possibilités interprétatives du TAT.

On se souvient que V. Shentoub rapprochait la relation de test d'une situation de « commande d'autrui qui attend la communication [de l'histoire] ». Une fois reconnu le poids de l'excitation d'une fantasmatique inconsciente dans la relation avec le psychologue, elle est amenée à situer celui-ci comme destinataire de l'adresse. L'histoire doit alors rester suffisamment proche d'une expression communicable, *prenant sa source* dans le fantasme, mais restant à bonne distance de son expression pour obéir à toutes les nécessités de la pensée secondaire. Celle-ci apparaîtra dans son efficacité :

- en fonction de la prise en compte du « contenu manifeste » de la planche : le travail perceptif n'est pas entraîné par le réinvestissement des images/souvenirs de la vie psychique et reste capable de différencier celles-ci de ce qui est donné par le percept ;
- dans la qualité du langage et la « lisibilité » de l'histoire. Les différents items de la grille de dépouillement permettent de mettre en évidence les couleurs que les différents mouvements défensifs impriment à la construction de l'histoire (le « style », plus ou moins « contrôle », « labile » ou « inhibé »).

Ce contexte de théorisation entraînait V. Shentoub à insister fortement sur la qualité normative des processus secondaires. « L'émergence en processus primaires » – on devrait dire plutôt l'apparition d'une pensée secondarisée bousculée, déformée par les processus primaires ou, comme nous l'avons proposé, tolérante à leur mouvement[2] et tentant de le prendre en charge – cette émergence devient pour elle, dans le meilleur des cas, potentialité de régression créative (si l'histoire témoigne d'une « remontée[3] » rapide dans la pensée secondaire). Dans tous les autres cas, le psychologue aura à évaluer le poids de ce moment de désorganisation en fonction de son intensité et de sa place dans l'histoire (le mouvement psychique qui l'a précédé et celui qui le

1. J. Laplanche et J.-B. Pontalis, dans le *Vocabulaire de Psychanalyse*, proposent d'envisager cette notion sous deux aspects : « la transformation de la quantité physique en qualité psychique ; l'établissement de voies associatives qui suppose comme condition préalable cette transformation » (p. 131).
2. D. Anzieu parle de « logique formelle appropriée aux processus primaires et aux logiques archaïques » (*in Les Enveloppes psychiques*, 1987, p. 2).
3. C'est en effet à V. Shentoub que nous devons cette notion, très utile au praticien pour apprécier la souplesse du fonctionnement psychique.

suit). Elle nous donnait ainsi un outil méthodologique ouvert sur la réponse névrotique et ses échecs.

> *Processus primaires* : les processus primaires ont été reconnus par Freud à travers la compréhension du rêve qui est organisé par leur logique. Ils caractérisent les processus inconscients. Ils visent à établir par les voies les plus courtes une identité de perception. L'investissement porte sur les « *représentations de chose* »[1], images surtout, mais aussi d'autres éléments investis à partir de perceptions multiples (sensorielles, cénesthésiques, etc.). Ils travaillent par glissements incessants de sens d'une représentation à une autre (déplacement et/ou condensation).
>
> Le fonctionnement de pensée en *processus secondaires* s'ajoute avec l'acquisition du langage au fonctionnement en processus primaires. Il implique l'acceptation d'un délai et l'investissement des « *représentations de mot* ». À l'opposé des processus primaires, il tient compte de la réalité, de la logique et de la cohérence et, entre autres, des catégories du temps et de l'espace. Il obéit, non plus à l'identité de perception, mais à l'identité des pensées entre elles. Il faut cependant souligner que sans processus primaires, il n'y a pas de processus secondaires puisque ceux-ci travaillent sur ceux-là qui constituent en quelque sorte la matière première du traitement des produits psychiques et de leur élaboration.
>
> Les processus primaires, considérés comme ceux qui gèrent le travail psychique dans les premiers instants de la vie humaine, persistent tout au long de celle-ci, généralement recouverts par la pensée secondaire, qu'elle soit animique (celle qui construit le fantasme, les théories sexuelles infantiles, etc. : *cf.* Freud in *Totem et Tabou*) ou organisée dans le registre œdipien, à partir de la reconnaissance de la différence des sexes et des générations.

On peut comprendre les apports successifs à l'interprétation du TAT dans les vingt dernières années à partir de trois grands mouvements de pensée :

1. l'un proprement *projectiviste* concerne la conception de la relation de test ;
2. la compréhension *métapsychologique* de la place du moi s'élargissant, elle permet un appui théorique très enrichissant pour le clinicien du TAT, en donnant à l'élaboration psychique une place plus importante dans le fonctionnement de la psyché ;
3. enfin, l'évolution des conceptions *psychopathologiques* confronte le praticien à des protocoles où se repèrent des modalités de fonctionnement

1. Nous avons choisi le terme « représentation de chose » et non « représentation-chose » dans la mesure où il est encore, à l'heure actuelle, d'utilisation plus courante. Pour plus amples informations, se référer à J. Laplanche, « Court traité sur l'inconscient », *in Entre séduction et inspiration, l'homme*, Paris, PUF, 1999, pp. 67-114.

proches de celles décrites chez les personnalités narcissiques et limites, et permet parfois d'en découvrir d'autres.

3.1 La relation de test

La réflexion du psychologue ne fait sur ce point que serrer de plus près la cohérence de la méthodologie et de la théorisation du TAT avec sa référence à la métapsychologie psychanalytique : proposer des planches qui appellent la fantasmatisation œdipienne dans une relation où le psychologue « sait » l'opérativité de son outil, alors que le sujet en ignore toutes les modalités, *redouble* l'intensité de cet appel. Le psychologue est à considérer comme étant à la même place que la mère de l'enfant, à la fois « première séductrice » et porteuse – du moins, on l'espère – de l'interdit. L'abstention du psychologue quant à toute intervention (sauf moment traumatique où le sujet reste sidéré devant la planche) est l'incarnation de cet interdit : il ne se passera rien entre nous, semble-t-il dire, sinon l'adresse – et l'offre à dimension sexuelle – d'un fantasme personnel dans une écoute qui, pour être silencieuse, n'en est pas moins impliquée. Le poids de l'excitation pulsionnelle que le sujet a à gérer en apparaît d'autant plus important. La capacité de ce dernier à fantasmer, et à prendre ce fantasme dans une histoire où il puisse le partager, est mise à l'épreuve tout autant que les mécanismes de défense du moi. Le fantasme n'est plus seulement *la source* d'une fantaisie consciente induite, mais *la canalisation d'un mouvement pulsionnel* très fortement sollicité. L'histoire devra donc être scénario, où seraient idéalement perceptibles – et c'est ce qui se passe dans les cas névrotiques – le désir, parfois seulement affleurant à travers les mécanismes de défense (dans le sens étroit du terme) qui en pointent l'émergence, et l'interdit dont ils témoignent.

> *Mécanismes de défense* : toute opération « défensive » devant l'émergence du pulsionnel, visant à refouler ou soutenir le refoulement de ses mouvements (motions de désir). Certains auteurs post-freudiens et, par moment, Freud lui-même (A. Freud, 1936, *Le Moi et les mécanismes de défense*), ont souhaité différencier les modes de défense liés au refoulement (devenus définitifs dans la structuration œdipienne de la psyché) des mouvements dits défensifs, mais plutôt liés au « destin » de la visée pulsionnelle (retournement en contraire, retournement sur soi, par exemple), ou des défenses très primaires comme celles mises en évidence par M. Klein (clivage de l'objet, déni de la réalité psychique, contrôle omnipotent de l'objet). En ce sens, les mécanismes de défense proprement dits sont de l'ordre du fonctionnement névrotique.

Dans les fonctionnements psychopathologiques mis actuellement en évidence, ce scénario vient à manquer dans un certain nombre de

« réponses » du sujet à la proposition de la planche, voire dans la totalité ou presque du protocole (il sera d'ailleurs indispensable de mettre en évidence quelles sollicitations latentes précises ont déclenché cette incapacité à historiser).

3.2 L'élargissement de la conception du moi

Si le moi se constitue dans le mouvement même du refoulement et reste caractérisé par son activité, à celle-ci s'ajoute une activité d'autothéorisation (J. Laplanche, 1987) qui, pour être, elle aussi, au service de l'élaboration psychique de la pulsion, ne peut être confondue avec l'activité refoulante et l'appui que celle-ci prend dans les mécanismes de défense.

Cette activité d'autothéorisation, de mise en sens s'exerce d'abord dans l'animisme et le fantasme puis, avec l'assumation de l'œdipe, dans une pensée de moins en moins autocentrée (P. Castoriadis-Aulagnier, 1975). Elle reste la source et le moteur du mouvement de pensée, même le plus abstrait et le plus éloigné.

En outre, ces deux modalités d'activité moïque – refoulement et autothéorisation – impliquent le travail nécessité par la distance que le « mot », la représentation verbale, a avec la représentation de chose (*cf. supra*). Ce travail de deuil s'initie dans la représentation de la « perte de l'objet », à entendre comme situation-trauma où l'objet manque à la pulsion, qui reste sans possibilité immédiate d'actualisation (selon le processus primaire). Dans une deuxième modalité expressive, cette perte de l'objet se figurera à travers l'angoisse de la perte de l'amour de l'objet (cette fois du côté de l'affect, autre représentant psychique à côté du représentant-représentation, de chose et de mot). La fantasmatique œdipienne et sa face obscure, l'angoisse de castration, recouvrira ces différentes figurations psychiques.

Représentation-affect : concept psychanalytique de base, mais dont de nombreux travaux actuels explorent encore la complexité. Il s'agit de la traduction subjective de la quantité d'énergie pulsionnelle (Freud, 1915*b*), « état affectif pénible ou agréable, vague ou qualifié » (J. Laplanche et J.-B. Pontalis, 1967, p. 12). Représentant psychique qui peut se lier ou se délier au représentant-représentation, il qualifie la force pulsionnelle et s'ajoute normalement à son mouvement. Celui-ci pourtant (la motion pulsionnelle) est toujours susceptible de se « déqualifier », retrouvant alors en plus ou moins grande part son aspect quantitatif. Nous verrons qu'un certain nombre de fonctionnements psychopathologiques mis en évidence par les recherches actuelles (psychopathies, troubles des conduites alimentaires, etc.) trouvent dans ce contexte de recherche une nouvelle compréhension.

3.3 La pertinence du TAT dans la compréhension d'autres registres de fonctionnement psychopathologique

Mais, sans aucun doute, ce fut de la recherche empirique que l'interprétation du TAT tira ses plus grandes avancées. R. Debray (1978, 1983, 1984, 1997) initie cette démarche dans son travail sur les TAT de patients présentant des troubles somatiques, en écho aux travaux de Pierre Marty (1976, 1980). Elle souligne ainsi les modalités « factuelles » organisant la réponse. La mise en évidence des fonctionnements narcissiques et limites (O. Kernberg, 1975*b* ; J. Bergeret, 1974 ; J.-L. Donnet et A. Green, 1973 ; A. Green, 1990) entraînera nos propres recherches (F. Brelet, 1981, 1983, 1986, 1987, 1992, 1996). Le psychologue, confronté aux protocoles de TAT, y retrouvait des modalités discursives qui se présentaient dans une grande analogie avec les particularités des conduites que les psychanalystes décrivaient de plus en plus finement. Elles apparaissaient de manière suffisamment régulière pour que l'on puisse y appuyer un diagnostic. Et ces mêmes protocoles mettaient en évidence des conduites de pensée que la cure, organisée selon d'autres paramètres (transfert et régression), ne permettait pas d'isoler aussi nettement.

Des conduites discursives particulières, touchant la projection et l'intériorisation, attiraient l'attention, ainsi que des mouvements antidépressifs, perceptibles dans la construction de la réponse à la stimulation de la planche. Ces modalités discursives une fois reconnues, le psychologue put les voir apparaître sporadiquement dans des *histoires* de protocoles névrotiques, particulièrement lorsque la sollicitation de la planche éveillait une problématique pulsionnelle chaude, plus difficile à élaborer. Mais, dans ce cas, le protocole dans son ensemble restait organisé par la fantasmatique œdipienne, *conflictuel et historisé*. N'oublions pas en effet que la consigne proposée au sujet est de « raconter une *histoire* qui irait avec la planche », ce qui exige un déploiement dans le temps, entre un avant et un après. Par ailleurs, le repérage princeps demandé depuis longtemps à l'interprète du TAT – l'histoire est-elle conflictuelle ou aconflictuelle (organisée selon la fantasmatique œdipienne du conflit pulsionnel désir/défense) ? – devenait le cadre même de l'interprétation.

L'intérêt du psychologue, dans cette démarche, s'élargissait. S'il s'attachait toujours à l'efficacité des processus secondaires et surtout à la souplesse défensive, il recherchait aussi à mettre en évidence les capacités ou incapacités à « symboliser ». Les pathologies nouvelles, et d'autres plus anciennes (psychopathies, perversion, troubles des conduites alimentaires, addictions), se comprenaient au TAT à travers leur capacité, ou la perte totale ou momentanée de cette capacité, à élaborer, *dans une mise en scène*, l'excitation pulsionnelle née de la sollicitation de la planche dans la relation inconsciemment sexualisée au psychologue. Le « discursif » au TAT (non plus « l'histoire » qui manque à être construite, et même souvent à affleurer dans toutes ces réponses) devient alors le témoin *non seulement* de l'activité de pensée du sujet sous la pression du pulsionnel et de sa capacité à organiser celle-ci dans une communication où les processus primaires seraient recouverts par la pensée secondarisée, *mais surtout* des autres modalités d'élaboration psychique, « des conduites du penser » dans le sens large, « tolérantes aux processus primaires », comme nous les avons appelées (F. Brelet, 1986), souvent appuyées sur l'externalisation (comme le propose déjà Phyllis Greenacre en 1971 avec la notion de mise en drame chez le psychopathe) ou sur le perceptif et le sensoriel comme rempart devant la perte de la réalité et le danger psychotique.

Nous n'avons jamais accès directement à la perception d'un sujet, seulement à ce qu'il dit. Il était depuis longtemps classique, dans le champ de la psychanalyse, de considérer que pensée et verbalisation du sujet dans ses aspects formels sont dépendantes de l'organisation de personnalité du sujet. La « grille de dépouillement » et sa partition en « labilité », « contrôle », « inhibition », était appuyée théoriquement sur ce principe.

De multiples conduites discursives s'avérèrent ainsi, au fur et à mesure des recherches, révélatrices de fonctionnements psychopathologiques : mise en tableau, instantanéisation, « arrêt sur image » dans le champ du narcissisme, défenses plus ou moins efficaces devant la montée dépressive, appel à un comblement du vide fantasmatique par une « pensée opératoire » ou par un recours à une réalité externe désaffectivée, utilisée comme pseudo-symbolisante, recours au sensoriel comme liaison de l'énergie en cours de déqualification (désaffectivation), autant d'exemples alertant le chercheur.

Nous fûmes ainsi amenés à reconnaître une configuration d'aménagements discursifs dans les moments du protocole marqués par l'intensification de l'investissement narcissique du sujet : celui-ci, à travers la réponse qu'il propose à la sollicitation de la planche, tend à *se donner à voir une image pseudo-identificatoire*, héros grandiose (en positif ou en négatif) ou tout-puissant. Ou bien, et nous sommes déjà plus proches des fonctionnements limites, ce héros – toujours proposé dans un *one man show*, les autres personnages évoqués n'étant que faire-valoir – est soigneusement décrit quant à ses contours, ses limites, à d'autres moments sa surface, sa texture, presque données à toucher (on pense aux travaux de D. Anzieu sur le moi-peau). Certains protocoles narcissiques, enfin, témoignent d'un sujet qui ne peut prendre aucune distance interprétative au cours de l'épreuve projective. Ce sera : « C'est moi… », « Moi qui… », « Ça me rappelle moi… ».

La défense devant la dépression se repère elle aussi dans ces mêmes protocoles, moins marquée chez les personnalités narcissiques, plus sensible chez les fonctionnements limites. La description que donne M. Klein (1934, 1940) des défenses antidépressives dans « Contribution à l'étude de la psychogenèse des états maniaco-dépressifs » peut servir de référence d'une proximité saisissante avec ce que l'on perçoit de manière plus ou moins massive dans le discursif de ces protocoles. La référence au texte de Freud (1928), « L'humour », en soutient la pertinence théorique.

Le fonctionnement limite au TAT retrouve dans l'organisation de sa réponse à la stimulation de la planche des caractères mis très tôt en évidence par les recherches psychopathologiques psychanalytiques. Knight (1953), peut-être parce que le premier à tenter une description structurale de l'état limite dépassant le niveau descriptif des recherches qui le précédaient, évoque des caractéristiques très précises de son fonctionnement rendant compte de « la fragilité des fonctions du moi » devant « la force des impulsions primitives inconscientes » ainsi que « des forces instinctuelles désintégrantes ». Il remarque que pour ces patients « la réalité extérieure est sollicitée de suppléer sans cesse au contrôle défaillant de la réalité intérieure et *au vide de l'espace interne* [...] le sens est capté par le sensoriel et les événements. D'où la problématique de la limite dedans/dehors. Au prix d'une certaine déformation du moi, l'activité reste dans le champ de la réalité » (cité par B. Brusset, 1999, p. 15). De la même manière, M. Schmideberg en 1959 insiste sur le vide intérieur et sur la lutte contre lui que mène le fonctionnement limite. Elle évoque les troubles de la pensée et du jugement qu'il présente. O. Kernberg reprendra cette dernière idée et considèrera l'incidence des processus primaires de la pensée comme l'indicateur structural isolé le plus important de la personnalité limite. Il ajoutera entre autres à cette description, la survenue (spécialement dans le transfert, mais on le retrouve aussi dans le TAT) de formes primitives de projection destinées à externaliser « les images de soi et les images d'objets agressives », la difficulté à distinguer le fantasme de la réalité et la différenciation, présente mais tumultueuse, du self et de l'objet.

Le TAT appelle une organisation langagière séquentielle, fidèle à *la logique propre à chaque langue*. Ceci rend cette épreuve projective particulièrement sensible aux formes de pensée du sujet. Il semble que l'outil méthodologique soit loin d'avoir produit ce qu'il pouvait apporter. Tout un travail reste à faire autour d'un certain nombre d'expressions psychopathologiques : la psychopathie, la délinquance, par exemple. S'ajoutant aux résultats des recherches actuelles autour de la boulimie, l'obésité, l'anorexie, les addictions, il permettrait une description fine de ces cliniques complexes. Il semble que le psychologue aurait alors à renouer avec les tout premiers travaux de V. Shentoub, dans la suite de R.H. Dana aux États-Unis, sur les qualités sensibles de chaque planche (estompage, noir franc, blanc franc, grisé, ruptures de l'espace – pl. 2, pl. 8BM, pl. 9 – contrastes forts, etc.). L'appel perceptif au niveau du sensoriel fait partie pour ces fonctionnements – et sans doute pour tous – de la sollicitation latente de la planche. Il faut nous rappeler que lorsqu'il s'agit des processus de pensée, Freud (1895), dans « Projet pour une psychologie scientifique », donne toute l'importance, avant l'avènement du langage, au travail de la perception et de la projection.

Voilà trois modalités de travail psychique fortement sollicitées dans la passation du TAT.

Par ailleurs, comme le notaient les collaborateurs de V. Shentoub dans le précédent manuel,

> La capacité montrée par le sujet d'accepter l'objet-test dans sa double appartenance perceptive/objective et projective/subjective témoigne de son aptitude à accepter le paradoxe de D.W. Winnicott, à savoir de penser qu'un objet est susceptible de se situer dans le champ intermédiaire entre réel et imaginaire que constitue l'espace transitionnel. (1990, p. 38)

C'est justement l'aisance dans ce champ qui manque au fonctionnement limite. « Les cas limites sont caractérisés par l'incapacité à créer des dérivés de l'espace potentiel », écrit A. Green (1990, p. 135) ; au lieu des phénomènes transitionnels, ils créent des symptômes qui en remplissent la fonction, d'où la ressemblance entre la logique contradictoire des phénomènes transitionnels de l'aire intermédiaire de Winnicott et celle de l'activité de pensée sous-jacente aux symptômes des cas limites.

Peut-être n'est-il pas hasardeux de mettre en liaison cette proximité du TAT à l'espace transitionnel appelant le sujet à y jouer – dans le sens fort du terme – et sa sensibilité aux problématiques du processus de deuil lorsque celui-ci est difficile pour lui à mettre en place.

4 PERSPECTIVES ACTUELLES

4.1 Les problématiques dépressives

La plupart des travaux qui suivirent se centrèrent autour du traitement psychique de la perte de l'objet et de l'élaboration des problématiques qui lui font écho. L'intérêt porté à la forme discursive – les procédés langagiers de construction narrative, inscrits dans l'exigence syntaxique de chaque langue – ne peut se dissocier de l'élaboration thématique qui répond au même moment aux sollicitations latentes.

Si dans le fonctionnement névrotique, ces deux registres d'interprétation sont en général cohérents, les protocoles de fonctionnement limite sont précisément caractérisés par la fragilité, le vacillement, éventuellement l'éclipse plus ou moins durable de la scène psychique interne. Aussi l'interprète tend-il à déplacer l'accent sur des modalités discursives prothésiques (investissement des données perceptives, sensorielles et scénarisantes de la réalité externe, intensité de la projection dans une confusion ponctuelle dedans/dehors, par exemple), mouvements dont l'utilité psychique pour le sujet apparaît clairement. Cependant, l'approfondissement de la démarche de compréhension de ces protocoles faisait apparaître peu à peu, lorsque les capacités d'internalisation étaient moins fragiles, la valeur defensivo-élaborative de la problématique qui pouvait se déployer dans l'histoire.

La psychanalyse a depuis longtemps insisté sur la fonction du fantasmé, transformation d'une réalité externe difficile en une lecture/traduction plus conforme au désir. Ce fantasmé, rappelons-le, n'apparaît jamais de manière immédiate au TAT, mais remanié, déplacé, travaillé par la défense, médiatisé par le langage, dans une adresse à l'autre qui se veut partageable (ce que tente d'évaluer le critère de lisibilité). Piera Castoriadis-Aulagnier (1975), dans l'ouvrage où elle propose les fondements métapsychologiques de sa pensée, *La Violence de l'interprétation*, insiste, à la suite de Freud (*Totem et Tabou*, 1912), sur le fait que ce fantasmé reste actuel dans la vie adulte comme dans la vie de l'enfant, plus ou moins recouvert par le travail du « je » du penser. Jean Laplanche (1987, p. 129 ; 1992), avec les notions de traduction et d'activité autothéorisante, donne à ce travail du penser/fantasmer une valeur intégrative, élaborative dont le moi tirera sa plus ou moins grande épaisseur, tandis qu'il refoule (renvoie à l'inconscient) ce qui n'est pas « traduisible » par lui de manière cohérente.

L'expression de la problématique de l'histoire ouvre au sujet – bien sûr dans les moments de fonctionnement névrotique, mais aussi dans les moments où il est appelé au surinvestissement narcissique et dans la lutte devant l'émergence dépressive – un espace d'aménagement du deuil et de la perte de l'objet. Le fonctionnement limite, dans sa frange la plus proche de la névrose, voit sa vie psychique « arrêtée » dans un traitement impossible de la fantasmatique œdipienne, faute d'une capacité suffisante à élaborer l'impact en lui du renoncement à l'objet qu'elle implique. Les forces moïques sont alors convoquées dans une « autothéorisation », une mise en sens, qui maintient dans les meilleurs cas une proximité entre l'affect et les représentations utilisées pour transformer une réalité reconnue comme incontournable. Ainsi dans le TAT, la concordance entre la sollicitation latente de la planche, l'affect et les représentations évoquées par le sujet dans les problématiques dépressives, permettra d'évaluer la valeur économique et dynamique de sa réponse.

C'est Catherine Chabert qui, dans un texte déjà ancien (1992), a la première attiré l'attention en ce sens. Il était classique, depuis les travaux de Vica Shentoub et Rosine Debray (1970-1971*a*), de considérer la fantasmatique œdipienne comme la sollicitation latente des planches. Le psychologue projectiviste repérait les constructions fantasmatiques propres au sujet en test à travers les avatars de la relation objectale, fortement éclairée en raison de la prégnance des personnages (seuls ou en interaction). Il risquait de négliger l'élaboration du renoncement aux objets œdipiens qui en est la face obscure.

Dans les années suivantes, Catherine Chabert (1998) développera « une élaboration actuelle des contenus manifestes et latents du TAT, en insistant sur la double orientation des problématiques sous-jacentes : celle qui réfère à l'organisation œdipienne (développée par V. Shentoub et R. Debray) ; celle qui réfère à la problématique de la perte d'objet » (1998, p. 57 ; *cf. infra* p. 39 et suivantes, l'ensemble de ces sollicitations latentes).

4.2 Le TAT à l'adolescence

L'ouvrage de Michèle Emmanuelli et Catherine Azoulay (2001) sur l'adolescence apporte confirmation quant à l'opportunité de cette attitude interprétative. Elles précisent qu'à travers la clinique projective, « le travail normal de l'adolescence relève de l'élaboration de la position dépressive [...], processus long et coûteux que l'on ne peut sans doute considérer comme réalisé que dans la post-adolescence » (p. 186). Les TAT du registre dépressif qu'elles recueillent sont presque exclusivement interprétés à partir des fluctuations de la valeur des élaborations thématiques (plus ou moins grande concordance des affects de souffrance, de haine, ambivalence) avec les représentations convoquées, traitement de la thématique à plus ou moins grande proximité du contenu latent. Les adolescents, à moins qu'ils ne soient dans l'inhibition – finalement mode de réponse assez fréquent chez les plus jeunes –, utilisent des procédés labiles (B), dramatisent la perte, le manque, le deuil dans des histoires où ils s'engagent, quoiqu'elles n'aboutissent parfois qu'à une construction « de couverture ». Ils réussissent à répondre à la consigne en traitant l'histoire – elle reste le plus souvent déployée dans le temps et cette capacité devrait pouvoir entrer en ligne de compte – dans le champ dépressif.

L'attitude du sujet est, *mutatis mutandi*, la même que celle que l'on repère dans les protocoles narcissiques : ou bien la réponse TAT, bien construire sur le plan narratif et syntaxique, et donc partageable, donne issue à l'excitation du fantasme inconscient sollicité par la planche ; ou bien, de la même manière que dans la réponse narcissique, l'échec de cette élaboration thématique de type dépressif laisse place à des procédés discursifs surtout de type maniaque, mais aussi limite, ou à des émergences en processus primaires. Bien entendu, les modalités les plus habituelles de réponse à l'épreuve TAT se situent dans un continuum entre ces deux pôles.

Une recherche de Michèle Emmanuelli, en 1991, proposait déjà une échelle de cotation de l'élaboration de la position dépressive au TAT. L'aspect central du traitement de la perte d'objet dans la problématique adolescente y apparaissait clairement, mais la corrélation entre les bons niveaux de thématiques et les sublimations sous-jacentes à la réussite, particulièrement scolaire, n'était pas significative.

L'ouvrage de M. Emmanuelli et C. Azoulay (*op. cit.*) met en évidence la grande efficacité des épreuves projectives, Rorschach et TAT, dans la compréhension des aménagements adolescents et de leur évolution dans le temps. Réactivation pulsionnelle de la fantasmatique œdipienne, prégnance de l'angoisse de castration et élaboration de la position dépressive s'y inscrivent avec finesse et subtilité et le psychologue peut y suivre les mouvements psychiques propres à chaque sujet.

4.3 La feuille de dépouillement

La deuxième ligne de recherche de ces dernières années se développe sous l'impulsion de Catherine Chabert et grâce à une partie de l'équipe de l'université Paris-V, autour de l'amélioration de la pertinence de la feuille de dépouillement à la clinique du TAT. Le psychologue est confronté à la nécessité d'une lecture transnosographique pour chaque protocole individuel. « En permettant l'étude de ce qui va mal mais aussi de ce qui pourrait aller bien chez chaque individu, la consultation projective s'engage au-delà de l'analyse sémiologique : elle cherche à analyser le fonctionnement psychique sous-jacent en déterminant ses aspects positifs et ses aspects plus inquiétants ou plus précaires et fragiles » (1998, p. 94).

Il redevenait, en outre, nécessaire de mettre en garde le psychologue contre la tentation de considérer la problématique souvent régressive des « histoires », compte tenu justement de la permissivité que la consigne donne à l'expression dérivée du fantasme, comme un signe de morbidité. « Le « retour en arrière », le recours à des conduites psychiques dites « archaïques », parce que davantage caractéristiques de l'enfance ou de la petite enfance, ne préjugent nullement de la dimension pathologique de tel ou tel sujet. Chacun d'entre nous "régresse" chaque nuit dans le sommeil » (*ibid.*, p. 94).

Mais on ne pouvait laisser l'interprète projectiviste démuni devant l'exigence de critères partagés pour soutenir son appréciation psychopathologique et diagnostique. Si celle-ci doit rester clinique, tenant compte avant tout de l'ensemble du processus associatif – la passation du TAT se déroule dans le temps, et ce qui est dit à tel ou tel moment retrouve son « après-coup » aux planches suivantes, surtout quand celles-ci font résonner la même sollicitation – si donc l'évolution des problématiques et de la stratégie défensive reste la base la plus sûre d'appréciation de la psychopathologie sous-jacente, il devenait indispensable de proposer un regroupement des procédés du discours qui simplifie la feuille de dépouillement dont la lourdeur était dissuasive (87 items). Cette simplification a l'avantage de regrouper les procédés discursifs sous-tendus par les mêmes conduites psychiques :

- les A2 et B2 font apparaître l'expression et les modalités de traitement prévalentes du conflit psychique dont ils témoignent de l'existence ;
- les A3 et B3 regroupent les procédés discursifs, échos des mécanismes de défense des registres névrotiques obsessionnel ou hystérique ;
- les A1 et B1 seront, eux, apparents dans tous les registres psychopathologiques. Ils révèlent l'utilisation de conduites plus contrôlées ou plus labiles pour répondre à la sollicitation latente de la planche.

Il reste qu'il s'agit là de repères tendant à faciliter le travail diagnostique, le clinicien les utilisera de manière souple.

Il me semble qu'il serait possible de faire le même travail pour les CN et les CM. Ceux-ci pourraient être sériés selon qu'ils concourent plus ou moins à l'élaboration réussie d'une problématique narcissique ou antidépressive, sans fuite devant la sollicitation latente de la planche, ou trop grande distance – sinon éclipse – de l'affect ou des représentations. On retrouverait ainsi une cohérence avec la position interprétative de V. Shentoub et son insistance jamais démentie sur la forme du discours, qu'elle soit narrative ou syntaxique. L'expérience a montré que l'efficacité de l'instrument était à ce prix.

Quant aux CL et aux E, ils ont eux aussi été regroupés, mais leur tripartition ne paraît pas possible. La valeur économique et dynamique de leur capacité élaborative quant à un fantasmé reste quasi nulle, dans les moments de fonctionnement limite exacerbé, faute d'une scène psychique suffisamment internalisée pour qu'une problématique puisse se développer (F. Brelet, 1987). Le psychologue projectiviste cependant garde la même attitude en interprétant leur présence :

- Aident-ils à la lisibilité de l'histoire, ou même à celle du discours à visée d'adresse à l'autre (rappelons que, chez beaucoup de fonctionnements limites, le protocole présente un nombre significatif de réponses aconflictuelles, non historisées, mais adressées à l'autre et porteuse de communication quant à l'éprouvé – affect, débordement, etc. – que suscite l'excitation liée à la sollicitation latente de la planche) ?
- Au minimum, permettent-ils au sujet de « décharger » cette excitation pulsionnelle et de donner fin à sa réponse ?
- Ou à l'inverse, bloquent-ils toute fluidité élaborative, toute circulation entre productions des différentes instances ?

Nous ne pouvons conclure cependant cette partie de notre exposé sans rappeler avec force que TAT comme Rorschach sont des épreuves *cliniques*. Ce n'est que dans la dynamique associative que chacun des procédés discursifs, chaque aménagement de la problématique peuvent prendre leur sens.

4.4 Les épreuves thématiques et l'enfant

Il faut noter enfin le travail de Monika Boekholt (1993) à propos de l'interprétation des épreuves thématiques en clinique infantile. Les procédés discursifs reconnus par « L'école Shentoub » s'appuient sur des références psychopathologiques adultes, très différentes de la psychopathologie de l'enfant. Ainsi ont été isolés puis proposés de nouveaux items, descriptifs et polysémiques suivant l'âge et le contexte. « Leur contenu et leur chronologie – précise M. Boekholt – s'échelonnent le long d'un axe de maturation allant du corps à la pensée, de la dépendance à l'autonomie, de la perception à la mentalisation, au fur et à mesure de l'élaboration de l'appareil psychique » (*op. cit.*, p. 6).

Le regroupement de ces procédés permet une lecture dynamique et économique des modalités d'appréhension des différents conflits que réactive la sollicitation latente du matériel. L'auteur insiste d'ailleurs – et cela peut sembler habituellement un peu négligé – sur l'évolution de ces modalités élaboratives « au long du temps de la passation et en fonction de la relation établie avec le clinicien », celle-ci nécessairement plus souple, plus aménagée que dans l'épreuve adulte, et exigeant de ce fait une plus grande lucidité encore sur la contre-relation vécue par le psychologue. Les registres conflictuels sont ainsi dégagés dans une dialectique appuyée sur les processus de développement et mettant en évidence ses aléas, ses avancées sectorielles, ses après-coups et ses reconstructions.

M. Boekholt nous donne ainsi un outil d'interprétation tout à fait original dans le champ projectiviste référé à la psychanalyse, dans une perspective génétique, s'ajoutant aux travaux de R. Debray dans la perspective de l'économie psychosomatique de l'enfant.

4.5 La complémentarité Rorschach/TAT

Nous ne conclurons pas ce chapitre sans insister une fois de plus sur la complémentarité du Rorschach et du TAT, et sur l'intérêt de leur mise en écho. L'extension, la « généralisabilité » de l'approche projective dans son application à d'autres épreuves, particulièrement au Wechsler (O. Husain, C. Merceron et F. Rossel, 2001), est défendue par de nombreux cliniciens (M. Grosclaude, 1987), après D. Rappaport (1949) et Jean Guillaumin (1977), il y a de longues années. Les mêmes arguments – polystimulation dans des espaces qui appellent des conduites psychiques différentes – militent évidemment à plus forte raison pour la complémentarité Rorschach/TAT.

Il est maintenant classique d'affirmer que la symétrie et la prégnance de l'axe médian au Rorschach appellent préférentiellement les représentations de soi et que la figuration des personnages seuls ou en relation sollicite plus fortement les capacités à la mise en scène des relations interpersonnelles et, dans la mesure où la théorie de référence est, comme ici, psychanalytique, l'expression de contenus liés à la relation objectale. Le matériel Rorschach – taches éparpillées fragmentaires, avec des creux – fragilise le sentiment d'intégrité corporelle chez des personnalités dont l'intégrité psychique est précaire ou menacée. Mais l'insistance sur le spatio-temporel au TAT (la consigne : « une *histoire* à raconter »), ajoutée à la prégnance du relationnel, promeut aussi un discours mobilisé par l'identité de la personne, dans son inscription générationnelle et sexuelle. Si nous nous référons à la théorie psychanalytique, les deux modalités d'assurance identitaire (espace corporel subjectif et inscription générationnelle et sexuelle) ne peuvent être dissociées.

On aura donc à suivre sur ce point la prise de position très ferme et en même temps très nuancée de C. Chabert dans son ouvrage *Psychanalyse et méthodes projectives* : « La confrontation des deux épreuves permet un affinement considérable de l'évaluation diagnostique [...] en provoquant une dynamique largement offerte par leurs matériaux qui déclenchent des expériences et des conduites psychiques dont la variété peut être exploitée par le sujet » (1998, p. 63). La congruence des deux tests est généralement forte dans les organisations psychiques stables, qu'elles soient du registre psychotique ou névrotique. En revanche, le diagnostic différentiel (fonctionnement névrotique/fonctionnement limite par exemple) exige la plupart du temps la mise en rapport du mode de réponse à la stimulation des deux épreuves. Un travail d'interprétation en profondeur révèle d'ailleurs que finalement – et cet apport est essentiel pour la compréhension des réponses psychopathologiques du sujet – la même conduite psychique fondamentale apparaît dans les deux cas. Je cite de nouveau C. Chabert : « Par exemple, si l'on confronte dans la clinique des schizophrénies chroniques les productions hyperconformistes du TAT et les réponses complètement fragmentaires ou désintégrées du Rorschach, on s'aperçoit que finalement les unes comme les autres sont sous-tendues par un agrippement désespéré au percept, dans un collage au matériel manifeste qui en dénie toute portée métaphorique » (*ibid.*). Et qui en même temps, pourrait-on ajouter, tente d'assurer au sujet en test que quelque chose tout de même existe en réalité parce que perçu, et que « la fin du monde » est encore différée.

Que cet accompagnement de vécus psychiques « inouïs », dont la communication paraît parfois impensable au sujet lui-même, soit rendu possible par les épreuves projectives, me semble leur tout premier intérêt et leur totale originalité dans le temps d'une rencontre aussi courte.

Deuxième partie

MÉTHODOLOGIE

Première étape

LA SITUATION-TAT

1 LES ÉTAPES DE LA DÉMARCHE

La démarche du TAT doit être envisagée comme une situation où d'emblée une relation s'établit entre trois termes : le sujet, le test et le clinicien. Les données recueillies devront tenir compte de la spécificité de chacun de ces trois paramètres et de leur interaction. Le sujet investit le psychologue clinicien et la situation de test, parfois même avant qu'ait eu lieu la rencontre en face à face. Le matériel et la consigne du test favorisent le jeu entre la raison et la déraison, le laisser aller et le contrôle.

La durée de l'épreuve strictement limitée dans le temps, l'attitude du clinicien, etc., sont autant d'éléments constitutifs de la situation-TAT permettant au clinicien de recueillir des données qui, en référence à la théorie sous-jacente, le conduiront à apprécier le mode de fonctionnement psychique du sujet.

La passation de l'ensemble des planches étant terminée, le matériel recueilli va faire l'objet d'une analyse.

La méthode d'analyse d'un protocole-TAT repose essentiellement sur l'étude des procédés du discours mis en œuvre dans l'élaboration des récits et de leur articulation avec les problématiques qu'ils s'efforcent de traiter. Elle comporte deux temps.

Dans un premier temps, on procède à **l'analyse planche par planche** du protocole. Celle-ci comprend :

– le décryptage des procédés d'élaboration du discours réalisé à l'aide de la feuille de dépouillement. Ces procédés renvoient aux modalités de traitement des conflits ravivés par la présentation du matériel. L'analyse devra tenir compte de la nature, de la variété, du poids des procédés utilisés par le sujet et également de leur articulation avec d'autres procédés de la même série ou d'une autre série ;

– le repérage des problématiques abordées par le sujet face aux planches, celles-ci pouvant osciller et renvoyer à des réseaux conflictuels différents.

Ces deux mouvements (analyse des procédés, problématiques) sont étroitement imbriqués, même si pour clarifier le travail d'analyse, on les sépare transitoirement. L'un et l'autre ont pour objectif de saisir le travail psychique dont témoignent les procédés d'élaboration du discours face aux sollicitations impliquées par la situation-TAT.

Dans un second temps, **la synthèse** des informations obtenues précédemment devra passer par :

– le regroupement sur la feuille de dépouillement des différents procédés d'élaboration du discours utilisés par le sujet. Celui-ci permettra d'apprécier la qualité du processus associatif en tenant compte des relations entre représentations, affects et mécanismes de défense (du point de vue topique, économique et dynamique) ;
– le dégagement des modalités de fonctionnement psychique mises en jeu dans l'expérience-TAT (registres conflictuels, modalités défensives) ;
– la proposition des hypothèses concernant l'organisation psychique du sujet.

Les illustrations cliniques présentées dans la troisième partie de ce manuel suivent ce modèle.

2 INDICATIONS

Le TAT peut être proposé dans toute situation impliquant ou nécessitant un examen psychologique se donnant pour objectif l'investigation approfondie du fonctionnement psychique d'un individu. En général, le sujet se trouve dans une situation de demande ou de souffrance lorsqu'il présente notamment des troubles d'ordre psychopathologique : la réponse à apporter nécessite une réflexion effective permettant de proposer l'orientation la mieux appropriée pour traiter ses difficultés. Cette réflexion se fonde sur un travail d'exploration sérieux des différentes modalités de fonctionnement psychique dont dispose le sujet. Dans cette perspective, un examen psychologique honnête comprend deux épreuves projectives : une épreuve structurale (le Rorschach) et un test thématique (le TAT) associés, si cela est indiqué, à une épreuve d'évaluation du fonctionnement intellectuel (C. Chabert, 1987*b*). Associer épreuves structurales et épreuves thématiques est un impératif pour les enfants auxquels peuvent, suivant l'âge et le contexte, être proposés le CAT[1], le Patte-Noire et/ou une épreuve thématique de jeu comme le scéno-test (M. Boekholt, 1993).

1. R. Debray (1987*b*) préconise la passation du TAT dès l'âge de 6 ans.

Dans le domaine de la recherche, le TAT est susceptible d'être utilisé seul, sans autre épreuve psychologique ; les objectifs de cette procédure sont en effet partiellement différents de ceux qui caractérisent la clinique. Lorsqu'il s'agit d'une investigation à visée diagnostique (et thérapeutique), le psychologue doit s'efforcer d'obtenir un maximum de données afin d'aboutir à l'analyse la plus fine possible des diverses modalités de fonctionnement psychique du sujet et des articulations effectives de ces modalités qui constituent son organisation mentale.

3 SPÉCIFICITÉ DE LA SITUATION-TAT

La situation-TAT est déterminée par les paramètres habituels de toute situation de test projectif où les trois termes : sujet, test et clinicien, sont en interaction tout au long du déroulement de l'épreuve.

Contrairement au Rorschach non figuratif, le matériel-TAT présente cette particularité – commune aux tests thématiques – d'être à la fois figuratif et ambigu. En ce sens il se prête à une analyse objective de type perceptif (qui conduit à la mise en place d'une description du matériel manifeste) et à une interprétation subjective, entraînant des associations d'ordre projectif (ce qui traduit les significations latentes attribuées au stimulus).

Le TAT, comme toute épreuve projective, sollicite à la fois des conduites perceptives et projectives, si bien qu'on peut évoquer, comme pour le Rorschach, le caractère éventuellement paradoxal de cette double injonction. Paradoxal au sens de D.W. Winnicott (1971) puisque l'objet-test est à la fois compris comme objet réel, tangible, concret et comme lieu d'investissement de significations subjectives à l'instar de l'objet transitionnel – objet de la réalité externe mais doté de significations personnelles, imaginaires que l'enfant lui attribue.

La capacité montrée par le sujet d'accepter l'objet-test dans sa double appartenance perceptive/objective et projective/subjective témoigne de son aptitude à accepter le paradoxe de D.W. Winnicott, à savoir de penser qu'un objet est susceptible de se situer dans le champ intermédiaire entre réel et imaginaire que constitue l'espace transitionnel.

Plus précisément, c'est la capacité du sujet à se laisser aller à une rêverie à partir d'une réalité perceptive, sans être ni désorganisé par cette activité associative, ni démesurément contraint par les impératifs de l'objectivité, qui sera repérable à travers ses réponses au TAT.

Dans son livre sur le TAT, F. Brelet (1986, p. 55) a montré l'impact séducteur (au sens psychanalytique du terme) de la situation TAT. Le clinicien propose en effet au sujet de « voir » des scènes relationnelles, découvrant, sollicitant des réseaux associatifs fantasmatiques et pulsionnels excitants, ce qui peut, en effet, être ressenti par le sujet comme la répétition d'une séduction ravivant des fantasmes originaires.

Qu'il s'agisse d'espace transitionnel – posant la question notamment des limites entre dedans et dehors, entre imaginaire et réel, entre monde interne et monde externe – ou de séduction, on peut déjà saisir l'éventuelle dimension de *transfert* qui caractérise les modalités d'investissement de la situation et donc de la relation au test et au clinicien. La notion de transfert est à entendre ici au sens large du terme que lui conférait Freud, par opposition à la *névrose de transfert*[1]dont le déploiement caractérise la relation avec le psychanalyste dans le processus de la cure.

4 MATÉRIEL, CONSIGNES

La méthode que nous préconisons comporte un certain nombre de variantes par rapport à celle de H. Murray.

De l'édition originale comprenant 31 planches, **nous ne retiendrons que les planches considérées comme les plus pertinentes et les plus significatives**. Ce sont les planches 1, 2, 3BM, 4, 5, proposées aux garçons et aux filles, aux hommes et femmes ; 6BM, 7BM et 8BM proposées aux garçons et aux hommes[2] ; 6GF, 7GF et 9GF, proposées aux filles et aux femmes ; 10, 11, 12BG, 13B, 19 et 16, proposées aux garçons et aux filles, aux hommes et aux femmes et 13MF proposée uniquement aux sujets adultes, hommes et femmes.

L'**ordre de présentation des planches** doit être respecté, la planche 16 devant être proposée à la fin de la passation.

Le **déroulement de l'épreuve du TAT** confronte le sujet à une modification du stimulus, les planches allant des situations les plus structurées aux moins structurées : les dix premières planches, plus figuratives, représentent des personnages sexués, alors que les planches 11, 19 et 16 ne renvoient pas à des objets concrets bien définis.

1. « Désigne en psychanalyse, le processus par lequel les désirs inconscients s'actualisent sur certains objets dans le cadre d'un certain type de relation établi avec eux et éminemment dans le cadre de la situation analytique. Il s'agit là d'une répétition de prototypes infantiles vécue avec un sentiment d'actualité marqué » (J. Laplanche et J.-B. Pontalis, 1967, p. 492).
2. La passation expérimentale de la planche 8BM s'est avérée inadéquate auprès des femmes et des filles.

Le tableau ci-dessous récapitule l'ordre de présentation des planches en fonction du sexe et de l'âge du sujet.

N° planche / Sexe et âge	1	2	3 BM	4	5	6BM /7BM	6GF /7GF	8 BM	9 GF	10	11	12 BG	13B	13 MF	19	16
Homme	*	*	*	*	*	*		*		*	*	*	*	*	*	*
Femme	*	*	*	*	*		*		*	*	*	*	*	*	*	*
Garçon	*	*	*	*	*	*		*		*	*	*	*		*	*
Fille	*	*	*	*	*		*		*	*	*	*	*		*	*

La **passation** ne comporte qu'une seule séance.

La **consigne** « Imaginez une histoire à partir de la planche » est donnée au départ et n'est pas répétée. À l'inverse de la méthode de H. Murray, il n'y a pas d'enquête sur chaque planche à la fin de la passation mais, au cours de la passation, face à un sujet très inhibé et/ou chez qui le malaise est grand, des questions peuvent être posées. Il s'agira alors d'évaluer la valeur trophique de ces questions : servent-elles d'étayage et de soutien en permettant une remontée avec la poursuite du récit, renforcent-elles le poids des défenses du sujet ou bien encore sont-elles ressenties comme une intrusion et en faisant effraction précipitent-elles le sujet vers une désorganisation encore plus importante ?

5 PASSATION DE L'ÉPREUVE

■ *Le temps*

Classiquement, on tient compte des caractéristiques temporelles de la passation. On mesure en effet le temps de latence, c'est-à-dire le temps écoulé entre la présentation de la planche et le moment où le sujet commence à parler ; on mesure également le temps total par planche, c'est-à-dire le temps écoulé depuis la présentation de la planche jusqu'à la fin du récit raconté par le sujet.

Les caractéristiques temporelles ne sont jamais interprétées en termes d'efficience ou de performance – comme dans les épreuves d'intelligence – mais uniquement en tant que repères cliniques, montrant la plus ou moins forte réactivité du sujet ou au contraire sa tendance à l'inhibition. Y a-t-il nécessité pour lui de réfléchir avant de s'engager ou au contraire de se précipiter dans le récit ? Les planches déclenchent-elles des effets spécifiques notamment repérables au niveau des temps de latence ?

Les temps de latence et les temps totaux doivent donc toujours être pris en considération mais leur interprétation dépend des éléments cliniques apportés par l'analyse de l'ensemble du ou des récits.

Sur le plan pratique, il est déconseillé d'utiliser un chronomètre, celui-ci risquant d'introduire une connotation psychométrique à la passation. Il vaut mieux se servir d'une montre (munie d'une trotteuse) plus discrète, sans pour autant la cacher.

■ *La prise en note des récits*

Il est absolument nécessaire de noter intégralement le discours du sujet en respectant toutes ses caractéristiques : les abréviations, reconstructions, interprétations du clinicien sont à proscrire.

En effet, le travail sur le TAT va s'effectuer à partir de l'analyse formelle du récit : il est donc essentiel de transcrire le discours du sujet le plus fidèlement possible.

L'utilisation de techniques d'enregistrement est problématique dans la mesure où elle introduit une nouvelle variable dans la situation, ressentie positivement ou négativement mais jamais sans effet : le sujet peut avoir le sentiment d'être épié, volé ou encore se sentir extrêmement valorisé, à moins d'éprouver le recours au magnétophone comme signe du défaut de fiabilité dans l'écoute du clinicien.

Par ailleurs, l'analyse du protocole implique sa transcription : les risques d'erreurs dans l'écoute sont aussi importants qu'au cours de la passation spontanée.

■ *Les interventions en cours de passation*

Le clinicien intervient peu en général pendant la passation, ce qui ne signifie pas qu'il ne doive pas le faire : la situation-TAT est avant tout une situation clinique, et il revient au psychologue d'aménager la relation avec le sujet en fonction de son expérience et de sa sensibilité.

Il peut donc intervenir s'il le juge nécessaire, à condition d'éviter certains écueils tels que la suggestion ou le jugement de valeur. Les interventions, si elles ont des effets positifs, doivent favoriser le travail associatif *personnel* du sujet. Le psychologue tiendra compte de ses interventions et de leur impact dans l'appréciation de la passation : il notera, par exemple, qu'elles sont ressenties comme offre de support, d'étayage ou au contraire comme inhibantes ou intrusives ou persécutantes... toutes caractéristiques essentielles pour saisir les modalités d'investissement de la relation.

6 DÉPOUILLEMENT

Une fois la passation terminée et le protocole recueilli, le psychologue s'attache au travail de dépouillement, c'est-à-dire à l'analyse et à l'interprétation du protocole. Ce travail portera sur le texte des récits racontés par le sujet, notés dans l'ordre de présentation des planches.

Les données anamnestiques seront transitoirement laissées de côté : il importe que l'analyse du TAT, comme d'ailleurs toute situation projective, soit épurée de l'influence possible des informations connues sur la symptomatologie ou l'histoire du sujet.

Le dépouillement comprend deux phases :

- l'analyse des récits ;
- la synthèse.

7 ANALYSE DU MATÉRIEL : CONTENUS MANIFESTES ET SOLLICITATIONS LATENTES

7.1 Rappels théoriques

Dès 1970, V. Shentoub et R. Debray ont complété la théorie du processus-TAT en proposant une analyse du matériel en termes de *contenu manifeste* et de *contenu latent*, réalisant la première démarche de ce genre, puisque jusqu'ici les recherches s'étaient davantage attachées aux récits fournis par les sujets. Murray, notamment, articulait l'analyse de contenu des histoires autour de cinq points :

- motivations, facteurs internes et traits généraux du héros ;
- forces de l'entourage exerçant une influence sur le héros ;
- déroulement et dénouement de l'histoire ;
- analyse des thèmes ;
- intérêts et sentiments.

L'analyse élaborée par V. Shentoub quant au processus-TAT et l'étude du matériel construite avec R. Debray constituent une véritable révolution : le matériel présenté au sujet n'est pas neutre, il sollicite, au niveau des images reproduites sur les planches du TAT, non seulement des mécanismes perceptifs de prise de connaissance ou de lecture de ces stimuli mais, en deçà, la réactivation des conflits essentiels auxquels confronte la condition humaine, en référence aux travaux de Freud et de ses successeurs. L'hypothèse fondamentale de R. Debray et de V. Shentoub est que les planches du TAT représentent des situations se rapportant aux conflits universels et spécialement au complexe d'Œdipe : toutes les planches où sont présents des « personnages » se réfèrent à la différence des générations et/ou à la différence des sexes : la reconnaissance de ces différences s'offre comme une condition effective d'accès à l'élaboration d'une problématique œdipienne structurante. Cependant, les sollicitations latentes du TAT, tout en privilégiant en apparence, par leur contenu manifeste très saturé en personnages humains, l'activation de scénarios relationnels, n'en sont pas moins susceptibles d'appeler et de mettre à l'épreuve les représentations du sujet par lui-même ; ainsi, deux grands axes de problématiques, qui ne sont pas indépendants l'un de l'autre, vont être régulièrement sollicités par les planches du TAT : l'axe narcissique, l'axe objectal.

■ *L'axe narcissique : l'investissement de la représentation de soi*

L'axe narcissique met à l'épreuve la qualité et l'investissement de la représentation du soi en termes d'identité et d'identification.

> Le terme *identité* désigne l'ensemble des processus psychiques fondamentaux par lesquels l'individu accède à une représentation de sa continuité d'exister (dans le temps et dans l'espace).
>
> La construction de l'identité s'étaye sur une image du corps relativement solide et sur l'efficacité du processus d'individuation et de différenciation par rapport à l'autre et à l'environnement.
>
> Le terme *identification* (secondaire) est pris au sens du : « Processus psychologique par lequel un sujet assimile un aspect, une propriété, un attribut de l'autre et se transforme, totalement ou partiellement, sur le modèle de celui-ci. La personnalité se constitue et se différencie par une série d'identifications » (J. Laplanche et J.-B. Pontalis, 1967, p. 187).
>
> La constitution des repères identificatoires suppose, une fois atteint l'accès à l'identité, la reconnaissance de la différence des sexes et des générations, corrélative de l'œdipe.

Les processus d'identifications s'inscrivent dans la construction, le développement et les avatars du complexe d'Œdipe. En ce sens, ils sont à la fois les héritiers de ce complexe – qu'il soit structurant ou non selon le mode de fonctionnement psychique de chaque individu, selon son organisation psychopathologique – et, en même temps, ils apparaissent comme des repères ou des indices susceptibles de témoigner justement de la qualité ou de la nature singulière du complexe d'Œdipe. Dans une perspective œdipienne classique, l'identification sexuelle s'engage dans la voie de l'objet de désir de l'autre : pour dire les choses plus simplement, le garçon s'identifie à son père, ou à l'homme, objet du désir de sa mère ; la fille s'identifiera à l'objet du désir du père, c'est-à-dire à sa mère, et plus précisément aux représentations de la femme qu'elle incarne. En fait, le double versant de l'œdipe, positif et négatif[1], soutient un double mouvement identificatoire, masculin *et* féminin chez les deux sexes, ce qui montre avec évidence que chaque sujet s'identifie à la fois au père et à la mère, la bisexualité psychique témoignant de cette double valence.

À partir du TAT, cela nous conduit à poser les questions suivantes :

- Y a-t-il stabilité de l'identité ou bien, au contraire, l'unité identitaire est-elle difficile à réaliser ?
- Les personnages sont-ils différenciés les uns par rapport aux autres ?
- Les identifications sont-elles clairement posées, les repères sexués sont-ils nettement établis ou non ?

■ *L'axe objectal : représentations des relations*

L'axe objectal met à l'épreuve la qualité et l'investissement des représentations de relations.

> Le terme *relation d'objet* désigne « le mode de relation du sujet avec son monde, relation qui est le résultat complexe et total d'une certaine organisation de la personnalité, d'une appréhension plus ou moins fantasmatique des objets et de tels types privilégiés de défense.
>
> On parlera des relations d'objet d'un sujet donné, mais aussi de types de relations d'objet se référant soit à des moments évolutifs (exemple : relation d'objet orale), soit à la psychopathologie (exemple : relation d'objet mélancolique) » (J. Laplanche et J.-B. Pontalis, 1967, p. 404).

1. L'œdipe « négatif » est une composante affective de l'organisation œdipienne et met en évidence un système inversé, c'est-à-dire l'amour pour le père et la rivalité avec la mère chez le garçon ; l'amour pour la mère et la rivalité avec le père chez la fille. Les deux formes de l'œdipe, « positive » et « négative » coexistent chez tout individu, avec une prévalence, en général, du « positif » sur le « négatif ».

Selon les planches mais aussi selon l'organisation psychique du sujet, différentes modalités de relations inscrites dans les mouvements de la psychosexualité individuelle sont susceptibles d'apparaître. Bien entendu, ces représentations de relations ne s'offrent pas comme une copie des relations interpersonnelles éprouvées dans la réalité matérielle, elles relèvent davantage de traductions des relations aux objets internes du sujet et aux conflits qui s'y attachent. N'oublions pas, en effet, que les récits-TAT sont des fictions construites à partir de la résonance, interne, de la réalité psychique, et ne peuvent être considérés comme révélant une vérité « objective ».

Toutes les propositions d'interprétation du matériel s'inscrivent dans cette double perspective : représentations de soi, représentations de relations (ou encore : axe narcissique, axe objectal), les deux polarités étant d'ailleurs susceptibles d'être mobilisées soit de manière syntone, dans une sorte de dialectique plus ou moins équilibrée selon les moments et les situations, soit de manière conflictuelle, antagoniste ou encore antinomique, les intérêts narcissiques apparaissant alors massivement menacés par les investissements objectaux qui risquent d'être inhibés ou barrés.

Ces propositions sont largement inspirées des deux théories des pulsions proposées par Freud : la première (« Pulsions et destins des pulsions », 1915*b*) met en opposition pulsion d'auto-conservation (au service du narcissisme du moi) et pulsion sexuelle (orientée par l'attraction vers l'autre) ; la seconde (« Au-delà du principe de plaisir », 1920) ne remplace pas la première mais s'articule autour des mouvements de pulsions de vie et pulsions de mort, les unes ouvrant du côté de la liaison, les autres du côté de la déliaison, les deux réglant en quelque sorte les destins des affects et des représentations.

Toute pulsion s'exprime dans les deux registres de l'affect et de la représentation. Pour autant qu'elle trouve sa source dans l'excitation corporelle, la pulsion est représentée au plan psychique par :

- le *représentant-représentation*, défini comme « représentation ou groupe de représentations auxquelles la pulsion se fixe dans le cours de l'histoire du sujet et par la médiation desquelles elle s'inscrit dans le psychisme » (J. Laplanche et J.-B. Pontalis, 1967, p. 412) ;
- le *représentant-affect* qui est « l'expression qualitative de la quantité d'énergie pulsionnelle et de ses variations » (ibid., p. 12).

Notons que si le représentant-représentation peut, par le refoulement, être plus ou moins soustrait de l'appareil conscient, affects et représentations restent habituellement liés afin de limiter le libre écoulement des excitations, de la même façon que restent liés entre eux les représentations et aussi les mouvements affectifs du fait de la fonction de liaison dynamique et vivante des pulsions de vie. Le sujet peut ainsi accéder *au conflit d'ambivalence*, c'est-à-dire à la capacité d'éprouver à la fois de l'amour et de la haine pour le même objet, sans que l'identité de l'un ou de l'autre s'en trouve menacée. L'ambivalence est un concept que Freud a emprunté à Bleuler mais auquel il a donné une ampleur et une force essentielle dans le domaine du fonctionnement psychique et de la dynamique relationnelle.

> *Ambivalence* : « Présence simultanée dans la relation à un même objet, de tendances, d'attitudes et de sentiments opposés, par excellence l'amour et la haine » (J. Laplanche et J.-B. Pontalis, 1967, p. 18)

Dans « Pulsions et destins des pulsions » (1915*b*), Freud évoque l'ambivalence à propos de couples d'opposés : amour/haine mais aussi activité/passivité. Mais c'est surtout l'ambivalence pulsionnelle qui constitue le pivot le plus intéressant de cette notion. L'ambivalence de l'amour et de la haine (pulsions libidinales, pulsions agressives) s'expliquerait par leur évolution spécifique : dans la première théorie des pulsions (1915*b*), l'auto-conservation s'opposerait aux pulsions sexuelles ; dans la seconde théorie des pulsions, ce sont les pulsions de vie qui s'opposeraient aux pulsions de mort.

Le conflit œdipien est conçu comme un conflit d'ambivalence dans ses racines pulsionnelles et dans cette perspective, les symptômes sont compris comme autant de tentatives pour y apporter une solution.

Chez Melanie Klein (1948), l'accession à l'ambivalence caractérise la position dépressive et son élaboration. M. Klein, quand elle se réfère à l'entrée dans la position dépressive aux alentours du sixième mois chez le bébé, pense que dans un premier temps, lorsque la mère est absente, l'enfant peut fantasmer qu'il l'a détruite par ses attaques agressives. Ce sont les absences et les retours de la mère qui vont permettre peu à peu l'intégration de ses aspects « à la fois bons et mauvais » dans le même temps où l'enfant devient capable d'avoir le sentiment qu'il peut avoir détruit sa mère mais qu'il peut aussi la réparer puisqu'elle revient. Quand la position dépressive est élaborée, l'enfant est susceptible d'investir un objet total ressenti à la fois comme mauvais quand il s'absente et comme bon quand il revient. Par identification à cet objet, à la fois bon et mauvais, l'enfant peut se sentir lui-même bon *et* mauvais.

La *liaison des mouvements pulsionnels libidinaux et agressifs* permet d'établir à la fois la continuité de l'objet, la continuité narcissique du sujet et son accès à l'ambivalence. La notion de position dépressive définie par M. Klein ne correspond pas seulement à un stade de développement mais bien aussi à une position qui va être mise à l'épreuve régulièrement tout au long de la vie.

La *déliaison* marque au contraire une brusque libération d'énergie qui tend de façon incoercible vers la décharge sous forme d'un excédent d'excitations. Dans le cadre de la dernière théorie des pulsions (Freud, 1920), la déliaison caractérise les pulsions de mort qui attaquent les liens (désintrication ou désunion). La dialectique des mouvements de liaison et de déliaison constitue une composante fondamentale du fonctionnement psychique.

Pulsions de vie comme pulsions de mort sont constamment mobilisées dans le système psychique. Cependant, la prévalence des unes ou des autres va déterminer des modalités psychiques différentes : plus la liaison est « harmonieuse », plus les modalités de fonctionnement sont souples et s'inscrivent dans une conflictualité vivante ; *a contrario*, moins les processus de liaison sont efficaces, plus les modalités de fonctionnement sont fragiles. À cet égard, l'acmé schizophrénique offre un exemple extrême d'attaque des liens et de désintégration de la pensée.

L'analyse des protocoles doit donc être envisagée du point de vue économique en ce sens qu'il est essentiel d'apprécier les quantités d'énergie pulsionnelle mobilisées et leur qualité, libidinale et/ou agressive. Cela conduit à poser les questions suivantes :

– Les mouvements libidinaux et agressifs sont-ils repérables ?

– Y a-t-il une liaison possible entre eux, ou, au contraire, les processus de déliaison sont-ils prévalents ?

– Les représentations de relations traduisent-elles un conflit d'ambivalence, ou, au contraire, une tendance plus ou moins importante à la désintrication pulsionnelle ?

La prise en compte de la problématique de perte, à la fois en référence aux travaux de Freud sur l'angoisse de perdre l'amour de l'objet et à ceux de M. Klein qui viennent d'être rapidement évoqués, nous a conduit plus récemment à proposer, dans le cadre de l'analyse des représentations de relations du matériel de TAT, deux registres de problématiques :

– celui du complexe d'Œdipe, de ses composantes distinctes et de ses dérives ;

– celui de l'angoisse de perte d'amour de la part de l'objet, de ses effets et de ses avatars.

Nous proposons donc une élaboration actuelle des contenus manifestes et latents du TAT en insistant à la fois sur l'axe narcissique et/ou objectal des représentations *et* sur le registre conflictuel en termes œdipiens *et* dépressifs.

Nous considérons en effet que tout individu humain est inéluctablement confronté à ces problématiques : sa manière de les traiter, dans le processus-TAT, mettra en évidence, selon la singularité des procédures discursives et défensives, sa capacité à en contenir les effets aussi bien en termes de représentations que d'affects, ou à se laisser déborder ou désorganiser par leur massivité.

7.2 Présentation et analyse des planches

Chaque planche du TAT est susceptible de solliciter une problématique spécifique, prévalente, dont la traduction, en termes de représentations de mots, renvoie au fantasme sous-jacent. Cependant, la mise à l'épreuve essentielle relève de la manière dont le sujet mobilise ses conduites psychiques pour produire un récit. Notre hypothèse principale est que les sollicitations latentes du matériel sont *toujours* effectives – qu'il s'agisse du complexe d'Œdipe ou de l'angoisse dépressive : tous les sujets, quelle que soit leur organisation psychique, sont mobilisés par ces problématiques.

Le complexe d'Œdipe, notamment, ne constitue pas le registre conflictuel primordial et privilégié des seules organisations névrotiques. Chaque sujet est concerné mais il lui appartient de le traiter dans des modalités singulières, susceptibles de se retrouver à grands traits selon l'organisation psychique ou psychopathologique : structurant un conflit interne entre désirs et défenses, mettant en évidence l'affrontement des mouvements pulsionnels (libidinaux et agressifs) et des interdits, le complexe d'Œdipe, dans la névrose, montre les effets de ce conflit interne dans l'angoisse liée à la transgression et sa traduction en termes d'angoisse de castration. Chez les fonctionnements limites, la proximité et la force des désirs incestueux et parricidaires – du fait de mécanismes de refoulement parfois insuffisamment efficaces et de la fragilité des limites – et la menace constante de perte d'amour rendent l'organisation œdipienne beaucoup moins structurante, la problématique de castration résonne massivement en termes narcissiques et dépressifs et le sujet oscille entre des moments d'envahissement fantasmatique plus ou moins apparents et des moments d'agrippement aux percepts imposés par la nécessité de contre-investir les mouvements projectifs. Dans les psychoses enfin, le complexe d'Œdipe, largement débordé par l'excitation pulsionnelle associée à l'inceste et au meurtre, perd toute fonction différenciatrice et structurante.

Une rapide analyse peut également être proposée pour illustrer les différentes modalités psychopathologiques de l'angoisse de perte d'objet. Dans la névrose, l'angoisse dépressive est très fortement associée à l'organisation œdipienne : on peut penser en effet que le complexe d'Œdipe assure, en quelque sorte, par la construction dynamique des scénarios triangulaires, une tentative – parfois réussie – d'élaboration de la problématique de perte. En ce sens, les affects de tristesse sont ressaisis dans les fils de la culpabilité et dans la nostalgie liée au renoncement à l'objet d'amour œdipien. Chez les fonctionnements limites, la problématique centrale relève de l'angoisse de perte de l'amour de la part de l'objet. L'angoisse de perte *réelle* de l'objet, du fait des limites poreuses entre dedans et dehors, met en évidence des difficultés patentes dans les capacités d'élaboration de la position dépressive (au sens de M. Klein) : les possibilités de contenance pulsionnelle sont discontinues dans la mesure où l'ambivalence reste peu ou pas élaborée, ce qui détermine des mécanismes de clivage et d'identification projective. Dans la psychose, la continuité d'exister du sujet et de l'objet est perdue. L'inscription de la perte est sans cesse combattue par des mécanismes de défense extrêmement coûteux : le sujet se laisse emporter par les mouvements destructeurs qui anéantissent son identité en attaquant le sentiment d'altérité. Le désinvestissement objectal s'accompagne d'un désinvestissement narcissique majeur.

PLANCHE 1

Contenu manifeste : un garçon, la tête entre les mains, regarde un violon posé devant lui.

Sollicitations latentes :

- À partir de l'accent porté sur l'immaturité fonctionnelle (il s'agit d'un enfant), c'est une problématique d'impuissance actuelle associée à l'angoisse de castration qui organise l'image, avec bien entendu des destins différents repérables selon la qualité des mouvements identificatoires.
- La solitude de l'enfant, associée à la blessure narcissique imposée par son immaturité, est susceptible de déterminer une angoisse de perte plus ou moins « élaborable ».

La reconnaissance et l'élaboration de la problématique de castration supposent que la différenciation entre sujet et objet soit solidement établie ; quand les processus identificatoires sont troublés, l'accent porte sur la difficulté ou l'incapacité à poser une représentation de sujet unifié face à un objet dont l'intégrité ne serait pas menacée. Dans ces cas de figure, la précarité des mécanismes d'intériorisation, déterminée par la difficulté à intégrer la perte d'objet, entraîne des altérations considérables dans la structuration œdipienne.

PLANCHE 2

Contenu manifeste : scène champêtre. Au premier plan, une jeune fille avec des livres ; au second plan, un homme avec un cheval, une femme adossée à un arbre. Différence des sexes, pas de différence de générations.

Sollicitations latentes :

- La planche renvoie au triangle œdipien père-mère-fille malgré l'absence de différence de générations au niveau manifeste. Elle met à l'épreuve l'organisation œdipienne et son caractère plus ou moins structurant : attirance de la jeune fille par l'homme, rivalité avec la femme, reconnaissance de l'interdit, renoncement à l'amour œdipien, nostalgie, déclin de l'œdipe.

– L'interdit et le renoncement auquel il contraint sont éprouvés comme une impossible séparation d'avec les objets originaires. Le sujet reste « collé » au couple en refusant de reconnaître son lien sexuel privilégié, l'exclusion par rapport au couple étant ressentie comme un rejet massif et insupportable.

PLANCHE 3BM

Contenu manifeste : une personne affalée, appuyée au pied d'une banquette (sexe et âge indéterminés, objet à terre flou).

Sollicitations latentes (renvoient à la position dépressive avec traduction corporelle) :

– Dans un contexte œdipien, c'est la culpabilité dans sa valence dépressive qui est mobilisée. La solitude reste supportable, le travail de renoncement est possible et le déplacement des investissements renouvelable.

– Dans le contexte de la position dépressive telle qu'elle a été élaborée par M. Klein, la problématique de perte d'objet réactivée à cette planche met à l'épreuve les capacités de travail du deuil, la réversibilité des affects dépressifs et l'étayage de désirs à venir.

Cette planche est très importante pour mettre en évidence la capacité du sujet à lier les affects (dépression, tristesse) à une représentation (absence, mort, donc perte d'objet).

PLANCHE 4

Contenu manifeste : une femme proche d'un homme qui se détourne (différence des sexes, pas de différence de générations).

Sollicitations latentes :

– La planche renvoie à l'ambivalence pulsionnelle dans la relation de couple, avec les deux pôles agressivité/tendresse, ou encore amour/haine. Dans un contexte œdipien, c'est un tiers (la guerre ou une autre femme) qui détermine l'éventuel départ du personnage masculin.

– La planche sollicite, au-delà du conflit et du chagrin d'amour, l'angoisse de séparation et d'abandon.

PLANCHE 5

Contenu manisfeste : une femme d'âge moyen, la main sur la poignée de la porte, regarde à l'intérieur d'une pièce.

Sollicitations latentes (renvoient à une image féminine/maternelle qui pénètre et regarde) :

- Dans un contexte œdipien, la planche ravive la culpabilité liée à la curiosité sexuelle et aux fantasmes de scène primitive, la figure de la mère apparaissant à la fois séductrice et interdictrice.
- Dans un autre registre, ce sont les mouvements ambivalents, plus archaïques, associés à l'angoisse de perdre l'amour de l'objet, qui sont touchés avec des traitements différents selon les sujets (versant narcissique, dépressif ou persécutif).

PLANCHE 6BM

Contenu manifeste : au premier plan, un homme jeune, de face ; au second plan, une femme âgée, de profil (différence des sexes, différence de générations).

Sollicitations latentes (renvoient à la relation mère/fils dans un contexte de tristesse) :

- Dans un contexte œdipien, la planche s'organise autour d'un fantasme parricidaire (la tristesse est liée à la mort du père) et met à l'épreuve la reconnaissance de l'interdit de l'inceste.
- Dans un autre registre, la planche ravive les modalités singulières de la relation du fils à la mère dans ses références précoces, donc rattachées à l'angoisse de perdre son amour, mise en conflit avec l'éloignement nécessaire imposé par le renoncement œdipien.

PLANCHE 7BM

Contenu manifeste : deux hommes (dont on ne voit que les têtes) près l'un de l'autre (différence de générations, pas de différence des sexes).

Sollicitations latentes (renvoient au rapprochement père/fils) :

- Dans un contexte œdipien, la planche renvoie à l'ambivalence de la relation avec le père : rivalité ou lien homosexuel au sein de l'œdipe négatif.
- Comme toutes les scènes de rapprochement manifeste, la planche provoque l'association fantasmatique d'une séparation et d'un éloignement.

PLANCHE 8BM

Contenu manifeste : au second plan, un homme couché, deux hommes penchés sur lui avec un instrument (scène d'opération). Au premier plan, un adolescent tournant le dos à la scène, et un fusil (pas de différence des sexes, différence de générations).

Sollicitations latentes (renvoient à une scène d'agressivité ouverte confrontant des hommes adultes et un adolescent, en positions contrastées active/passive) :

– Dans un contexte œdipien, ce sont le désir parricidaire, la culpabilité, l'angoisse de castration et l'ambivalence vis-à-vis du père qui sont mobilisés.

– En deçà, les pulsions agressives à valence destructrice ravivent des fantasmes d'attaque mortifère contre les objets et l'angoisse de perte concomitante.

PLANCHE 6GF

Contenu manifeste : une jeune femme assise, au premier plan, se retournant vers un homme qui se penche sur elle (légère différence de générations, différence des sexes).

Sollicitations latentes (renvoient à une relation hétérosexuelle dans l'opposition conflictuelle entre désir et défense) :

– Dans un contexte œdipien, cette planche convoque des fantasmes de séduction de type hystérique : c'est l'homme plus âgé (le père ou son substitut) qui est l'agent séducteur, version qui préserve l'innocence de la jeune fille.

– La problématique de perte d'objet est beaucoup moins repérable à cette planche. Elle peut être sous-jacente à la relation œdipienne au père (renoncement difficile) ou à la mère (peur de perdre son amour dans la rivalité). Cependant, dans certains registres, il apparaît évident que la figure du père occupe une place et assure une fonction réparatrice lorsque la figure maternelle est trop fortement connotée par l'abandon.

PLANCHE 7GF

Contenu manifeste : une femme, un livre à la main, penchée vers une petite fille à l'expression rêveuse qui tient un poupon dans les bras (différence de générations, pas de différence des sexes).

Sollicitations latentes (renvoient à la relation mère/fille) :

– Dans un contexte œdipien, la planche sollicite des mouvements d'identification de la fille à la mère qui autorise ou non l'accession à une place de femme et de mère.

– Dans d'autres contextes, le conflit se double de la réactualisation de l'ambivalence dans la relation mère/enfant, en termes d'amour et de haine, de proximité et de rejet.

PLANCHE 9GF

Contenu manifeste : au premier plan, une jeune femme, derrière un arbre, regarde une autre jeune femme qui court en contrebas, au second plan (pas de différence des sexes, pas de différence de générations).

Sollicitations latentes (renvoient à la rivalité féminine) :

- Dans un contexte œdipien, la rivalité entre les deux femmes se noue autour d'un tiers, un homme aimé.
- Au-delà de la rivalité, c'est une agressivité plus violente, et éventuellement mortifère, qui se mobilise dans une problématique où l'attaque de l'autre est susceptible d'entraîner sa disparition.

PLANCHE 10

Contenu manifeste : un couple qui se tient embrassé (pas de différence de générations, flou et ambiguïté dans la différence des sexes).

Sollicitations latentes (renvoient à l'expression des désirs dans le couple) :

- Dans un contexte œdipien, les liaisons sont possibles ou pas entre tendresse et désir sexuel, la référence incestueuse est plus ou moins présente.
- Au-delà des « retrouvailles » du couple, c'est la menace de sa séparation qui demeure sous-jacente ou clairement formulée.

PLANCHE 11

Contenu manifeste : paysage chaotique avec de vifs contrastes d'ombre et de clarté, en à pic.

Sollicitations latentes :

- La planche induit des mouvements régressifs très importants, mettant au jour des problématiques prégénitales singulières, généralement référées à une imago maternelle archaïque.

PLANCHE 12BG

Contenu manifeste : paysage boisé au bord d'un cours d'eau avec au premier plan un arbre et une barque. Végétation et arrière-plan imprécis. Aspect aéré et dominante claire.

Sollicitations latentes :

- Dans un contexte œdipien, on trouve l'évocation de représentations de relations tendres ou nettement érotisées.

– Au-delà, les dimensions dépressive et/ou narcissique se manifestent à travers la réactivation d'une problématique de perte et d'abandon ou à travers l'impossibilité d'introduire une dimension objectale.

PLANCHE 13B

Contenu manifeste : un petit garçon assis sur le seuil d'une cabane aux planches disjointes.

Sollicitations latentes (renvoient à la capacité d'être seul) :

– Dans un contexte œdipien, la planche ravive le sentiment de solitude de l'enfant délaissé par le couple parental.

– Au-delà, la problématique dominante mobilisée par la planche porte sur la capacité d'être seul dans un environnement précaire et met à l'épreuve la qualité de l'étayage maternel et ses effets sur le sujet.

PLANCHE 13MF

Contenu manifeste : une femme couchée, la poitrine dénudée et un homme debout, au premier plan, le bras devant le visage (différence des sexes, pas de différence de générations).

Sollicitations latentes (renvoient à l'expression de la sexualité et de l'agressivité dans le couple) :

– Dans un contexte œdipien, la planche s'organise autour d'une situation triangulaire dramatisée mettant plus ou moins au jour une fantasmatique incestueuse et meurtrière.

– Au-delà, et comme toutes les planches qui sont susceptibles de solliciter une fantasmatique mortifère, c'est la question de la perte violente et de la destruction qui est ravivée, et cette fois, la massivité de la problématique peut entraîner un débordement et une désorganisation patents.

PLANCHE 19

Contenu manifeste : image « surréaliste » de maison sous la neige ou de bateau dans la tempête.

Sollicitations latentes :

– Mise à l'épreuve des limites entre dedans/dehors, bon/mauvais, et réactivation de problématiques archaïques dépressive et/ou persécutive, selon les capacités de contenance et de différenciation du sujet.

PLANCHE 16

Contenu manifeste : carte blanche pour le sujet.

Sollicitations latentes :

– Renvoie à la manière dont le sujet structure ses objets internes et externes et organise ses relations avec eux.

Deuxième étape

ANALYSE DES RÉCITS

La feuille de dépouillement permet le repérage et le regroupement des procédés d'élaboration du discours. Ces procédés peuvent être formels (repérables au niveau syntaxique) et/ou narratifs (organisant l'histoire selon tel ou tel style).

Hypothèse : les procédés d'élaboration du discours sont sous-tendus par des opérations inconscientes (mécanismes de défense et autres modalités de conduites psychiques) dont ils sont la traduction manifeste.

1 MÉCANISMES DE DÉFENSE ET PROCÉDÉS D'ÉLABORATION DU DISCOURS

Le concept de mécanisme de défense a été défini par J. Laplanche et J.-B. Pontalis dans le *Vocabulaire de Psychanalyse* (1967, p. 234) comme représentant « différents types d'opérations dans lesquelles peut se spécifier la défense. Les mécanismes prévalents sont différents selon le type d'affection envisagée, selon l'étape génétique considérée, selon le degré d'élaboration du conflit défensif, etc. On s'accorde à dire que les mécanismes de défense sont utilisés par le moi, la question théorique restant ouverte de savoir si leur mise en jeu présuppose toujours l'existence d'un moi organisé qui en soit le support ».

Par ailleurs, D. Widlöcher (1971-1972)[1] définit la défense comme étant « un ensemble d'opérations dont la finalité est de réduire un conflit intrapsychique en rendant inaccessible à l'expérience consciente un des éléments du conflit. Les mécanismes de défense seront les différents types d'opération dans lesquels peut se spécifier la défense, c'est-à-dire les formes cliniques de ces opérations défensives. »

L'activité défensive existe dans toute organisation psychique, qu'elle soit normale ou pathologique.

2 PRÉSENTATION DE LA FEUILLE DE DÉPOUILLEMENT

La feuille de dépouillement ne prétend pas être un relevé exhaustif des modalités de fonctionnement présentes dans toutes les organisations psychiques. Elle doit être avant tout considérée comme un instrument de travail qui peut être régulièrement modifié, compte tenu de ses imperfections mais aussi et surtout compte tenu de l'évolution de la clinique et de ses interrogations.

Cette feuille de dépouillement – dont chaque item sera présenté en détail – sert de grille de référence pour apprécier et coter les particularités de construction de chacune des histoires. Divisée en quatre grandes catégories ou séries de procédés, elle n'est remplie qu'au terme de l'analyse du protocole tout entier.

2.1 Rappel historique

Ainsi que le dit V. Shentoub, si la dimension théorique sous-tendant le processus TAT ne peut guère être remaniée et constitue son point d'ancrage, il en va différemment de la méthodologie et donc de la feuille de dépouillement qui nécessite une remise à jour théorico-clinique permanente.

C'est dans un article paru dans la *Revue de psychologie appliquée* d'octobre 1958, intitulé « Contribution à la recherche de la validation du TAT. Feuille de dépouillement », que Vica et Salem Shentoub exposent la toute première version de la feuille de dépouillement. Dans ce texte, les deux auteurs soulignent les difficultés théoriques liées au dépouillement du TAT et la nécessité de procéder à une analyse structurale. Ils font référence alors à

1. Cours polycopié du DESS de Psychologie clinique, non publié (Institut de psychologie, Université Paris 5, 1971-1972).

des items correspondant à des traits structuraux et regroupés selon des catégories en accord avec « les notions les plus courantes de la psychiatrie française et les données de la psychanalyse ».

Outre la toute première feuille de dépouillement de 1958, il faut mentionner l'existence de six autres feuilles de dépouillement correspondant aux différents stades de développement de cet outil. Il est néanmoins probable que d'autres élaborations intermédiaires aient été réalisées, dont les traces n'ont pas été conservées ou archivées, d'autant plus que R. Debray révèle dans un article de 1987, « Le TAT : aujourd'hui et demain », que dans les premiers temps de son élaboration, la feuille de dépouillement était modifiée chaque année. Sur ces six feuilles, quatre ont été publiées aux dates suivantes : 1969, 1978, 1987 et 1990.

En 1969, dans un texte intitulé « Contribution du TAT au diagnostic différentiel entre le normal et le pathologique chez l'enfant », V. Shentoub et R. Debray proposent « une fiche de dépouillement réélaborée à partir des travaux antérieurs », dont on remarque d'emblée l'évolution : il s'agit à présent d'une feuille unique comprenant quatre rubriques principales et qui met l'accent sur les possibilités dont dispose le moi pour résoudre les conflits :

1. Caractéristiques manifestes de la production.

2. Procédés mis en œuvre : Facteurs de rigidité/Facteurs de labilité.

3. Résultante : Facteurs de dégagement/Facteurs d'échec.

Pour V. Shentoub et R. Debray, cette fiche met en évidence les facteurs contribuant au dégagement des conflits et les confronte avec ceux qui révèlent des conflits défensifs appauvrissant, voire entravant « l'autonomie du moi ». Selon ces deux auteurs, « la résultante doit effectivement permettre de juger du mode d'aménagement actuel, c'est-à-dire de l'arsenal défensif dont dispose le moi et de la rentabilité de celui-ci » (1969, p. 243).

Le texte de V. Shentoub et R. Debray permet également de voir clarifié un élément important concernant la question des procédés dits pathognomoniques de telle ou telle pathologie. En effet, il est bien précisé ici que « tout mécanisme, de quelque nature qu'il soit, peut se rencontrer dans un protocole normal ou pathologique, dans celui-ci il prendra place parmi d'autres mécanismes qui participent à l'efficience, dans celui-là au contraire, il apparaîtra comme dominant, gênant le rendement, pouvant même altérer complètement la progression du récit » (*ibid.*).

Dans le *Bulletin de psychologie* (1978-1979), V. Shentoub et R. Debray publient l'article « Que faire d'une excessive richesse fantasmatique ? », dans lequel est présentée la fiche de dépouillement correspondant à l'analyse du protocole de TAT de Gaëtan, 24 ans.

Cette fiche est maintenant assez proche de celle que nous connaissons. Elle est composée de cinq rubriques, ces rubriques étant nommées à présent séries de procédés ; il s'agit de la série A « Rigidité (*versus* contrôle) », la série B « Labilité (*versus* laisser-aller) ». Ces deux séries de procédés comprennent des procédés A1 et B1 correspondant aux facteurs de dégagement des conflits et les procédés A2 et B2 relevant des facteurs défensifs.

La troisième série, série C, renvoie aux « Facteurs d'inhibition », la quatrième série, série D, est intitulée « Réactions au niveau du comportement », et la dernière série, la série E, est référée à présent aux « Émergences du processus primaire ». Cette feuille se compose alors de 63 procédés.

Les modifications par rapport à la fiche précédente sont à la fois profondes et subtiles : il n'existe plus de caractéristiques manifestes de la production qui, somme toute, relevaient d'un mode de description du protocole susceptible de s'inscrire dans des données cliniques à part (impressions cliniques de la production). Les procédés de dégagement ont été intégrés aux séries A et B mais distingués des autres procédés « correspondant pour les auteurs à des mécanismes plus proprement névrotiques, respectivement obsessionnels et hystériques » (p. 310).

Et les procédés E, « Émergences du processus primaire », remplacent les « Facteurs d'échec » en s'inscrivant, comme les procédés A et B, du côté de la possibilité offerte au sujet « d'assurer un jeu relativement libre entre le mouvement progrédient et régrédient, le processus primaire et secondaire, les investissements narcissiques et objectaux, et ceci quelle que soit la lignée structurelle de base ».

Dans les deux années qui ont suivi cette publication, apparaît une nouvelle feuille de dépouillement, datée de 1981, qui sera publiée en 1987 dans un article de V. Shentoub intitulé « Le TAT : théorie et méthode ».

Outre quelques ajouts de procédés dans les séries A, B et E, on trouve dans cette nouvelle feuille des apports essentiels dans l'introduction des séries F (comme factuel), N (comme narcissique) et M (comme maniaque) intégrées aux facteurs de la série C (Inhibition).

R. Debray a dégagé les procédés de la série F, étayés sur la compréhension du fonctionnement mental selon la perspective théorique de P. Marty et de l'École de psychosomatique de Paris. Dans ces procédés, l'inhibition n'est plus associée à des mécanismes de refoulement identifiables à travers le retour du refoulé pulsionnel, mais se caractérise par la prévalence d'un monde externe qui n'entre plus en résonance avec l'univers du fantasme. Le conflit s'absente de la réalité interne et peut déboucher sur un fonctionnement de pensée opératoire tel qu'il a été défini par P. Marty.

C'est à Françoise Brelet-Foulard que l'on doit l'élaboration des procédés N et M d'après ses recherches sur des sujets considérés comme « personnalités à traits narcissiques graves » et sur la clinique du vécu dépressif. C'est en effet dès le début des années quatre-vingt que F. Brelet-Foulard se consacre au style narcissique au TAT dans des récits qui témoignent de la mise en avant d'une représentation de soi-même à travers un investissement d'objet narcissique et non objectal. Entre autres éléments, dans ces récits, nous ne sommes plus dans la mise en scène du mouvement vers l'objet mais dans la mise en tableau de la représentation de soi. Les personnages ne sont plus abordés par la différenciation de la nuance affective mais apparaissent, de façon tranchée, tout heureux ou tout malheureux. Le récit est marqué du sceau du surinvestissement des limites et donc du sensoriel qui possède une densité et une épaisseur dont la fonction est de renforcer la surface du corps pour en sauvegarder l'intégrité.

Enfin, la feuille de dépouillement telle qu'elle a paru dans le premier *Manuel d'utilisation du TAT* en 1990 change peu par rapport à la précédente, si ce n'est que les facteurs de la série D « Comportement » sont insérés dans ceux de la série C, de sorte que la série C apparaît à présent composée de cinq rubriques. Ainsi, en l'espace de dix ans, c'est donc la série C, appelée à présent « Évitement du conflit » et non plus « Inhibition », qui s'est vue enrichie de 4 nouvelles séries, grâce à l'application au TAT des travaux concernant les fonctionnements limites.

Dans le même mouvement, la feuille de dépouillement s'est beaucoup alourdie puisqu'elle comporte alors 87 procédés du discours et, sous l'impulsion des travaux de F. Brelet-Foulard, il s'agit déjà de réfléchir à l'intégration d'une nouvelle catégorie de procédés qui viendrait compléter celles existant dans la série C : les procédés L comme « Limite ».

C'est ainsi que l'étape suivante a consisté à alléger la feuille de dépouillement d'un côté et à intégrer une série L de l'autre.

2.2 Forme actuelle de la feuille de dépouillement

L'utilisation de la feuille de dépouillement pourvue de 87 procédés pouvait s'avérer fastidieuse et le recensement long et difficile, tant au plan pédagogique qu'au plan de la pratique clinique.

C'est pourquoi C. Chabert, avec une partie de son équipe, a proposé un regroupement des procédés du discours destiné à simplifier l'utilisation de la feuille et à en clarifier la lecture clinique. Ainsi, les procédés des séries auparavant dites « névrotiques », A (Rigidité) et B (Labilité), sont recomposés en trois parties distinctes et les procédés sous-tendus par les mêmes conduites psychiques sont regroupés :

– les procédés A1 (« Référence à la réalité externe ») et B1 (« Investissement de la relation ») renvoient aux modalités du discours, respectivement rigide et labile, telles qu'elles sont susceptibles d'être rencontrées dans toute forme d'organisation psychique ;

– les procédés A2 (« Investissement de la réalité interne ») et B2 (« Dramatisation ») font référence aux modalités d'expression du conflit intrapsychique, mais ne peuvent être considérés comme significatifs à eux seuls du fonctionnement névrotique ;
– les procédés A3 (« Procédés de type obsessionnel ») et B3 (« Procédés de type hystérique ») rendent compte de mécanismes typiquement présents dans le fonctionnement névrotique obsessionnel ou dans le fonctionnement névrotique hystérique. Articulée à d'autres procédés A et B (en majorité mais pas exclusivement), la présence effective de ces procédés spécifiques permet de poser une hypothèse diagnostique de fonctionnement névrotique obsessionnel ou hystérique.

La différenciation de trois sous-séries spécifiques, au sein de ces deux grandes séries, permet ainsi de mieux différencier les modalités d'expression en lien avec la névrose de celles inscrites dans d'autres modes de fonctionnement.

Selon la même démarche, les procédés de la série E (« Émergences des processus primaires ») sont différenciés en quatre catégories. Ces distinctions étaient déjà implicites dans la feuille précédente, mais les catégorisations n'étaient pas spécifiées.

Ces différenciations permettent de rendre compte de l'éventuelle émergence d'un mode de fonctionnement défensif privilégiant le déni ou la désinsertion de la réalité (E1), le débordement projectif (E2), les troubles identitaires et le rapport aux objets (E3), les troubles de la pensée (E4). Contrairement aux séries A et B, il n'existe pas ici de sous-série mettant spécifiquement l'accent sur une organisation psychotique. En effet, chacune de ces quatre modalités d'expression des processus primaires comporte des procédés typiques d'une organisation ou d'un « noyau » psychotique et des procédés moins caractéristiques. Ces derniers, lorsqu'ils apparaissent dans des récits de sujets non psychotiques, peuvent témoigner de la manifestation ponctuelle et transitoire d'un fonctionnement en processus primaire. La dimension économique est ici une donnée d'évaluation importante, ainsi que l'articulation des différents procédés entre eux.

Dans la série C « Évitement du conflit », les cinq parties déjà présentes dans la feuille précédente bénéficient à présent d'intitulés spécifiques. Seul le CP (référé antérieurement à « Phobique ») subit une modification d'appellation et devient CI « Inhibition », terme considéré comme susceptible de rendre compte aussi d'autres mouvements psychiques que le seul mouvement phobique.

L'ancienne série C/C « Comportement » est supprimée. Cette suppression se justifie par le fait que les procédés se dégagent essentiellement à partir de modalités du discours, les manifestations comportementales en étant par conséquent exclues. Ces caractéristiques ne sont pas pour autant laissées de côté, mais s'inscrivent à présent dans les commentaires concernant la clini-

Série A Rigidité	Série B Labilité	Série C Évitement du conflit	Série E Émergences des processus primaires
A1 Référence à la réalité externe A1-1 : Description avec attachement aux détails avec ou sans justification de l'interprétation A1-2 : Précisions : temporelle – spatiale – chiffrée A1-3 : Références sociales, au sens commun et à la morale A1-4 : Références littéraires, culturelles **A2 Investissement de la réalité interne** A2-1 : Recours au fictif, au rêve A2-2 : Intellectualisation A2-3 : Dénégation A2-4 : Accent porté sur les conflits intra-personnels – Aller/retour entre l'expression pulsionnelle et la défense **A3 Procédés de type obsessionnel** A3-1 : Doute : précautions verbales, hésitation entre interprétations différentes, remâchage A3-2 : Annulation A3-3 : Formation réactionnelle A3-4 : Isolation entre représentations ou entre représentation et affect – Affect minimisé	**B1 Investissement de la relation** B1-1 : Accent porté sur les relations interpersonnelles, mise en dialogue B1-2 : Introduction de personnages non figurant sur l'image B1-3 : Expressions d'affects **B2 Dramatisation** B2-1 : – Entrée directe dans l'expression ; Exclamations ; Commentaires personnels. – Théâtralisme ; Histoire à rebondissements. B2-2 : Affects forts ou exagérés B2-3 : Représentations et/ou affects contrastés – Aller/retour entre désirs contradictoires B2-4 : Représentations d'actions associées ou non à des états émotionnels de peur, de catastrophe, de vertige… **B3 Procédés de type hystérique** B3-1 : Mise en avant des affects au service du refoulement des représentations B3-2 : Érotisation des relations, symbolisme transparent, détails narcissiques à valeur de séduction B3-3 : Labilité dans les identifications	**CF Surinvestissement de la réalité externe** CF-1 : Accent porté sur le quotidien, le factuel, le faire – Référence plaquée à la réalité externe CF-2 : Affects de circonstance, références à des normes extérieures **CI Inhibition** CI-1 : Tendance générale à la restriction (temps de latence long et/ou silences importants intrarécits, nécessité de poser des questions, tendance refus, refus) CI-2 : Motifs des conflits non précisés, banalisation, anonymat des personnages CI-3 : Éléments anxiogènes suivis ou précédés d'arrêt dans le discours **CN Investissement narcissique** CN-1 : Accent porté sur l'éprouvé subjectif – Références personnelles CN-2 : Détails narcissiques – Idéalisation de la représentation de soi et/ou de la représentation de l'objet (valence + ou -) CN-3 : Mise en tableau – Affect-titre – Posture signifiante d'affects CN-4 : Insistance sur les limites et les contours et sur les qualités sensorielles CN-5 : Relations spéculaires **CL Instabilité des limites** CL-1 : Porosité des limites (entre narrateur/sujet de l'histoire ; entre dedans/dehors…) CL-2 : Appui sur le percept et/ou le sensoriel CL-3 : Hétérogénéité des modes de fonctionnement (interne/externe ; perceptif/symbolique ; concret/abstrait…) CL-4 : Clivage **CM Procédés anti-dépressifs** CM-1 : Accent porté sur la fonction d'étayage de l'objet (valence + ou -) – Appel au clinicien CM-2 : Hyperinstabilité des identifications CM-3 : Pirouettes, virevoltes, clin d'œil, ironie, humour	**E1 Altération de la perception** E1-1 : Scotome d'objet manifeste E1-2 : Perception de détails rares ou bizarres avec ou sans justification arbitraire E1-3 : Perceptions sensorielles – Fausses perceptions E1-4 : Perception d'objets détériorés ou de personnages malades, malformés **E2 Massivité de la projection** E2-1 : Inadéquation du thème au stimulus – Persévération – Fabulation hors image – Symbolisme hermétique E2-2 : Évocation du mauvais objet, thème de persécution, recherche arbitraire de l'intentionnalité de l'image et/ou des physionomies ou attitudes – Idéalisation de type mégalomaniaque E2-3 : Expressions d'affects et/ou de représentations massifs – Expressions crues liées à une thématique sexuelle ou agressive **E3 Désorganisation des repères identitaires et objectaux** E3-1 : Confusion des identités – Télescopage des rôles E3-2 : Instabilité des objets E3-3 : Désorganisation temporelle, spatiale ou de la causalité logique **E4 Altération du discours** E4-1 : Troubles de la syntaxe – Craquées verbales E4-2 : Indétermination, flou du discours E4-3 : Associations courtes E4-4 : Associations par contiguïté, par consonance, coq-à-l'âne…

Feuille de dépouillement du TAT

que de la passation de l'épreuve et doivent être prises en compte dans l'interprétation dynamique du fonctionnement du sujet. Cependant, nous considérons « l'appel au clinicien » (anciennement « demande faite au clinicien ») comme pertinent en tant que procédé du discours intégré dans le cadre des procédés CM.

Une nouvelle série est intégrée à la série C, le CL « Instabilité des limites », comprenant :

- CL1 : porosité des limites (entre narrateur/sujet de l'histoire ; entre dedans et dehors...) ;
- CL2 : appui sur le percept et/ou le sensoriel ;
- CL3 : hétérogénéité des modes de fonctionnement (interne/externe ; perceptif/symbolique ; concret/abstrait, etc.) ;
- CL4 : clivage.

Ces nouveaux procédés seront définis plus loin.

Pour finir, certains procédés présents dans la feuille de dépouillement précédente sont supprimés (comme « Histoire construite proche du thème banal »), d'autres sont introduits dans la nouvelle présentation (comme B3-1 : « Mise en avant des affects au service du refoulement des représentations »), certains encore voient leur intitulé remodelé ou condensé (les A-14-15-16-18 sont condensés en un seul procédé renvoyant à l'isolation : le A3-4 « Isolation entre représentations ou entre représentation et affect – affect minimisé »).

Enfin, les procédés A1 et B1 dans l'ancienne feuille étaient compris comme des facteurs de dégagement des conflits en opposition aux procédés A2 et B2 renvoyant à des mécanismes névrotiques ; or, cette distinction a été écartée dans la mesure où l'on peut considérer, d'après les points de vue dynamique et économique, que toute opération psychique peut être impliquée tant dans le déploiement et l'élaboration des conflits que dans leur entrave ou leur enlisement.

Si la feuille initiale a continué son chemin pour aboutir, forcément de façon transitoire, à la version 2001, elle a aussi été à l'origine d'autres élaborations parmi lesquelles celles de R. Debray et celles de M. Boekholt.

R. Debray, dès 1986, a construit une feuille de dépouillement allégée quant au nombre de procédés et réservée aux enfants dès l'âge de 6 ans et aux jeunes adolescents, qui privilégie la mise en jeu des procédés des plus primaires vers les plus mentalisés selon l'ordre du développement psychique.

Puis, en 1989, elle propose une feuille de dépouillement adulte, révisée en 1996, qui fait référence aux diverses régulations possibles de l'économie psychosomatique d'un sujet.

M. Boekholt, en 1993, dans son ouvrage *Épreuves thématiques en clinique infantile*, élabore une feuille destinée au dépouillement des épreuves thématiques verbales, dont notamment les plus utilisées dans la clinique infantile : le CAT, le Patte-Noire et le TAT et une autre applicable à toute épreuve mobilisant une activité de jeu comme le scéno-test ou le test du village. Ces feuilles sont construites de façon à éviter tout risque de parti pris diagnostique en écartant délibérément les rubriques formulant une appréciation psychopathologique, et ceci afin de respecter la mobilité du psychisme de l'enfant.

Ces nouvelles propositions semblent mieux refléter ce à quoi les psychologues praticiens sont régulièrement confrontés dans la clinique actuelle ; et, sans doute, la clinique à venir nous réserve-t-elle la surprise de prochains et fructueux développements susceptibles d'enrichir encore la réflexion sur l'utilisation de la feuille de dépouillement.

3 ANALYSE DE LA FEUILLE DE DÉPOUILLEMENT

Chaque item est présenté de la façon la plus descriptive qui soit en évitant toute définition interprétative. Il est accompagné d'un exemple choisi pour illustrer la mise en œuvre du procédé souligné dans le corps du texte, sans que pour autant soit exclue la présence d'autres procédés de la même série voire d'une autre série, et de commentaires : ils ont pour but de mettre en lumière soit la fonction du procédé au sein du discours, soit son articulation avec la problématique ou avec d'autres procédés. En aucune façon, ils ne dispensent d'une analyse détaillée telle qu'elle est effectuée dans la démarche classique et qui se trouve illustrée dans la troisième partie.

Pour les séries A et B, les procédés ont été regroupés selon trois catégories, permettant de distinguer les modalités d'expression en lien avec la névrose de celles susceptibles d'être retrouvées dans d'autres modes de fonctionnement.

La première catégorie (A1 et B1) concerne des procédés du discours particulièrement prégnants dans les protocoles rigides ou labiles, mais qui ne préjugent pas, en tant que tels, de la dimension névrotique du fonctionnement psychique : ils peuvent se retrouver, dans des constellations associatives avec d'autres procédés, dans des registres de fonctionnement variés.

La deuxième catégorie (A2 et B2) concerne les procédés qui rendent compte de l'existence d'un conflit intrapsychique, dont les modalités s'expriment sur un mode intrapersonnel pour les A et interpersonnel pour les B. La présence de procédés de ce type est nécessaire pour rendre compte d'un fonctionnement susceptible de prendre en charge psychiquement le conflit ; toutefois, on ne parlera de névrose proprement dite qu'au vu de l'existence affirmée de procédés de la troisième catégorie, révélant une lutte défensive le plus souvent peu opérante.

La troisième catégorie (A3 et B3) regroupe des procédés traduisant la présence de mécanismes de défense typiquement obsessionnels ou hystériques.

C'est l'articulation des trois catégories de procédés A ou B au sein d'un même protocole et tout particulièrement l'existence conjointe des registres A2 ou B2 *et* A3 ou B3, associés aux A1 ou B1 mais aussi, sans exclusive, à d'autres procédés, qui permet de poser l'hypothèse diagnostique d'un fonctionnement névrotique obsessionnel ou hystérique.

3.1 Procédés de la série A (Rigidité)

A1 : Référence à la réalité externe

Il s'agit de procédés qui, sous des formes différentes, s'inscrivent dans une référence à la réalité externe. Celle-ci, entendue au sens large, participe à la mise en place du récit, en lui servant de cadre.

- *A1-1 : Description avec attachement aux détails avec ou sans justification de l'interprétation*

Ce procédé marque l'investissement du cadre perceptif : le récit prend appui sur les détails objectifs de la planche. Il s'agit de grands détails (D) et de petits détails (Dd), plus ou moins fréquemment utilisés : une liste de D et de Dd courants pour chaque planche a été établie. Cette liste permet de différencier les détails usuels et les détails rares, et de coter le scotome d'objet manifeste (absence d'évocation d'un détail usuel dans le récit).

Planche 1 **D** : Un garçon, un violon.	**Dd** : Une table, un archet et une feuille de partition.
Planche 2 **D** : Trois personnages : un homme, deux femmes.	**Dd** : Livre, charrue, cheval, la grossesse du personnage adossé à l'arbre et éventuellement le paysage du fond.
Planche 3BM **D** : Un personnage, un objet posé par terre.	**Dd** : Un banc.

Planche 4 **D** : Deux personnages au premier plan : un homme, une femme.	**Dd** : Un personnage au second plan.
Planche 5 **D** : Un personnage, une femme.	**Dd** : Tout le mobilier, vase avec des fleurs, livre, bibliothèque, table, lampe, buffet.
Planche 6BM **D** : Deux personnages : un homme, une femme.	**Dd** : Le chapeau tenu par l'homme, le tissu tenu par la femme.
Planche 6GF **D** : Deux personnages, une femme, un homme.	**Dd** : La pipe, le guéridon.
Planche 7BM **D** : Deux personnages : deux hommes.	**Dd** : La moue du jeune homme.
Planche 7GF **D** : Deux personnages : une femme, une petite fille, un poupon.	**Dd** : Une table, un livre, un fauteuil, le regard de la petite fille, la position du poupon dans les bras de la petite fille.
Planche 8BM **D** : Quatre personnages : un jeune homme au premier plan, un homme allongé au second plan, deux hommes penchés sur lui. Scalpel, fusil.	**Dd** : Lumière.
Planche 9GF **D** : Deux personnages : deux jeunes femmes. Vêtement, les vagues, la mer.	**Dd** : Objet tenu par le personnage du premier plan, l'arbre.
Planche 10 **D** : Deux personnages.	**Dd** : Contraste blanc et noir, la main.
Planche 11 **D** : Tous les éléments du paysage, précipice, pont, mur, route, rochers, groupe central, dragon, chute d'eau.	**Dd** : Pas de Dd.
Planche 12BG **D** : Un arbre, une barque, un cours d'eau.	**Dd** : Tonalité claire.
Planche 13MF **D** : Deux personnages, un homme avec un bras devant le visage, une femme dénudée, un lit.	**Dd** : Le bras de la femme qui tombe, des livres, une table de nuit, une lampe de chevet, un tableau au mur, une chaise.

Planche 13B **D** : Un personnage : un petit garçon, une maison.	**Dd** : Pieds nus, obscurité de l'intérieur de la maison, maison aux planches disjointes.
Planche 19 **D** : Bateau, maison, fantômes, cheminée.	**Dd** : Fenêtres allumées, ombres, vagues.
Planche 16 **D** : Une carte blanche.	**Dd** : Pas de Dd.

L'utilisation du procédé A1-1 ne préjuge pas pour autant de la dimension névrotique du récit : on peut le retrouver dans des protocoles marqués par des modalités de fonctionnement diverses. Toutefois, il se différencie de l'item CF-1 en ce qu'il participe généralement à la mise en place d'un récit et qu'il peut être mobilisé au service de la réalité interne et d'une conflictualité intrapsychique. L'évocation des détails ne semble pas, comme c'est le cas avec le procédé CF-1, venir en lieu et place de l'histoire.

> *Planche 5*
>
> C'est une dame qui rentre chez elle, puis elle a peur, *elle a l'air d'avoir peur*, elle est en train d'ouvrir une porte. Elle a *des livres sur un petit buffet où il n'y a pas de porte*, il y a un grand buffet où il doit y avoir de la vaisselle, il y *a une table* où il y a dessus *un vase de fleurs et une lampe de chevet*... (?) Sûrement elle va pas entrer, elle est en train de partir, elle s'en va (?) Elle a peur, cela lui semble ténébreux, sombre. Dessus la table, il y a une nappe.

L'attachement aux détails renvoie à l'utilisation de la réalité externe pour lutter contre les émergences de la réalité interne. La représentation à laquelle est lié l'affect de « peur » est refoulée.

Cette description est parfois utilisée dans le sens d'une justification : le recours au détail sert à rationaliser ou refuser l'interprétation proposée dans le récit.

> *Planche 6BM*
>
> Deux personnages qui sont en deuil *car le monsieur tient son chapeau par les deux mains et la femme tient un mouchoir.* Ils vont à un enterrement. *L'homme a l'air soucieux*, la femme a l'air béate, surprise, étonnée... (?) Ça doit être son mari, grand-père, et là ça doit être le fils.

L'attachement aux détails permet d'aborder une interprétation liée au contenu latent et de la justifier (« car le monsieur tient son chapeau ») mais l'intensité du fantasme et le défaut d'ancrage œdipien ne permettent pas le maintien de l'adéquation au réel dans l'approche du percept (« la femme a l'air béate »).

■ *A1-2 : Précisions : temporelle, spatiale, chiffrée*

Toute référence concernant le temps, l'espace ou apportant des données chiffrées précises. Ce procédé renvoie éventuellement à un mouvement de mise à distance : la précision temporelle ou spatiale tend à situer le personnage ou le récit plus ou moins loin dans le temps ou l'espace (à ne pas confondre avec un développement dans le futur de l'action évoquée, comme par exemple : « Plus tard il fera... »). L'attitude sous-jacente relève le plus souvent de la tentative de contrôle, qui se déploie plus particulièrement dans les précisions chiffrées.

> *Planche 8BM*
>
> Euh, une dissection, d'un cadavre, il faut espérer, probablement, ça me fait penser à un tableau de Rembrandt : Leçon d'anatomie. Les personnages me feraient penser *à l'époque élisabéthaine, au début du XVIIe siècle* par rapport à la barbe et collerette alors que l'autre [planche 5] me faisait penser à une servante *hollandaise ou de Flandres* et c'est une leçon magistrale d'anatomie dans une université du *XVIIe siècle*. Le garçon n'a rien à voir avec ça puisque c'est un garçon du *XXe siècle*, BCBG, peut-être un lycéen *des années trente ou quarante*. Ah on aperçoit au fond... ce qui pourrait être une bibliothèque, le coin des rayonnages d'une bibliothèque.

Le recours à la réalité externe passe par divers procédés, dont les précisions temporelles, spatiales et chiffrées, et pose le cadre dans lequel se déroule l'histoire : par la mise à distance proposée, il participe à la défense contre l'émergence d'un fantasme agressif massif, exprimé dès la première phrase.

■ *A1-3 : Références sociales, au sens commun et à la morale*

Ce procédé du discours permet au sujet d'aborder le conflit à l'abri de références communément admises par le *socius*, par la morale. Il s'agit en général d'un temps ponctuel, qui n'enlise pas le récit. La différence entre ce procédé et la référence aux normes extérieures tient en ce que le procédé A1-3 permet en quelque sorte, face à une situation conflictuelle, un compromis entre principe de réalité et principe de plaisir, alors que dans le procédé factuel (CF-2) le récit est plat, abrasé, il n'y a pas d'instance surmoïque repérable et agissante, par rapport à laquelle la négociation est nécessaire.

> *Planche 6BM*
>
> Toujours l'image de la mère et de son fils. La mère réfléchit car son fils vient de lui raconter une histoire, un fait extrêmement grave, enfin grave selon son idée. Il a l'air très sombre, il a son chapeau à la main. Il se reproche d'avoir commis cette faute et de l'avoir raconté à sa mère... (?) *Je crois que généralement la mère pardonne tout à l'enfant.* Oui, c'est ça, la mère pardonne mais son fils... *et son fils est toujours fautif malgré tout.*

Par la référence au sens commun et à la morale, le sujet trouve un compromis : la pression conflictuelle est allégée dans le sens du principe de plaisir (« la mère pardonne tout ») tout en restant maintenue pour satisfaire aux exigences du surmoi (« son fils est toujours fautif »).

■ *A1-4 : Références littéraires, culturelles*

La réalité externe qui sert de cadre au récit appartient au monde culturel (tableau, cinéma, théâtre, littérature) : elle s'inscrit dans le registre de la fiction. Cette discrète mise à distance permet d'aborder le récit sur un mode tempéré : il s'agit le plus souvent d'une attitude ponctuelle, qui permet de négocier la pression conflictuelle sollicitée par la planche tout en abordant le contenu latent.

> *Planche 2*
>
> *C'est presque du Millet mélangé à du moderne.* Je verrais les parents de cette jeune fille travaillant aux champs et quant à elle, orientée plutôt vers les études, puisqu'il y a des livres. Il y a peut-être eu une discussion avec la mère qui donne l'impression... elle attend un bébé peut-être ou c'est une position de repos. La jeune fille semble avoir une attitude butée, le regard, les livres, est résolue dans sa détermination, déchirée par une lutte, peut-être. Elle préfère l'étude au travail de la terre. Elle est déchirée de faire de la peine à ses parents, mais ses goûts personnels l'emporteront.

Ce récit est introduit par la référence culturelle qui semble offrir une pause et un cadre permettant d'aborder peu à peu le conflit à partir de procédés rigides et labiles.

Il arrive toutefois que les sujets utilisent ce procédé sans parvenir pour autant à se dégager de la problématique prégnante, ce qui rend compte alors de l'intensité et/ou du manque d'efficacité du fonctionnement défensif.

> *Planche 5*
>
> C'est au XIXe siècle, c'est la bonne qui vient dire « la table est servie ». Un peu comme *dans les contes de Maupassant.* Il va se passer une histoire incroyable avec la bonne, par exemple, elle va attraper la syphilis avec

> son patron, puis la femme du patron s'enfuit, on la retrouve morte dans la forêt et la bonne est congédiée. L'homme, lui, fréquente les tavernes et il meurt, il finit sa vie noyé dans l'alcool et les femmes.

La référence littéraire, tout comme la mise à distance temporelle, situent le récit dans un cadre de fiction. Celui-ci ne suffit pas à maintenir la mise à distance recherchée et les fantasmes massifs liant sexualité et mort envahissent la fin de l'histoire.

A2 : Investissement de la réalité interne

Ces procédés rendent compte de la capacité du sujet à s'inscrire (ponctuellement ou de manière effective) dans le registre du jeu, du fictif, en se centrant sur son monde interne, en gardant généralement la conscience d'interpréter.

■ *A2-1 : Recours au fictif, au rêve*

Le sujet met à distance le récit ou la situation qu'il aborde en mettant en avant l'aspect imaginaire de la scène évoquée, du matériel, et transpose la situation conflictuelle en scène de film, ou de roman, en tableau ou en récit de rêve. Le A2-1 insiste sur la dimension fictive, ce qui permet une relance de la conflictualisation du récit, ou un déploiement des conflits grâce à cette dimension imaginaire, irréelle.

> *Planche 8BM*
>
> *C'est un rêve,* toujours. On a l'impression... un jeune avec un fusil *rêvant, rêvant d'avoir* euh, blessé ou peut-être tué, enfin c'est plutôt blessé quelqu'un par balle naturellement, parce que... *dans son rêve* il voit le chirurgien opérant le blessé, essayant d'extraire la balle et il pense avoir mal agi, d'avoir fait un accident à long terme. Il espère que l'opération réussira. Enfin il a l'air malheureux, toujours.

L'insistance répétitive sur le fictif (recours au rêve) permet d'aborder sans désorganisation le fantasme parricidaire très actif et les défenses qu'il suscite.

■ *A2-2 : Intellectualisation*

Par l'abstraction, la symbolisation, le titre donné à l'histoire, le sujet donne une formulation abstraite aux conflits et aux affects évoqués dans son récit, afin de s'en tenir à distance.

Chez certains sujets, l'intellectualisation met l'accent sans excès sur la distance introduite par le fictif tout en marquant la conscience d'interpréter. Elle intervient comme un recours ponctuel, prélude à l'exposé ou au déploiement du conflit suggéré par le matériel.

> *Planche 4*
>
> *Mais ça en fait, c'est, ça symbolise la fuite de l'homme devant la femme, la recherche d'un idéal ou d'une raison de vivre* à travers autre chose que le couple… Mais en fait la femme essaie de le retenir, elle le regarde. Enfin, elle est belle, maquillée, séduisante, mais ceci semble avoir assez peu d'importance pour l'homme… Mais oui en fait son regard exprime des pensées nobles… voilà… oui… enfin c'est possible de situer un peu le dessin dans le temps d'après la mode. Voilà.

L'intellectualisation, sous forme de symbolisation de l'agressivité et de la défense par rapport à la sexualité, introduit une distance avant la mise en scène du conflit désir/défense qui s'amorce ensuite sur un mode plus labile.

> *Planche 6BM*
>
> Ça pourrait s'intituler… « *Au chevet de quelqu'un* », ou « *L'attente* »… « *L'attente de quelqu'un* »… On voit à l'expression du personnage masculin qu'il se passe quelque chose de grave… il a son chapeau à la main… toute son attitude reflète un événement dramatique. Quant à la femme, on ne sait pas si c'est sa mère ou une servante qui l'a introduit dans une maison près de sa fiancée. Ou une scène de rupture… ça me fait penser qu'il y a un troisième personnage que l'on voit dans le regard de la femme.

L'utilisation ponctuelle de l'intellectualisation, sous forme de titre donné à l'histoire, n'entrave pas la poursuite du récit qui met en scène le conflit : les références discrètes mais claires (« au chevet de quelqu'un », « un événement dramatique ») renvoient au fantasme de meurtre du père, alors que l'érotisation des relations par l'évocation de la fiancée permet, grâce au déplacement, la réalisation du désir œdipien.

Dans certains cas, toutefois, l'utilisation de l'intellectualisation peut intervenir de manière extrême, associée à des procédés dont la visée défensive coupe la représentation de son substrat pulsionnel.

> *Planche 2*
>
> Tableau allégorique de la rencontre du travail manuel représenté par le fermier et la fermière et d'une personne à l'allure intellectuelle avec des livres à la main. Il laboure, ils n'ont aucun contact entre eux, chacun restant sur ses positions.

Le titre donné à l'histoire et l'abstraction s'inscrivent ici dans une défense massive contre l'évocation de la triangulation, toute évocation de rapproché œdipien paraissant particulièrement conflictuelle, comme le montre l'isolation radicale.

■ *A2-3 : Dénégation*

Procédé par lequel le sujet, tout en formulant l'un de ses désirs, pensées ou sentiments, continue à s'en défendre en niant qu'il lui appartienne. La dénégation porte sur des représentations et des affects, donc sur la réalité interne alors que le déni porte plutôt sur la réalité perceptive.

> *Planche 1*
>
> C'est un jeune prodigue ou prodige, un garçon qui joue du violon, il a l'air assez pensif, peut-être qu'il est admiratif devant son violon, *je pense pas qu'il ait envie de jouer*, en fait ça le laisse rêveur... il doit avoir 7 ou 8 ans je pense ? C'est tout.

La dénégation porte ici sur le désir, dont le sujet refuse de reconnaître qu'il appartient à son monde interne, car il suscite une angoisse de castration entraînant le recours à des défenses diverses.

■ *A2-4 : Accent porté sur les conflits intrapersonnels. Aller/retour entre l'expression pulsionnelle et la défense*

– Accent porté sur les conflits intrapersonnels : procédé rendant compte de l'existence d'un conflit intrapsychique créé par des exigences internes contraires : conflit entre sentiments ou désirs contraires et/ou entre désirs et interdits. Dans le récit, le conflit se joue à l'intérieur de la psyché d'un protagoniste partagé entre le désir et la défense.

> *Planche 3BM*
>
> C'est une personne qui est complètement désespérée, qui est par terre, le bras sur un canapé, qui est en train de pleurer... et à côté d'elle il y a un pistolet et *elle se demande si elle doit se tuer ou pas... elle ne sait pas ce qu'elle doit faire*. + Je pense qu'elle ne se tuera pas, qu'elle se relèvera et reprendra courage.

Le conflit intrapsychique mobilisé par la représentation de perte d'objet est ici clairement présenté comme se jouant au sein de la psyché du personnage.

– Aller-retour entre l'expression pulsionnelle et la défense : le récit oscille, au cours de différentes séquences, entre l'expression pulsionnelle (en général celle de l'agressivité) et les défenses mises en place contre celle-ci. Ces défenses sont le plus souvent l'annulation, la dénégation, le doute : lorsqu'on cote ce procédé, on cote donc généralement un autre item, qui l'accompagne et qui marque la défense utilisée. On retrouve ici aussi la notion de lutte entre exigences contradictoires, de conflit intrapsychique.

> *Planche 8BM*
>
> Oh ! Ça c'est lugubre votre truc. C'est toujours l'image du père et du fils. Le père semble, enfin *subit une opération* ou alors *c'est le fils qui a pris la carabine et blessé son père*. Les *médecins opèrent le père pour lui retirer des plombs*, oui des plombs que le fils a... *enfin le fils a voulu tuer son père mais celui-ci en réchappa.*

L'hésitation réitérée entre les représentations (« subit une opération »/ « blessé son père ») rend compte de l'oscillation répétitive entre l'expression du fantasme de meurtre et la défense par annulation et formation réactionnelle.

> *Planche 10*
>
> Une étreinte, l'amour, voilà, *l'amour tout simplement...* pourtant j'y vois, non j'allais dire que j'y vois une nuance de *douleur*, mais *non, l'amour*, une profonde tendresse, un attachement profond et viscéral et physique aussi.

Le mouvement libidinal est donné d'emblée sur un mode intellectualisé, puis l'oscillation entre pulsion sexuelle et agressivité se met en place (« pourtant, une nuance de douleur, mais non, l'amour »), à partir de l'annulation : l'ambivalence est ici clairement traduite, et rend compte du conflit sous-jacent.

A3 : Procédés de type obsessionnel

■ *A3-1 : Doute : précautions verbales, hésitation entre interprétations différentes, remâchage*

Les différentes traductions langagières du doute sont regroupées ici. Si ce procédé se retrouve de manière discrète dans beaucoup de protocoles, il est particulièrement représenté dans les protocoles obsessionnels où, tout en rendant compte de la conscience d'interpréter, il signale le poids de la défense.

– Précautions verbales : Elles se cotent à partir de formules telles que « peut-être », « cela pourrait être », « sans doute », « il me semble », « on peut imaginer », les formes du verbe au conditionnel : tout emploi d'expressions qui permettent au sujet de ne pas s'engager dans une affirmation directe.

> *Planche 10*
>
> ... Je ne sais pas... *On dirait...* C'est deux personnages âgés... *Ils ont l'air* de s'étreindre et puis... c'est pas de s'étreindre, plutôt de... de se consoler... il y a aussi un contraste, *c'est-à-dire que voilà, on pourrait*

> *croire que*… Il est arrivé un… pas un drame dans une famille… mais ils ont perdu une personne chère et ils essaient de… bref, ou au contraire c'est deux personnes qui se retrouvent, ne se sont pas vues depuis plusieurs années, et ils sont émus.

La surenchère de précautions verbales rend compte d'un mouvement défensif vis-à-vis de la représentation de perte qui sous-tend le récit. Malgré cette entrave à la fluidité du discours, le sujet parvient à exprimer conflit et affects.

– Hésitation entre interprétations : elle est marquée par toute indécision dans le choix, le développement et/ou la solution du thème.

> *Planche 7BM*
>
> *Je ne sais pas si c'est le fils et le père ou… ou bien un élève et son professeur.* Visiblement l'homme le plus âgé regarde le plus jeune avec une expression qui voudrait dire « tu vois, toi tu ne savais pas ce que tu faisais, ou tu ne sais pas ». Il semble que le plus jeune soit légèrement en faute, de je ne sais pas quoi, je me base sur le rictus de la bouche du jeune et du vieux… comme si le plus jeune *n'avait pas appris une leçon… ou avait pu faire quelque chose de pas très convenable*… c'est comme si le plus vieux s'adressait au plus jeune et lui faisait comprendre « tu vois ce que tu as fait, et maintenant tu en fais les frais, te voilà bien avancé »…

Le récit qui met en scène un conflit entre deux personnages masculins rend compte du doute qui s'exprime par les précautions verbales (« il semble que », « c'est comme si ») et par les hésitations entre interprétations, doute sous-tendu par la lutte contre l'agressivité dans la relation père/fils.

– Remâchage : procédé qui consiste à revenir continuellement sur les mêmes éléments du thème, sans qu'il y ait progression dans le récit, comme si la pensée s'enlisait.

> *Planche 13MF*
>
> Il me semble que cet homme est en train de pleurer *sa femme ou son amie* qui à mon avis *me semble morte, vient de mourir.* Il ne se réveille pas, il est déjà habillé, mais… Elle me donne l'impression d'être une femme qui est jeune et lui un peu moins jeune, cinquantaine passée. À ce moment-là, si c'est le père, ça serait peut-être *sa fille qui est morte*… Il y a une chaise là… peut-être il veillait sa fille, *je ne pense pas que ce soit sa femme, je dirais plutôt sa fille*, peut-être qu'il la veille ou *la veillait du fait qu'elle est morte… je pense qu'elle est morte*, vu que les bras tombent, attitude de chagrin… je ne comprends pas pourquoi les seins sont à l'air (tourne la planche).

La représentation de la mort s'impose dès la présentation de la planche et suscite des défenses visant à traiter l'agressivité et l'érotisation sous-jacentes à la scène évoquée. Le remâchage qui porte d'une part sur la mort et d'autre part sur l'identification de la femme (identification dont l'enjeu est la sexualisation du lien entre les personnages) traduit l'existence du conflit lié à cette scène et la difficulté à s'en dégager.

■ *A3-2 : Annulation*

Procédé qui consiste à déclarer nul et non avenu le conflit évoqué : l'annulation efface le représentant pulsionnel sur un mode magique. Dans une première proposition, le conflit est évoqué. La seconde vise à l'annuler.

> *Planche 4*
>
> Ça me fait penser, c'est une femme qui aime un homme et l'homme part pour l'armée, pour une guerre, quelque chose comme ça, et la femme elle le retient et l'homme à la fin, je pense qu'il va pas revenir de la guerre. *Ou si c'est pas la guerre, c'est la police qui l'emmène ;* il se fait arrêter ou quelque chose comme ça.

Sous la forme d'une hésitation entre deux interprétations, la seconde proposition permet d'annuler la première, porteuse d'agressivité (« il va pas revenir de la guerre »). Cela s'inscrit dans un mouvement d'aller-retour entre expression pulsionnelle et défense, l'annulation représentant le pôle défensif.

■ *A3-3 : Formation réactionnelle*

Tout élément du discours rendant compte du renversement de la pulsion en son contraire : aider/s'opposer ou faire du mal, mettre de l'ordre/salir, etc.

> *Planche 10*
>
> (mine d'étonnement) D'emblée je dirais que c'est un fils mais d'une quarantaine d'années qui embrasse sur le front sa mère. Il *la remercie d'avoir été si bon* toute sa vie avec lui et il a une espèce de *compassion* en même temps. Il n'a sûrement pas eu la même vie qu'elle et cependant *il la respecte*. Il la soutient. Pas très inspirée, celle-là.

Le rapproché suggéré par le matériel entraîne un mouvement défensif insistant (au point d'entraîner un lapsus : « bon ») dans le registre de la formation réactionnelle contre les motions pulsionnelles à connotation incestueuse (« remercie » ; « si bon » ; « compassion » ; « il la respecte »).

Planche 5

Nous voyons une femme entrant dans une chambre ou une salle, dans la salle nous voyons une table. Sur la table, il y a un bouquet de marguerites et une lampe qui se trouve au milieu. Plus loin, nous voyons une bibliothèque et en dessous un buffet garni d'un plat qui se trouve au milieu. La femme a l'air très impressionnée par ce qu'elle voit sous ses yeux, car elle n'est pas chez elle. (Que voit-elle ?) *Que c'est bien rangé.*

La pulsion voyeuriste est ici fortement réfrénée et ne se laisse entrevoir que par le recours systématique à la locution : « nous voyons », « voit ». La question qui vise à lever la défense entraîne le recours à la formation réactionnelle.

- *A3-4 : Isolation entre représentations ou entre représentation et affect. Affect minimisé*

Procédé qui consiste à nier explicitement ou à ignorer le lien qui existe entre les éléments et/ou les personnages de l'image, ou entre une représentation et l'affect qui y est associé.

L'isolation se présente au TAT selon un certain nombre de formes : changement brusque dans le cours de l'histoire, isolement des personnages, détails évoqués et non intégrés, affect minimisé.

– Le changement brusque dans le cours de l'histoire (avec ou sans pause dans le discours) : après avoir évoqué un premier thème en rapport avec les sollicitations latentes de la planche, le sujet donne une seconde interprétation sans rapport apparent avec la précédente, déniant le lien qui existe entre les deux thèmes, alors que ceux-ci sont sous-tendus par le même fantasme.

Planche 8BM

Là, derrière, y'a deux médecins qui sont en train d'opérer un garçon qui imagine comment va se passer l'opération. On lui dit qu'il va être opéré, alors il imagine (?) Ça a plutôt l'air de lui faire peur parce que l'autre a l'air de souffrir sur la table. Tiens, y'a un fusil là. *Autre version*, celui-là opéré en catastrophe pendant la guerre, ce serait son fils, on lui raconte une histoire, l'histoire de son père opéré d'urgence pendant la guerre.

Le changement de thème sert l'isolation à l'abri de laquelle surgissent avec clarté les désirs agressifs à l'encontre du père (second thème) entraînant une angoisse de castration importante (premier thème).

– L'isolement des personnages : pas de lien évoqué entre les personnages, ou lien explicitement nié.

> *Planche 2*
>
> Ça se passe dans le Midi où il fait très beau et je pense à un champ de vignes ou de lavande, plutôt de lavande. Y a des personnes qui travaillent avec une charrue, les deux, trois maisons au fond, peut-être une distillerie de lavande. Y a une femme qui a des livres dans sa main, une autre qui se repose. Il a l'air de faire chaud parce que y a un homme torse nu. Y a un cheval qui peine. Y a un tronc d'arbre sur la droite et je crois que c'est tout.

Les personnages sont évoqués sans aucune référence à un lien entre eux : l'isolation sert le refoulement des représentations sexuelles dans le contexte de la triangulation œdipienne.

– Les détails évoqués et non intégrés : grand ou petit détail perçu et non utilisé dans l'élaboration de l'histoire. Les plus courants sont le « revolver » à la planche 3BM et le « fusil » à la planche 8BM.

> *Planche 2*
>
> Bon ça représente une scène de travail à la campagne. Mais en fait la jeune femme avec son livre semble... peu intégrée à la scène. Mais en fait elle est là plutôt en spectatrice. Elle a l'air assez mélancolique... assez passive... Enfin la femme appuyée contre l'arbre semble heureuse... enfin on dirait qu'elle se repose après un effort. *Elle a l'air enceinte.* Mais là en fait, elle semble plus intégrée, plus faite pour la vie campagnarde, plus proche de la nature que l'autre femme... Ça enfin, ça pourrait être la femme de l'homme au labour. Mais enfin... je... j'aurais du mal en général à construire une histoire... C'est plus évident de faire une description des personnages. Ça me semble un peu artificiel de rajouter un début et une fin à une histoire à partir de scènes. Enfin voilà, j'aurais du mal à dire... enfin je sais pas...

L'isolation porte sur les relations entre les trois personnages, évoqués tout d'abord de manière séparée. Le détail « enceinte » est donné sans relation avec la situation de la femme et en particulier avec son lien avec le personnage masculin. La levée de l'isolation (« enfin, ça pourrait être la femme de l'homme au labour ») entraîne un malaise qui empêche la poursuite du récit.

– Affect minimisé : les affects évoqués sont très atténués par rapport à la représentation à laquelle ils s'associent, ou encore ils sont absents, alors que les thèmes évoqués engagent potentiellement une charge affective importante (thèmes de dénuement, perte, destruction, etc.).

> *Planche 13MF*
>
> C'est un homme qui trouve sa femme morte. *Il en est peiné.*

La minimisation de l'affect associé à une représentation massive (la mort de la femme) vise l'isolation entre représentations et affects.

3.2 Procédés de la série B (Labilité)

B1 : Investissement de la relation

Les procédés regroupés ici rendent compte d'une modalité de fonctionnement centrée sur une relation d'objet dans laquelle le sujet et l'autre sont généralement différenciés. La relation sert de cadre aux projections tempérées de l'imaginaire (invention de personnages, attribution d'affects, etc.) qui soutiennent la trame des récits, en lien avec les sollicitations latentes : la réalité externe est prise en compte mais occupe une place de second rang par rapport à la mise en avant des affects, et plus généralement de ce qui s'éprouve subjectivement.

■ *B1-1 : Accent porté sur les relations interpersonnelles, mise en dialogue*

– Accent porté sur les relations interpersonnelles : procédé coté chaque fois que la relation entre deux personnes est évoquée dans un récit. En tant que tel, on peut donc le trouver dans un certain nombre de protocoles, du moins ponctuellement. Il est très présent dans les protocoles labiles, où il participe avec les autres procédés à la mise en scène du conflit dans un registre libidinal. Cet item « relationnel » peut également traduire, secondairement, des relations soutenues par la spécularité et le narcissisme. Dans des protocoles appauvris au plan des investissements objectaux, il est important de le repérer : il signifie que la relation à l'autre est investie, même si c'est de façon transitoire, précaire.

Dans certains protocoles, la dimension labile de ce procédé est régulièrement minimisée par le fait que toute relation est associée à de l'inhibition : les B1-1 s'accompagnent alors de CI-2, « Anonymat des personnages ».

> *Planche 4*
>
> C'est un homme qui a décidé de quitter sa maîtresse, non sa femme, et sa femme elle sait pas pourquoi. L'homme lui dit qu'il veut pas lui faire de mal mais qu'il a envie de vivre avec une autre et elle, elle s'accroche et elle a l'impression d'être impuissante et elle pense qu'il y a pas de plus gros malheur que l'homme qu'elle aimait la quitte pour une autre femme. Elle s'aperçoit comme c'est difficile.

L'accent porté sur les relations interpersonnelles s'inscrit dans la mise en scène d'un conflit pulsionnel rendant compte de l'ambivalence du désir.

> *Planche 7BM*
>
> Ça c'est très beau, ça ! *Ça c'est un maître avec un élève, ça pourrait faire croire qu'ils font de la musique* et le maître a l'air très fier de son élève,

sûr de lui-même à travers son élève. Ça c'est une vision instantanée. Je vois pas comment on peut créer une histoire.

La mise en relation interpersonnelle se révèle, dans la suite du récit, soutenue par l'investissement narcissique de l'objet.

– Mise en dialogue : emploi du dialogue entre les personnages au cours du récit.

Planche 4

J'imagine un dialogue... Caroline rattrapa Daniel sur le point de partir, son visage était de marbre. Caroline s'accrochant : « Daniel, reste, je t'en supplie, nous allons recommencer, je m'excuse pour tout à l'heure, je me suis emportée mais reste, je t'en supplie, je t'aime ». Caroline s'accrocha et Daniel la repoussa brutalement et partit.

Ici la mise en dialogue donne une tonalité très labile au récit : les personnages sont porteurs des polarités antagonistes du conflit, Caroline mettant en avant l'investissement du désir et les affects, et Daniel figurant la défense par rapport à ce désir. Le conflit pulsionnel s'exprime à travers une mise en scène interpersonnelle fortement dramatisée rendant compte de l'ambivalence du désir.

Associé au procédé B2-3 (« Représentations et/ou affects contrastés – Aller/retour entre désirs contradictoires »), le procédé B1-1 participe à la mise en scène du conflit à travers les relations entre les personnages, figurant généralement les instances qui s'affrontent, et donc le conflit intrapsychique.

■ *B1-2 : Introduction de personnages non figurant sur l'image*

Toute référence à un personnage qui n'est pas représenté au niveau du contenu manifeste de la planche. Ce procédé rend compte généralement de modalités de fonctionnement psychique qui traduisent l'existence d'un espace psychique interne, reconnu comme tel : il révèle la capacité à prendre une relative distance vis-à-vis de la réalité externe et participe a minima au jeu avec l'imaginaire.

Planche 5

C'est un intérieur bourgeois et la bonne rentre et surprend dans le salon, non dans la salle à manger, pardon... *sa jeune maîtresse en tête à tête avec un jeune homme*. C'est tout... elle a l'air choquée.

L'introduction de personnages non figurant sur l'image permet la mise en scène d'un scénario imaginaire sous-tendu par la curiosité sexuelle et les fantasmes de scène primitive.

> *Planche 3BM*
>
> Ça m'inspire rien.... (?)... Une femme qui a l'air complètement désespérée... (?) Elle a peut-être *tué son mari*, je sais pas, y a un revolver sur sa gauche. (Fin ?) Ben elle va s'en aller, va partir à la campagne, par exemple. Puis euh, elle va vivre de petits boulots comme ci, comme ça, puis c'est tout.

Sur sollicitation du psychologue, l'introduction de personnage permet de lier une représentation à l'expression d'affects, mais le récit ne peut pour autant se poursuivre en prenant en charge la problématique et se termine par une tentative de banalisation peu adaptée.

■ *B1-3 : Expressions d'affects*

Les affects exprimés sont en rapport avec les sollicitations latentes de la planche et en accord avec les représentations évoquées dans le récit (ils ne sont ni minimisés, ni exagérés, ni massifs) : le quantum d'affects reste maniable, et le lien entre affect et représentation est maintenu et cohérent.

> *Planche 3BM*
>
> C'est une femme *qui pleure*. Elle vient de perdre un être qui lui était cher, son père ou sa mère. Après les bouleversements qui ont suivi l'annonce du décès, elle se retrouve seule avec son *chagrin*, seule avec ses souvenirs à imaginer comment elle va bien pouvoir maintenant vivre sans cet être auquel elle était *si attachée*. Puis, le temps aidant, elle parviendra à refaire surface et à vaquer à nouveau à ses occupations, mais le souvenir en restera à jamais gravé dans sa mémoire.

Les affects exprimés sont ici modulés, en accord avec une situation qui réactive les représentations de perte d'objet.

B2 : Dramatisation

Cette catégorie de procédés correspond, dans le registre labile, au A2, « Investissement de la réalité interne ». Dans la dramatisation, le monde interne du sujet est investi à l'instar d'une scène de théâtre où les conflits s'expriment par la mise en scène d'événements, de situations relationnelles et/ou la mise en avant d'affects suggérés par le matériel. Dans ce jeu théâtral, la distance entre réel et imaginaire est maintenue ainsi que la conscience d'interpréter.

C'est l'association de procédés B1 et B2 aux procédés B3, marquant le recours sous-jacent à des défenses labiles, qui permet de poser le diagnostic de névrose hystérique. Cette association prévalente s'accompagne de la présence de procédés des autres registres, intervenant en mineur.

■ *B2-1 : Entrée directe dans l'expression ; Exclamations ; Commentaires personnels ; Théâtralisme ; Histoire à rebondissements*

– Entrée directe dans l'expression : précipitation dans le discours concernant soit la situation perçue soit encore, le plus souvent, les sentiments éprouvés par le sujet face à cette situation. Le sujet, sans temps de latence, va directement au cœur de la situation conflictuelle ou exprime vivement l'affect qu'elle suscite en lui.

> *Planche 6GF*
>
> *Elle est horrifiée.* Là alors, ils étaient en pleine réception... Oser lui envoyer une pique comme il sait si bien le faire. Elle le provoquait bien un peu depuis... que les invités étaient arrivés et ne s'attendait pas à ce que lui si calme, si patient même +++ ose ainsi... la... renvoyer devant tous ces gens. Il avait fait cela avec un grand sourire, seuls les yeux étaient ironiques. Sa sœur seule avait pu s'en apercevoir et cela elle ne l'acceptait pas +++ Elle le foudroyait du regard et se dirigea vers ses amis comme si de rien n'était.

L'entrée immédiate dans l'histoire se fait par la mise en avant d'un affect fort et dramatisé qui sert le refoulement des représentations de relations très fortement érotisées.

– Exclamations, commentaires : sont ainsi cotées les différentes manifestations affectives, exprimées à propos du matériel, de la situation, des dires du sujet, quelles qu'en soient les tonalités. Ce procédé renvoie à la mise en avant des affects, dans une surenchère du représentant-affect au service du refoulement du représentant-représentation.

> *Planche 11*
>
> *Apocalyptique* ! On ne voit rien. *Monde étrange* (exclamation, commentaires) J'imagine que c'est un no man's land, un endroit où rien n'existe, un support à l'imagination de chacun. Chacun peut en faire ce qu'il veut. *Un peu à l'image de la vie* (commentaire).

L'exclamation, en accord avec l'atmosphère angoissante de la planche, rend compte du malaise du sujet tandis que les commentaires, se substituant aux représentations, permettent d'échapper au malaise.

– Commentaires personnels : toute comparaison explicite et ponctuelle entre la situation évoquée et la propre expérience du sujet : le sujet se retrouve dans la même situation que le personnage imaginaire. Ici, la notion d'altérité existe, contrairement à ce qui se joue avec les références personnelles de type CN-1 (« Accent porté sur l'éprouvé subjectif – références personnelles »), où l'objet est assimilé au vécu propre du sujet.

> *Planche 5*
>
> (rit) Ça c'est une grande personne qui entre dans la chambre d'un enfant par inquiétude, curiosité. Elle essaie de voir rapidement si tout va bien. Et puis, elle va refermer la porte après avoir remarqué ce bouquet de fleurs personnel qui ne lui est pas destiné. C'est un peu un secret entre l'enfant et elle. *Quand ma grand-mère entre dans ma chambre, elle m'exaspère* (rit).

Tout au long du récit, le sujet essaie d'éviter la conflictualité dans la relation à la mère. La référence personnelle finale met au jour les mouvements pulsionnels agressifs contenus jusque-là.

– Théâtralisme : procédé qui témoigne du plaisir à mettre en scène des événements, des relations entre les personnages, sous une forme plus ou moins théâtrale : il accompagne souvent l'accent sur les relations interpersonnelles, les affects forts et les histoires à rebondissement.

> *Planche 4*
>
> Ça ressemble à une scène de film américain. C'est un homme qui a de la vengeance dans les yeux, il a le regard dur, il est en proie à un élan, il va se venger, de quoi ? je ne sais pas. Cette femme, à côté de lui, a au contraire un visage très très doux, c'est un contraste, elle essaie de retenir cet homme pour le préserver. Elle l'aime, elle a peur pour lui, il court un risque en se vengeant, mais il est absent, je crois qu'il ne l'entend pas.

Le récit, après un début soulignant la dimension fictive du matériel, utilise ensuite tous les procédés labiles pour participer à la mise en scène d'un conflit qui se joue sur le mode interpersonnel : l'ambivalence pulsionnelle est personnifiée, la femme étant porteuse de l'investissement tendre et l'homme de l'agressivité.

– Histoire à rebondissements : récit comportant des péripéties, des détours, la multiplication des séquences temporelles, sans que pour autant les sollicitations latentes soient perdues de vue. À différencier du procédé E2-1 (« Fabulation hors image ») dans lequel le lien avec le contenu manifeste et les sollicitations latentes disparaissent.

> *Planche 10*
>
> C'est un homme et une femme. Oui, c'est une femme, ça, qui viennent de se retrouver depuis une séparation d'au moins trente ans. Et cet homme la cherchait partout, parce qu'y ont été séparés… à la guerre disons… Donc ça fait quarante ans, non trente ans, se retrouvent en 70. Elle a dû aller aux États-Unis sans le vouloir et lui est resté en Europe. Non, c'est le contraire : c'est lui qui est allé aux États-Unis. Et il n'a jamais cessé de la chercher. Et elle s'est réfugiée dans une famille ; elle s'est mariée avec le

fils et il a été exécuté parce qu'il était disons résistant ; elle est devenue veuve... L'homme aux États-Unis, il est devenu agent secret ; il a eu beaucoup de missions en Europe et elle, à la libération, elle a été enrôlée au KGB. Et c'est au cours d'une mission qu'ils se sont retrouvés. Tous les deux ils avaient l'ordre de se tuer, mais ils savaient pas qui ils étaient, et en fait elle, elle avait beaucoup vieilli. Lui, il avait beaucoup vieilli, ils avaient changé de nom. C'est quand ils se retrouvent face à face, et lui, sans faire exprès, il la tue, et c'est quand ils sont face à face, ils se retrouvent après trente ans. Et elle agonise. C'est très triste. Mais lui, il est déjà marié. Donc, en fait, c'est pas si triste que ça.

Le récit, tout en mettant en scène les protagonistes dans des représentations très contrastées, garde sa cohérence : l'histoire à rebondissements, prenant appui sur des procédés rigides, permet de prendre en charge, en ménageant le plaisir, l'ambivalence des sentiments et le conflit réactivé par la planche.

■ *B2-2 : Affects forts ou exagérés*

L'affect est exprimé de façon un peu théâtrale, ou semble exagéré par rapport aux sollicitations latentes du matériel, tout en demeurant congruent avec ces dernières.

Planche 5

Ça représente une chambre où l'enfant... non d'adolescent plutôt et c'est la mère qui ouvre la porte, inquiète de ne pas voir... voir personne, de ne pas voir quelqu'un à l'intérieur, son fils ou sa fille, pas rentré(e), elle est inquiète et surprise à la fois... ou alors non, lumière, effet d'une lampe éclairée ou... *effrayée*, légèrement en colère parce que les enfants ne sont pas sages, ils se disputent, pourtant, non, il y a un sentiment *d'effroi* dans son visage et d'inquiétude, la lampe, un bouquet, quelques livres, c'est une chambre en même temps salle à manger, ce n'est pas très, un intérieur assez restreint, étroit.

L'affect fort, qui succède à des affects nuancés, est mis en avant pour lutter contre l'émergence des représentations sexuelles : on pourra coter également l'item B3-1 (« Mise en avant des affects au service du refoulement des représentations »), procédé qui renvoie à une modalité défensive typiquement hystérique.

■ *B2-3 : Représentations et/ou affects contrastés.*
Aller-retour entre désirs contradictoires

Le procédé B2-3, associé aux procédés B1-1 et B1-2, rend compte de l'existence d'un conflit intrapsychique qui se joue sur un mode interpersonnel.

Sont regroupés deux procédés qui généralement vont ensemble et concourent à traduire le conflit intrapsychique à travers des relations interpersonnelles, chaque protagoniste étant porteur de motions pulsionnelles contradictoires.

– Représentations et/ou affects contrastés : les récits construits selon ce procédé montrent le passage plus ou moins brusque d'une image, d'un thème, d'un affect à d'autres images, thèmes, affects dont l'opposition manifeste avec les premiers traduit la labilité du fonctionnement mental et, le plus souvent, l'ambivalence des sentiments ainsi que le conflit entre les désirs portés par deux instances différentes. Dans cette opposition, représentation et affect peuvent être associés (représentations et affects contrastés), témoignant des capacités de liaison entre l'un et l'autre, ou non (représentations contrastées, affects contrastés : l'accent est mis sur l'éprouvé du sujet en termes de plaisir/déplaisir).

> *Planche 6GF*
>
> Cette *jeune fille... très innocente et naïve* vient d'entendre *des propositions pas très catholiques d'un... d'un quinqua...* d'un homme d'une quarantaine d'années, quadragénaire. Don Juan, les tempes grisonnantes, et comme elle *l'admire beaucoup et qu'elle l'aime* eh bien *elle est choquée* et indécise à la fois sur... sur ce qui va se passer et sur ses réactions, voilà.

Le récit s'organise autour de représentations (« jeune fille innocente »/« propositions pas très catholiques d'un quinqua... ») et d'affects contrastés (« l'admire et l'aime »/« elle est choquée ») qui rendent compte du conflit entre le désir incestueux et les défenses qu'il mobilise.

> *Planche 10*
>
> Une vieille femme veuve qui n'a qu'un seul fils reçoit la visite de ce fils qui lui apprend qu'il est devenu prêtre... elle en est désolée parce qu'elle n'aura pas de descendance, elle n'aura pas de petits-enfants, malgré tout elle l'accepte *avec joie, avec amertume, avec joie et tristesse*.

Les affects contrastés, mobilisés avec vivacité et labilité, traduisent l'ambivalence des sentiments face à l'évocation d'une situation œdipienne.

– Aller-retour entre désirs contradictoires : renvoie à l'oscillation entre l'expression du désir et l'interdit. Cette oscillation apparaît à travers l'expression contradictoire de désirs soutenus par deux instances différentes : par exemple la lutte entre désir du ça (désir) et désir du surmoi (interdit). Les désirs contradictoires peuvent être exprimés par le même protagoniste, ou encore être portés par des personnages différents.

> *Planche 4*
>
> Bien, alors… mettons un ménage, un couple de toute façon, où la femme semble retenir l'homme qui a… qui a un centre d'intérêt, quelque chose extérieur plus fort que lui ou qui a *vu quelque chose vers lequel il veut aller.* Et là, la femme semble le retenir, faire sentir qu'elle est là, existe. Elle s'impose avec une certaine douceur et l'homme est *soit indifférent à cette femme et attiré par ce qu'il a vu ou il est peut-être partagé, attiré et il a aussi envie de rester avec cette femme*, de la ménager parce qu'elle semble assez douce quand même. Je pense qu'il est plus indifférent, plus attiré malgré lui par une chose… qui peut être, je ne sais pas… une autre femme, je ne sais pas, qui l'intéresse vraiment, puis en relations continues après, il se sera dégagé… qui… pas forcément… (en conflit ?) non quelque chose d'extérieur à tous les deux, qui arrive. L'homme est attiré malgré lui, pas de mésentente entre eux. Peut très bien partir momentanément, éventuellement revenir.

L'aller-retour entre des désirs contradictoires rend compte de la lutte entre expression libidinale et formation défensive portée par l'interdit surmoïque.

- *B2-4 : Représentations d'actions associées ou non à des états émotionnels de peur, de catastrophe, de vertige*

Sont condensés ici deux anciens procédés : « Accent porté sur une thématique de style aller, courir etc. » ; et « Présence de thèmes de peur, catastrophe, vertige dans un contexte dramatisé ». Ils peuvent être associés ou non dans des récits.

– Représentations d'actions : l'accent est mis sur un « agir corporel » dans un mouvement théâtral et souvent érotisé. Le corps est investi par la pulsion libidinale comme porte-parole du désir. Il ne faut donc pas le confondre avec les procédés du registre factuel « Accent porté sur le faire » (CF-1) où l'agir concerne le concret et le quotidien.

> *Planche 9GF*
>
> Cette scène se passe dans un pays nordique, la Suède ou le Danemark. Ces deux jeunes femmes sont des princesses danoises. Non, la princesse et la suivante. La princesse amoureuse d'un roturier *se sauve, en pleine nuit* avec sa suivante *pour retrouver ce garçon. Est partie sur un coup de tête, court dans la nuit, traverse des forêts, des rivières glacées,* est heureuse et libre, enfin cela se termine bien, elle sait ce qu'elle veut.

Les représentations d'action interviennent dans un contexte très dramatisé, où l'érotisation des relations avec un personnage non figurant sur l'image s'inscrit dans un contexte œdipien. L'accent sur le mouvement libidinal porté par l'agir permet d'éviter le conflit entre les deux femmes.

– États émotionnels de peur, de catastrophe, de vertige : affects forts et dramatisation sont associés dans des récits témoignant d'un fort investissement de l'action.

> *Planche 11*
>
> J'ai des difficultés à comprendre. C'est peut-être un cauchemar. Un pays plein de rochers. Il y a un dragon qui descend du ciel, tout noir, on voit à peine. Il a tout à fait… Il y a un homme dans cette histoire. Il veut s'accrocher à quelque chose parce qu'il y a un vent épouvantable et il a tout le temps la sensation de tomber dans un vide noir. Oh, sa vie est en péril, par le monstre, les vagues, le vide et il se réveille assez troublé par ce rêve.

L'association de l'investissement de l'agir (« dragon qui descend du ciel », « il veut s'accrocher à quelque chose ») et d'états émotionnels liés à la peur, au vertige (« cauchemar », « sensation de tomber dans un vide noir ») permet tout à la fois l'expression de l'angoisse suscitée par les sollicitations latentes et le refoulement des représentations inconscientes.

B3 : Procédés de type hystérique

Ces procédés du discours renvoient à des modalités défensives typiquement hystériques. Lorsqu'ils apparaissent en association avec les procédés B2, B1 et certains procédés A, on peut considérer que plus le poids de ces procédés est important, plus leur dimension névrotique est développée.

■ *B3-1 : Mise en avant des affects au service du refoulement des représentations*

La mise en avant des affects au détriment des représentations témoigne du refoulement de représentations chargées d'un fort investissement libidinal et frappées d'interdit par l'instance surmoïque. Le sujet se défend de savoir, il s'interdit l'accès au fantasme de désir, en investissant l'affect et en l'utilisant comme un écran qui lui permet de ne pas savoir, de ne pas dire.

> *Planche 5*
>
> … Alors là, je ne sais pas. Une femme qui ouvre la porte, semble voir quelque chose, non simplement ouvrir la porte et regarder si une personne est là. Peut-être elle a l'air *surprise… ou surprise* en ouvrant la porte elle trouve quelque chose d'inhabituel. Elle est *étonnée* ou elle surprend quelqu'un ou… des personnes qu'elle s'attend pas à voir. Quelque chose *étonne*, ça peut être aussi bien une bagatelle ou rien du tout, voir, chercher, refermer et repartir. (?) Ou elle est *surprise* ou un geste naturel. C'est tout.

La mise en avant de l'affect de surprise, avec un certain remâchage, vient au service du refoulement de la représentation érotisée liée à la curiosité sexuelle (ouvrir la porte et regarder).

- *B3-2 : Érotisation des relations, symbolisme transparent, détails narcissiques à valeur de séduction*

Sont condensés ici deux anciens procédés : « Érotisation des relations » et « Symbolisme transparent ».

– Érotisation des relations : l'accent porte sur l'érotisation des relations interpersonnelles, y compris à des planches dont les sollicitations latentes ne suggèrent pas nécessairement cette problématique.

> *Planche 5*
>
> Ce serait au début du siècle encore, fin XVIIIe début XIXe dans une famille un peu coincée, bourgeoise, embêtante. C'est la fille de la famille, *fiancée avec son cousin*, elle est aisée, la famille du cousin plus pauvre, donc le mariage c'est une association, mais elle est très très amoureuse de lui car elle *n'a eu des contacts* qu'avec cet homme dans ce milieu fermé et lui est un peu volage mais il est pas vraiment malheureux, il se fait une raison et là quand elle rentre dans la pièce et elle voit que c'est une jeune fille qui vient donner des cours de piano à leurs enfants et elle *la voit avec le cousin son fiancé, en train de l'embrasser* et elle est très malheureuse mais ne dit rien car elle ne veut pas le perdre et *il est très désiré par toutes les autres femmes* et elle ne dit rien pour ne pas le perdre.

La surenchère de la thématique sexuelle, introduite dans les relations évoquées entre des personnages non figurant sur l'image, rend compte de l'intensité de la dimension œdipienne du conflit : celui-ci se traduit grâce à la dramatisation dans des représentations contrastées. La défense par la sexualisation des relations, dont l'excès donne lieu à un lapsus (« à leurs enfants »), permet de négocier, dans ce contexte œdipien, l'angoisse de perdre l'amour de l'objet.

– Symbolisme transparent : toute évocation de représentation comportant un double registre de significations : en deçà du contenu manifeste, à l'insu du sujet, le contenu latent est connoté d'érotisme. Ce procédé fait référence à la sexualité latente *et* à la notion de symbolisation, mécanisme qui rend compte des capacités de déplacement d'une représentation à une autre. Le symbolisme transparent s'oppose au symbolisme hermétique du registre E : c'est un symbolisme partageable, où la clarté d'une double lecture s'impose à nous.

Planche 5

C'est une mère qui entre dans la chambre de son fils, très tard dans la nuit, parce qu'elle pense *qu'elle a entendu un bruit dans sa chambre* et elle le trouve en train de lire à haute voix. Elle est très surprise de découvrir que son fils reste jusqu'à très tard dans la nuit à lire des poésies. Le fils continue à faire ça quelques années jusqu'à ce qu'il passe l'âge du romantisme et devient… un professeur.

L'évocation d'« un bruit dans la chambre », représentation au symbolisme transparent, renvoie à des fantasmes de curiosité sexuelle et de scène primitive.

– Détails narcissiques à valeur de séduction : cet item est coté lorsque l'accent porte sur des détails physiques et esthétiques des protagonistes, connotés positivement ou négativement : corps, vêtements, parure, etc. Les notations s'inscrivent dans un contexte de relations objectales dont elles traduisent la dimension séductrice.

À différencier de l'item CN-2 (« Détails narcissiques ») dans lequel le fantasme de séduction est construit dans un système d'investissement libidinal narcissique.

Planche 6GF

Donc une jeune fille qui semble assise, mettons dans un salon, qui semble assez surprise de ce qu'elle entend, ce qu'elle voit, vision de l'homme derrière ou de ce qu'il dit, semble un peu effrayée, étonnée, avec impression de recul. Une personne ou l'homme peut lui avoir dit quelque chose qui l'a choquée peut-être, elle paraît très prude, *la robe qu'elle a a peut-être quelque chose de choquant* ; lui semble sûr de lui, très à l'aise, décontracté, il semble qu'il lui ait parlé, sans but précis, attitude mondaine.

Dans ce scénario marqué par le jeu du désir et de la défense dans des fantasmes de séduction très prégnants, le détail narcissique s'inscrit dans une polarité très hystérique, opérant à l'insu de la jeune fille à l'abri du refoulement (« elle paraît très prude » : formation réactionnelle ; « la robe a quelque chose de choquant »).

■ *B3-3 : Labilité dans les identifications*

Ce procédé renvoie à un mécanisme de défense prévalent dans l'hystérie : il se traduit dans le récit par la capacité à s'identifier tantôt à un personnage et tantôt à l'autre, selon des mouvements rapides, sans que l'on puisse déterminer à qui le sujet s'identifie préférentiellement, mais sans que soient perdues, pour autant, la subjectivité et l'unité du moi.

> *Planche 4*
>
> Merci. C'est un jeune couple *où la jeune femme a l'air très attentionné* et guette, peut être *il y a eu une contrariété, elle essaye de guetter* une réaction ou a l'air très douce, de faire revenir son ami sur une décision peut-être l'a-t-elle blessé, alors que *lui a l'air beaucoup de penser qu'elle l'embête*, peut-être de ne pas attacher beaucoup d'importance à elle, a le regard plus loin, un petit sourire, c'est une attitude, je sais pas, *elle a l'air plus amoureuse de lui*, alors que *lui c'est un peu feint*. On pourrait imaginer non, elle a le regard trop tendre, peut être un camarade.

Dans ce récit, la labilité des identifications s'inscrit comme une autre forme d'aller-retour entre désirs contradictoires et rend compte de l'ambivalence du sujet, partagé entre l'identification à la position de la femme amoureuse et l'identification à l'homme moins amoureux. Il faut d'ailleurs coter ici les items B3-3 et B2-3.

Ce procédé peut se traduire aussi par une hésitation sur le sexe et/ou l'âge des personnages, l'identité restant assurée.

> *Planche 10*
>
> Un homme et sa mère. Ils sont inquiets ou malheureux, les deux j'crois. Le père et le mari doit être malade. Ils ont peur pour sa vie, ils ne savent pas à quoi s'en tenir. Le fils console sa mère. C'est un peu ambigu d'ailleurs comme situation. La mère a toujours eu l'habitude de s'occuper de son fils et là c'est lui qui est beaucoup plus solide, et qui la console. L'échange de consolation se fait dans les deux sens et on ne sait pas dans quel sens il est prépondérant. *L'enfant est toujours lui-même au fond un petit enfant.*

Dans cette séquence, le sujet lutte contre le rapproché incestueux en se centrant sur une relation d'étayage. Mais l'érotisation de la relation réapparaît dans un mouvement de retour du refoulé. Par la suite, la lutte contre le rapproché incestueux passe par la mise en place d'une relation d'étayage (consolation mutuelle). Enfin, l'instabilité dans les identifications sous la forme d'une oscillation portant sur l'âge (l'enfant est lui-même un peu l'enfant) permet de lutter contre l'émergence du fantasme de réalisation des désirs œdipiens.

Dans certains cas, les hésitations portant sur l'âge ou le sexe du personnage s'inscrivent dans un registre qui révèle plutôt une problématique identitaire et non pas identificatoire : il s'agit donc de bien les différencier.

3.3 Procédés de la série C (Évitement du conflit)

La série C permet de mettre en évidence des procédés du discours qui relèvent de pathologies ou de problématiques spécifiques en lien avec l'évitement du conflit intrapsychique.

Il existe actuellement cinq composantes déterminées par des modalités défensives particulières et renvoyant à des difficultés psychiques différentes. Lorsque ces procédés sont utilisés de façon ponctuelle et transitoire, ils soulignent le recours à des défenses qui ne s'inscrivent pas nécessairement dans une problématique de fonctionnement limite. Par exemple, quelques procédés CN accompagnant une majorité de procédés B (comprenant bien entendu des procédés des séries B2 et B3) signaleront une problématique narcissique sous-jacente à la problématique principale d'ordre hystérique.

CF : Surinvestissement de la réalité externe

Rosine Debray a dégagé ces procédés pour rendre compte de caractéristiques inhérentes à un type particulier de fonctionnement psychique mis en évidence par P. Marty et l'école de psychosomatique de Paris. Le fonctionnement opératoire est sous-tendu par des entités psychopathologiques telles que la névrose de caractère ou la névrose de comportement. Dans ce contexte psychique, il existe une interruption plus ou moins importante de la circulation entre conscient et inconscient. Cela se traduit par une perte de la capacité à rêver, à imaginer, à fantasmer. Le sujet semble coupé de son monde interne et l'investissement de la réalité externe est démesurément accru.

Dans le TAT, ces mouvements de surinvestissement de la réalité externe se traduisent par des récits appauvris au plan de la productivité et d'une grande platitude au plan fantasmatique, apparaissant comme dénués de profondeur symbolique et où les conflits ne sont pas ou très faiblement évoqués.

Comme pour l'ensemble des autres composantes C, ces procédés CF utilisés de façon discrète mettent l'accent sur des défenses factuelles qui s'inscrivent dans un autre registre que celui du fonctionnement opératoire. C'est l'importance et la régularité de l'apparition de ces procédés dans un protocole qui assurera l'évaluation diagnostique.

- *CF-1 : Accent porté sur le quotidien, le factuel, le faire – Référence plaquée à la réalité externe*

– Accent porté sur le quotidien, le factuel, le faire : les récits portent sur des faits, des actes, des événements de la réalité quotidienne dans un contexte très banalisé. Le matériel présenté ne semble réveiller ni souvenir, ni association ou réaction affective, comme s'il ne suscitait aucune résonance fantasmatique.

Planche 13MF

C'est un homme qui se lève le matin pour aller travailler et qui est encore fatigué… Sa femme reste couchée, mais il a du mal à partir, à émerger de son sommeil, enfin de toute façon il partira.

Le conflit lié à la sexualité et à l'agressivité dans le couple est évité, quasiment dénié, en dépit de la reconnaissance du lien libidinal entre les deux personnages, au profit de l'investissement du quotidien factuel.

– Référence plaquée à la réalité externe : il s'agit d'une sorte d'accrochage aux éléments de la réalité externe marqué par la restriction et l'absence de conflictualisation, qui consiste en un agrippement à l'un ou plusieurs éléments objectifs de la planche.

Planche 5

… Une femme qui rentre dans une pièce éclairée… et qui a l'air étonné… (soupire, signes négatifs de la tête). (?) Je sais pas, elle est étonnée de voir que… *la lumière est encore allumée.*

Le fantasme de scène primitive est écarté, comme aplati par la défense privilégiant l'adhésivité à la réalité externe.

■ *CF-2 : Affects de circonstance – Références à des normes extérieures*

– Affects de circonstance : ce sont des affects qui sont dictés par la bienséance, qu'il est d'usage d'éprouver dans telle ou telle circonstance et qui sont appelés pour pallier la défaillance des éprouvés internes (*cf.* exemple suivant).

– Références à des normes extérieures : toute référence à ce qui serait de l'ordre d'un surmoi extérieur. L'interdit n'émane pas d'un surmoi intériorisé et le désir du sujet n'est pas pris en compte.

Planche 13MF

C'est un homme qui rentre le soir chez lui, qui trouve sa femme, d'après le geste qu'elle fait elle doit être morte ou alors c'est lui qui l'a tuée mais c'est tout… (?). Si c'est pas lui qui l'a tuée comme il l'aimait bien il peut, *il peut être au désespoir* ou alors si c'est lui qui l'a tuée, *il peut aller en prison*. C'est tout.

Ce récit illustre à la fois « Affects de circonstance » et « Références à des normes extérieures ». Il rend compte du recours à des éléments affectifs et surmoïques communément admis face à un acte de cette nature, en compensation des insuffisances des références internes.

CI : Inhibition

La notion d'inhibition est complexe. L'inhibition peut porter sur différentes modalités du fonctionnement psychique : le conflit, les affects, les représentations, les processus de pensée... Elle est, pour Freud, « l'expression d'une restriction fonctionnelle du moi qui peut elle-même avoir des causes très diverses » (1926, p. 207).

- *CI-1 : Tendance générale à la restriction (temps de latence long et/ou silences importants intra-récits, nécessité de poser des questions, tendance refus, refus)*

Il s'agit du regroupement de plusieurs procédés sous-tendus par une même conduite psychique, consistant à éviter d'aborder ou de développer le conflit.

– Dans un contexte névrotique, c'est-à-dire associé à des procédés A2 ou B2, ce procédé renvoie au mécanisme de refoulement. Dans ce cas, la présentation du matériel possède un impact fantasmatique que le sujet refoule.

> *Planche 13MF*
>
> Ça peut représenter la violence... Une femme allongée nue dans un lit et son mari n'ose pas regarder sa nudité et se cache les yeux trouvant qu'il a commis une faute envers sa femme, et se cache les yeux... (?) Ça peut être la mère ou la femme.

Dans ce récit (associant CI-1 et CI-2), l'évitement du conflit se joue sur fond de fantasmatique incestueuse refoulée et fortement culpabilisée.

– Dans un contexte psychotique, c'est-à-dire associé à des procédés de la série E, ce procédé renvoie au processus de rupture des liens associatifs. Dans ce cas, le sujet dénie ou désinvestit les liens existant entre réalité externe et réalité interne ainsi que l'impact fantasmatique suscité par le matériel.

> *Planche 10*
>
> ... Je sais pas... je sais pas... +++ (?) Une main... (?) Deux nez, des yeux, des oreilles, des cheveux.

Caractérisé par une inhibition majeure, le récit met l'accent sur l'effort de repérage corporel pour lutter contre la désorganisation identitaire et la rupture des liens entre les pensées.

– Chez les fonctionnements limites, associé à une majorité de procédés C, ce procédé peut s'inscrire dans l'une ou l'autre des propositions précédentes (refoulement ou rupture des liens) et/ou s'apparenter à un mouvement de retrait dépressif.

> *Planche 1*
>
> *Ça m'inspire assez peu. Il faut que je vous dise ce que ça peut évoquer pour moi ?...* C'est manifestement un violon... *Ça c'est trop...* l'image d'un enfant qui aspire à quelque chose qu'il peut pas réaliser, une carrière de musicien, ça peut être aussi l'enfant devant sa leçon de musique... *+++ (consigne)... euh... ++ (soupirs) je vois pas... parce qu'il ne se passe rien justement.* C'est un enfant qui réfléchit... ++ *Je sais pas. Ça m'inspire pas.*

L'incapacité à réaliser le désir narcissique (« une carrière de musicien ») entraîne une forte inhibition d'allure dépressive (« il ne se passe rien »).

- *CI-2 : Motifs des conflits non précisés, banalisation, anonymat des personnages*

– Motifs non précisés : le sujet laisse dans le vague les raisons des actes ou les relations des personnages entre eux. Ce mécanisme est proche de la banalisation et peut porter sur l'ensemble du récit.

> *Planche 8BM*
>
> C'est curieux ça, c'est curieux ça. C'est bizarre. Je ne vois pas beaucoup ce que fait le brave garçon là devant. Cela pourrait, enfin, cela pourrait évoquer la chirurgie. Il y a une chose qui ressemble à un fusil. Que vient faire le fusil. Est-ce un enfant qui rêve d'être un jour chirurgien ? C'est une drôle d'idée... et puis, il y a deux chirurgiens, non pas un. Apparemment, il y a un qui tient une lampe qu'éclaire... (soupire) Tout ce que je vois. (?) Ah oui ! Ça peut être aussi un roman policier, mais c'est tellement, c'est des personnages à barbe et moustaches, ça fait très 1900. Ou alors c'est le fils qui veut tuer le père ou le conflit entre père et fils. Je ne vois pas de rapport entre le garçon et le fusil, si rapport il y a avec ce qu'il y a derrière.

Accompagnée de nombreux procédés rigides, l'incapacité de développer les différents conflits amorcés est liée à l'effort permanent d'évitement de l'angoisse de castration (scotome du personnage allongé).

– Banalisation : le sujet interprète la planche d'une façon très anodine, pratiquement sans évoquer le conflit. Les sollicitations latentes, traitées avec une grande prise de distance, sont fortement banalisées. Poussée à l'extrême, la banalisation s'apparente au CF-1.

> *Planche 5*
>
> Ça se passe dans une salle assez bourgeoise, dans le coin de droite qu'on ne voit pas, il y a un monsieur de quarante ans, assez bedonnant, en robe de chambre en train de lire et il appelle la bonne pour apporter le thé, café, enfin une infusion. C'est la nuit, c'est la nuit... et là on est au

> moment où elle ouvre la porte pour voir ce qu'il veut. *(?) Elle lui apportera du thé, il le boira et va se coucher.*

La banalisation permet au sujet d'échapper au fantasme sexuel sous-jacent au récit.

– Anonymat des personnages : mise en scène de personnages dépourvus de statut familial ou social (personne, monsieur, dame, quelqu'un, on...). Cette forme d'inhibition, servant l'évitement de l'implication personnelle, est à nuancer en fonction de la nature claire ou floue des personnages présentés sur l'image.

> *Planche 2*
>
> ... C'est sur toute la scène à peu près... C'est donc à la campagne dans les champs. *Deux paysans* habitent dans la ferme là, *cette jeune fille* ne fait pas forcément partie de la famille, peut-être là en vacances, pour étudier dans une maison à côté, pas forcément avec *les personnes*. Peut-être venue se reposer après des examens ou peut-être parce qu'elle a besoin de repos... à la campagne. Elle n'y habite pas, elle est de passage. *Ces deux personnes* c'est la vie des paysans, le travail de la terre. *La jeune fille*, elle passe, elle est citadine... non... moins... intellectuelle et eux s'occupent de la terre... Il y a une complémentarité entre les deux... (Avenir ?) Pour *les autres*... sans changement, *pour elle* ça aura pu faire changer sa vie d'une certaine façon s'arrêter et... à tous points de vue, peut-être que... un nouveau départ...

Dans ce récit, l'anonymat des personnages est mis au service de la défense contre la reconnaissance de la triangulation œdipienne et par conséquent, relève de l'évitement du conflit pulsionnel désir/défense. La désorganisation du discours (E4-2), à la fin de l'histoire, rend bien compte de l'effet déstabilisant du fantasme œdipien.

■ *CI-3 : Éléments anxiogènes suivis ou précédés d'arrêt dans le discours*

Procédé qui révèle de façon plus spécifique un processus phobique, que l'on trouve en particulier aux planches sollicitant des représentations « archaïques » très chargées d'angoisse (planches 11 et 19).

> *Planche 11*
>
> Ce sont des hommes qui courent vers un château pour se réfugier parce *qu'il y a un monstre qui les poursuit*... (?) Ils arriveront au château mais... il faudra qu'ils trouvent un moyen de *tuer le monstre*... (retourne l'image).

La réactivation de l'angoisse met en œuvre des défenses contraphobiques marquées par la recherche d'un contenant protecteur.

CN : Investissement narcissique

Cette série renvoie au surinvestissement narcissique de l'image de soi qui a pour effet de reléguer les objets environnants au rôle de figurants exclusivement investis pour renforcer l'image défaillante du sujet. Dans ce contexte, il faut souligner fermement l'importance primordiale du poids économique de ces procédés au sein du fonctionnement psychique afin de distinguer problématique et pathologie narcissique. Plus encore, compte tenu de la fonction essentielle du narcissisme dans l'économie psychique d'un sujet de la naissance à la mort, il s'agit d'établir clairement la différence entre narcissisme normal et pathologique.

■ *CN-1 : Accent porté sur l'éprouvé subjectif – Références personnelles*

– Accent porté sur l'éprouvé subjectif : description fine et nuancée des affects, des traits de caractère, des expériences vécues par l'un des protagonistes de l'histoire. Le sujet met en scène un personnage qu'il surinvestit comme représentation de lui-même, de façon positive ou négative.

> *Planche 3BM*
>
> Le troisième dessin nous... nous montre d'entrée de jeu la désespérance et le désespoir (CN-3). Je ne sais pas si c'est une fille... d'une fille... Cette fille est... ça se dit affablée ?... écroulée quoi... cette fille est écroulée sur le coin de son lit (CN-3) et on imagine, virgule, *on ressent son ennui*. L'image vous, nous incite à réfléchir sur le comportement de cet enfant et nous laisse libre cours à toutes sortes d'imaginations... Ainsi, nous pouvons imaginer en un sens que cette jeune fille est au bord du gouffre et non loin de la dépression... elle a pu perdre un de ses proches ou bien avoir vécu un événement tragique. C'est pour cela que *le dessin... évoque l'ennui, le vide intérieur.*

Ce récit, exemplaire quant à l'importance des défenses narcissiques érigées pour traiter la problématique dépressive, illustre, par la mise en exergue d'un éprouvé d'ennui, la négation des affects. Notons néanmoins le mouvement de dramatisation (« au bord du gouffre », « événement tragique ») susceptible d'animer la scène interne.

– Références personnelles : le sujet raconte l'histoire ou une partie de l'histoire en son nom propre ; ainsi en racontant *son* histoire, il se dégage de la sollicitation de la consigne (raconter *une* histoire). La représentation de soi, prenant le devant de la scène, suppose une auto-centration excluant l'autre, momentanément ou durablement, de l'investissement sexualisé.

> *Planche 5*
>
> Au premier abord l'endroit me plaît. Cette ambiance me plaît, *à la maison j'ai une table, exactement la même, en noyer.* J'aime bien ce vase

avec les fleurs. La femme a l'air de chercher ou d'attendre quelqu'un. Elle est plus très jeune. Je trouve sympa la lampe sur la table. Le cadre me plaît, la petite étagère avec les livres aussi. Je sens dans la pièce une ambiance sereine mais la dame je la sens inquiète.

L'importance des défenses narcissique, dont font partie les références personnelles, témoigne des difficultés de prise en charge de la confrontation à l'image maternelle surmoïque.

- *CN-2 : Détails narcissiques – Idéalisation de la représentation de soi et/ou de la représentation de l'objet (valence + ou -)*

– Détails narcissiques : les « détails narcissiques » du CN-2 sont à différencier des « détails narcissiques à valeur de séduction » du B3-2 : ils ont pour fonction d'assurer le repérage identitaire et la différenciation sujet/objet dans la relation à l'autre et non de séduire par un mouvement d'investissement libidinal. Les « détails narcissiques » sont l'équivalent des réponses « peau » au Rorschach[1] en ce sens qu'ils assurent un renforcement de l'enveloppe corporelle pour protéger le sujet des excitations pulsionnelles en provenance de l'environnement.

Planche 7GF

C'est une maman et sa fille ça ! La maman doit faire la lecture à sa fille qui doit être très jeune car elle a une poupée. La maman est dans un canapé style Régence. La petite fille est assise sur un bras du fauteuil. Cela peut se passer dans un salon, je pense qu'on y voit du parquet. Une petite table avec un napperon. *La maman est aussi coiffée pas d'actualité, par contre elle a une jolie robe avec un grand parement et un col blanc. La petite fille doit avoir des souliers vernis et des socquettes.* On voit qu'une jambe mais elle a la jambe repliée derrière l'autre. Je pense que la maman doit lui lire quelque chose parce que la petite fille n'a pas l'air de remuer les lèvres, une histoire de son âge, c'est tout ce que cela m'inspire.

L'insistance sur les vêtements et le corps des personnages (et aussi sur les limites externes) constitue un repérage de tous les détails permettant la délimitation identitaire entre les protagonistes et l'évitement du conflit.

– Idéalisation de la représentation de soi et/ou de la représentation de l'objet (valence + ou -) : représentation positive ou négative d'un « soi » et/ou d'un objet perçu comme idéalement bon, puissant, beau, ou le contraire.

1. Voir C.Chabert *La psychopathologie à l'épreuve du Rorschach*, 2e éd., Dunod, 1998, le chapitre : « Reflets du narcissisme » et plus spécifiquement les réponses « peau », pp. 98-99.

> *Planche 6BM*
>
> Ce jeune homme est venu voir la vieille femme pour une question d'affaires. C'est soit sa mère, sa vieille mère, ou il vient demander la main de la fille de la vieille femme. Elle a dans les 60 ans, lui dans les 25. Il a l'air timide, ne sait pas comment s'y prendre, triture son chapeau. Il est venu peut-être pour une question d'argent car il a l'air troublé. Il est habillé en noir. La vieille femme a l'air perdu, elle tient un torchon, elle devait faire la vaisselle. Le milieu est modeste, pas de tableaux, le temps est gris, par la fenêtre on verrait du brouillard ou de la neige ++++ *la vieille femme n'a pas l'air d'avoir beaucoup de goût, elle met des rideaux sombres avec un mur clair. Si j'en juge par sa figure, elle n'a pas l'air de savoir prendre des responsabilités, elle a l'air ahuri.*

La difficulté d'aménagement du conflit pulsionnel entraîne une dérive narcissique sous-tendue par une sensibilité dépressive prononcée. Dans ce contexte, l'attaque de l'image maternelle permet au sujet d'éviter non seulement la confrontation conflictuelle mais aussi la réactivation d'une angoisse dépressive.

■ *CN-3 : Mise en tableau – Affect-titre – Posture signifiante d'affects*

L'ensemble de ces procédés renvoie aux tentatives d'inhibition pulsionnelle par l'immobilisation dans des scènes (mise en tableau) ou par la négation des perceptions internes et des affects.

– Mise en tableau : le déroulement de l'histoire se fige en un tableau, une photo, un dessin, comme un cliché de l'instant qui échappe à toute historisation. Le figement temporel répond au figement pulsionnel entravant l'accès au conflit intrapsychique.

> *Planche 19*
>
> … Ça c'est *un dessin d'enfant…* qui montre un sous-marin russe qu'il a vu aux informations… et avec derrière un sous-marin américain. Je ne sais pas, *un dessin naïf*, d'enfant, de guerre.

La restriction et la mise en tableau témoignent du mode de traitement de l'affrontement entre bon et mauvais objet. Le contraste (« naïf »/« guerre ») manifeste également l'incapacité à articuler les termes du conflit.

– Affect-titre : loin de repousser l'affect, le sujet le met en exergue, l'érige et le donne à voir comme ce qui identifie le ou les protagonistes du récit.

> *Planche 16*
>
> Il me vient à l'esprit *le bonheur*. Une jeune femme sur une plage avec un enfant dans les bras, tous les deux dorés, lisses, jeunes, blonds aux yeux bleus. Ils sont sur le sable, dans les vagues, ils rient, ils rient, bon. Ça se

> passe dans le midi. Dans le fond, il y a une très jolie ville, fraîche, remplie de couleurs et de fleurs et ++ Il y a un homme assis à une table qui travaille. Ah ! (soupirs)… Et bien et qui va crier que le déjeuner est prêt, servi à table.

L'affect s'érige comme porte-parole d'une représentation de soi et/ou d'objet idéalisée et aconflictuelle.

– Posture signifiante d'affects : la position du corps traduit l'affect. Celui-ci semble éprouvé à la périphérie de la psyché et non au-dedans, ce qui constitue une mesure de protection par rapport à l'impact émotionnel. L'affect est reconnu mais se trouve repoussé au niveau de l'enveloppe externe.

> *Planche 3BM*
>
> *Quel écroulement !* Ça, ça me rappelle des états passés où on se sent tellement écroulé qu'on se demande si on pourra jamais se relever… on est écroulé comme si on ne voulait pas donner prise à quoi que ce soit, on se cache de tout et de tous.

L'attitude corporelle est investie en tant que dérivé d'un affect dépressif en lien avec un mouvement de perte que le sujet ne parvient pas à représenter psychiquement.

> *Planche 6BM*
>
> Alors il semblerait, ne serait-ce que par *la position du monsieur,* qu'il y a quelqu'un de décédé, quelque part vraisemblablement devant, sur un lit de mort… *une attitude de recueillement.* Par rapport à ce test, qu'est-ce que vous en tirez ? Que le sujet est optimiste ou pessimiste, parce que jusque-là tout ce que j'ai dit était plutôt pessimiste.

La difficulté relève de la liaison entre la représentation (« quelqu'un de décédé ») et l'affect qui s'éprouve « à distance », par recours à l'investissement d'une attitude corporelle.

■ *CN-4 : Insistance sur les limites et les contours et sur les qualités sensorielles*

Ce procédé renvoie à l'investissement de l'enveloppe corporelle et au renforcement de la frontière entre dedans et dehors, par l'accent porté sur la délimitation d'un espace ou sur des qualités sensorielles (luminosité, chaud, froid, odeur, toucher, etc.).

> *Planche 11*
>
> … (soupire) Je vois rien du tout là. Y'a un côté fantastique avec une *lumière qui irradie.* Ce qui me gêne c'est que je vois pas ce qu'il y a *au milieu de la lumière.* Ça paraît un paysage composé de toutes pièces avec

> *ses arches, ses parois, cette lumière* qui vient d'on ne sait où, *en même temps ce chaos... la lumière prédominant passe au-dessus du chaos...* ça me fait penser, je fais des associations d'idées, je fais une association d'idées, je sais pas pourquoi j'ai pensé aux prisons de Piranèse. J'ai pensé qu'on est *dans un lieu clos* quand même, *y'a des choses qui s'enchevêtrent...* alors on peut se raccrocher à une histoire fantastique, y'a un dragon qui surgit dans ce lieu, mais c'est peut-être tout bonnement un brave diplodocus... alors cette espèce de tache au centre de la lumière, je n'arrive rien à en faire, c'est un animal, un homme (rit), un homme ou une femme, un homme avec un grand H... c'est quelque chose d'un peu fantastique.

La difficulté de construire une histoire fait écho à la fragilité des repères internes, nécessitant une réassurance des frontières : l'accent porté sur le sensoriel visuel (lumière) et les limites de l'espace rend compte des efforts de renforcement de l'enveloppe corporelle.

> *Planche 19*
>
> Une maison *engloutie et cernée* par un tas de choses. Qui va disparaître ou est justement *protégée* par le tas de choses qui l'*entourent*. Tout.
>
> *Planche 19*
>
> Ah ! Oui alors là, ça peut représenter un sous-marin, on dirait des taches, non c'est pas des taches de... Ça peut bien représenter comme un sous-marin *en dessous de la mer* par une tempête de mer, voulant se montrer sur la, le sous-marin voulant se démontrer *sur la mer ou en profondeur de la mer*, oui on dirait bien une tempête de mer et que ce sous-marin veut *pénétrer à la surface de la mer* ou bien est-il en train de *se mettre en dessous de l'eau*. Ça c'est pas bien facile.

Dans le premier récit, les défenses narcissiques semblent très fragiles et relèvent de la précarité des limites dedans/dehors ; dans le second, le débordement de ces défenses met aussi en évidence la désorganisation des repères spatiaux (E3-3).

■ *CN-5 : Relations spéculaires*

Récit ou séquence de récit dans lesquels les personnages sont en relation symétrique et apparaissent identiques, comme dans un miroir. Ce procédé renvoie à la négation de la différence intersubjective et permet l'évitement du conflit. L'autre, en tant que double de soi-même, n'est plus source de stimulation pulsionnelle mais sert l'investissement narcissique.

> *Planche 9GF*
>
> C'est une femme qui est... qu'est dans un arbre ? (s'approche de la planche)... et elle regarde une autre femme qui passe... une amie apparemment... *Ces deux femmes ont l'air de se ressembler un peu,* ce serait, je sais pas deux sœurs... ça se passe sur une plage en vacances.

La relation spéculaire s'inscrit dans la lutte contre l'émergence du conflit au même titre que la banalisation ou l'absence de mise en histoire.

> *Planche 9GF*
>
> C'est une femme *qui se regarde dans de l'eau*, au bord de la mer. C'est pareil. C'est un peu démodé la coiffure. Elle est jolie, elle s'appuie contre un tronc d'arbre. *Y'a deux personnages, mais je pense qu'il y en a une qui est le reflet.* C'est assez serein.

Ici, la défense narcissique échoue et le déni forcené de la différence entraîne une confusion des identités.

CL : Instabilité des limites

Cette série met en avant des procédés susceptibles d'être rencontrés, comme la plupart de ceux des autres séries, dans des modalités de fonctionnement variées.

Elle regroupe des procédés qui témoignent, de manière le plus souvent transitoire mais parfois plus massive, d'une organisation marquée par la dépendance à l'objet externe, le surinvestissement des limites entre soi et l'autre et le vacillement de ces limites, ainsi que par l'hétérogénéité du fonctionnement susceptible de sous-tendre le clivage. Ces particularités rendent compte également de modalités relationnelles caractéristiques ainsi que d'une « pensée tolérante aux processus primaires » (F. Brelet-Foulard, 1986).

■ *CL-1 : Porosité des limites (entre narrateur/sujet de l'histoire ; entre dedans/dehors...)*

Ce procédé témoigne de la fragilité des frontières entre le dedans et le dehors et du brouillage des limites entre soi et l'autre. Il peut être sous-tendu par le mécanisme d'identification projective dont la définition, issue du *Vocabulaire de la psychanalyse* de J. Laplanche et J.-B. Pontalis (1967, p. 192), est la suivante : « Terme introduit par M. Klein pour désigner un mécanisme qui se traduit par des fantasmes où le sujet introduit sa propre personne (*his self*) en totalité ou en partie à l'intérieur de l'objet pour lui nuire, le posséder ou le contrôler. »

Dans la porosité des limites entre narrateur et sujet de l'histoire, il existe une confusion ponctuelle et transitoire entre le réel et l'imaginaire révélant la perte discrète de la conscience d'interpréter et le vacillement identitaire.

> *Planche 2*
>
> J'ai du mal à intégrer cette demoiselle. Non, alors je vais prendre, j'avais deux solutions, j'en prends une : je dirais que ça se passe à la campagne, le père et la mère travaillent aux champs, là la mère doit souffler, elle récupère et la demoiselle, c'est leur fille qui semble s'éloigner de cet univers et quitter ce milieu campagnard, soit parce qu'elle n'y a plus sa place, soit qu'elle le rejette. Avec ses livres dans la main on la voit mal travailler aux champs, *elle tourne le dos de toute façon.*
>
> *Planche 8BM*
>
> ... et *il voit* l'opération de la personne blessée et même l'opération pour extraire la balle.
>
> *Planche 3BM*
>
> ... je dirais bien que je ne peux rien dire d'autre parce *qu'il me tourne le dos.*

■ *CL-2 : Appui sur le percept et/ou le sensoriel*

Ce procédé témoigne de la dépendance aux objets externes mis en avant pour pallier les défaillances de l'intériorisation des objets internes. Le sujet utilise le dehors pour dire le dedans. Il se révèle très proche du CF-1 : « Accent porté sur le quotidien, le factuel, le faire », procédé relevant du surinvestissement de la réalité externe face aux défaillances de la fantasmatisation, c'est-à-dire aussi bien de la réalité interne.

> *Planche 11*
>
> Tiens je l'ai déjà vue celle-là !... Alors en haut à gauche, y'a une créature qui sort d'une grotte, ça ressemble à un dragon... la seule bestiole que *j'arrive à voir* est palmée, mais dans une montagne une bête palmée ça paraît bizarre, dans un milieu aquatique d'accord mais... *J'arrive pas à voir...* Ah si peut-être... apparemment ça a l'air d'être une cité souterraine... Y'a un pont qui traverse, ça a l'air d'être assez travaillé, y'a un pont et apparemment y'a un groupe de personnes qui poussent quelque chose, mais *j'arrive pas à voir*, ça apparemment la bestiole qui ressemble à un dragon regarde dans leur direction, apparemment ils essaient de franchir le pont, le pont paraît bizarre comme un arbre, y'a une rivière peut-être dessous, on dirait de l'eau ou peut-être de la lumière mais ça paraît bizarre, l'arbre soit y'a une route en dessous, soit c'est de l'eau. Et y'a un amas de rochers à gauche, comme s'il y avait un éboulement, c'est ça qui

> me fait penser que c'est souterrain, non un éboulement… *j'arrive pas à voir ça,* je sais pas si ils soulèvent ou ils poussent, je sais même pas si c'est vivant ou pas. Apparemment la bestiole qui ressemble à un dragon a l'intention de sortir du trou où elle est et les gens qui traversent le pont veulent sûrement s'en protéger. *Elle serait en couleur, ça se verrait mieux, ouais…*

Ce long récit est composé presque en totalité d'efforts descriptifs considérables soutenus par des éléments perceptifs externes : ceux-ci entravent l'accès à l'imaginaire rendant compte des difficultés de recours aux objets internalisés. L'accent porté sur le voir en est une des traductions. Par ailleurs, le repérage spatial apparaît extrêmement précaire, soulignant la fragilité des enveloppes psychiques. Seule la fin du récit exprime une synthèse réussie des éléments décousus précédants et assure ainsi des capacités de mobilisation de la réalité interne.

■ *CL-3 : Hétérogénéité des modes de fonctionnement (interne/externe ; perceptif/symbolique ; concret/abstrait…)*

Le défaut de différenciation des espaces internes entraîne la juxtaposition de modes de fonctionnement hétérogènes, voire antagonistes, caractéristiques essentielles des cas limites. Ce mode de fonctionnement peut être particulièrement sollicité lorsque le sujet n'est pas en mesure de prendre en charge des mouvements pulsionnels internes violents ou des affects dépressifs.

> *Planche 16*
>
> Je suis complètement butée, bornée. Ça me fait penser à la peur des écrivains, l'angoisse de la page blanche, panique, c'est plutôt l'angoisse de la page blanche. Je suis bloquée devant cette page blanche, c'est le trou, il ne se passe rien du tout. *J'aurais pu vous parler de neige, mais le format est réduit alors que la neige, c'est grandiose.*

L'anxiété (« angoisse », « panique ») suscitée par la présentation de cette planche dénuée de support d'objet entraîne une inhibition associative qui ne sera pas levée, malgré la référence à la situation de « l'écrivain ». La fin du discours est marquée par un attachement au percept, au concret (« format réduit ») mis sur le même plan qu'une évocation symbolique (« la neige, c'est grandiose »).

> *Planche 13B*
>
> Un petit garçon… un petit garçon… l'endroit est amusant mais pas comme lieu d'habitation, c'est pas sympa. Mais si c'est pour s'amuser, c'est sympa. *Un garçon, ça m'inspire pas. Personnellement je préfère avoir eu une fille. Je suis vraiment comblé.* Si c'est son lieu d'habitation ça semble être la misère, il est pieds nus, il n'a pas l'air très propre, il n'a

> pas l'air très heureux. Il sent qu'il lui manque quelque chose, mais sans plus.

Le sujet cherche à dénier l'impact de l'angoisse d'abandon réactivée par le matériel en court-circuitant le mouvement associatif par un appel au réel de son existence (CN-1) : réalité interne et réalité externe s'inscrivent sur le même plan psychique.

■ *CL-4 : Clivage*

Le clivage est un mécanisme difficile à repérer au TAT, en particulier au sein d'une même planche. Il peut s'agir du clivage de l'objet (M. Klein) ou du clivage du moi (Freud).

– Clivage de l'objet : « Mécanisme décrit par Melanie Klein et considéré par elle comme la défense la plus primitive contre l'angoisse : l'objet, visé par les pulsions érotiques et destructrices, est scindé entre un "bon" et un "mauvais" objet qui auront alors des destins relativement indépendants dans le jeu des introjections et des projections. Le clivage de l'objet est particulièrement à l'œuvre dans la position paranoïde-schizoïde où il porte sur des objets partiels. Il se retrouve dans la position dépressive où il porte alors sur l'objet total » (*Vocabulaire de la psychanalyse,* J. Laplanche et J.-B. Pontalis, p. 67).

– Clivage du moi : « Terme employé par Freud pour désigner un phénomène bien particulier qu'il voit à l'œuvre surtout dans le fétichisme et les psychoses : la coexistence, au sein du moi, de deux attitudes psychiques à l'endroit de la réalité extérieure en tant que celle-ci vient contrarier une exigence pulsionnelle : l'une tient compte de la réalité, l'autre dénie la réalité en cause et met à sa place une production du désir. Ces deux attitudes persistent côte à côte sans s'influencer réciproquement » (*ibid.*, p. 67).

Au TAT, le clivage du moi peut se déduire d'un ensemble de mécanismes psychiques regroupant notamment d'autres procédés de la série CL, mais aussi de la différence de traitement des problématiques d'une planche à une autre oscillant, face à l'œdipe, entre la liaison et la désintrication des mouvements pulsionnels.

> *Planche 10*
>
> Y'a deux hommes qui sont séparés l'un et l'autre mais ils voudraient se rencontrer mais ils peuvent pas. Là ils ont pas le moral, ils sont seuls tous les deux, ils voudraient bien s'embrasser *mais comme ils sont séparés par l'image* (montre la zone d'ombre entre les deux visages) *ils peuvent pas.* L'un a envie de pleurer, l'autre a envie de rire, mais *ils peuvent pas parce qu'ils sont séparés.*

Le clivage s'inscrit ici dans l'expression de la coupure entre les deux personnages, justifiée de façon arbitraire par un élément de la réalité externe (CL-

2 → E3-3). Cette coupure s'accentue par la projection d'affects antagonistes sur l'un et l'autre des personnages, sans liaison possible.

> *Planche 4*
>
> Alors ça, c'est un plateau de tournage dans les années soixante, ça commence bien mon histoire (rit). Deux grands acteurs américains ou un grand acteur, *une grande actrice,* deux grandes stars qui jouent la comédie… Ils sont très beaux tous les deux mais ils… *ils n'ont aucun rapport, elle, c'est une femme d'argent, une prostituée, d'après ce que je vois derrière,* c'est le film, c'est toujours un film, mais l'homme va s'enfuir donc, pourquoi donc, alors il s'enfuit, il y a un peu de mouvement. Elle est belle ! C'est tiré d'une photo ce truc-là !

L'idéalisation positive et négative de l'objet féminin rend compte du clivage entre bon et mauvais objet dont la perception entraîne une désorganisation du discours et un vacillement des limites identitaires (confusion entre espace du dedans et espace du dehors : CL-1).

> *Planche 13MF*
>
> Alors là on peut imaginer deux scènes différentes. *Peut-être la première scène, ce serait un sadique qui vient de violer, de brutaliser la femme, de la tuer peut-être, la femme ayant son bras qui déborde du lit, ou alors la deuxième scène, c'est un monsieur qui vient de dormir de passer la nuit avec cette femme et qui se lève, qui part à son travail, la scène se déroulant dans une chambre.*

L'absence d'articulation dialectique entre une interprétation pulsionnelle violente et une seconde interprétation d'aspect factuel relève ici du clivage du moi.

> *Planche 3BM*
>
> Ça c'est une femme… qui… est très malheureuse et euh elle pleure, elle est effondrée par terre, à mon avis elle a eu un chagrin d'amour… On pourrait penser qu'elle est fatiguée aussi, en fait c'est pas une position pour se reposer, *quand on regarde le haut du tableau seulement, car quand on regarde le bas, la position… quand on regarde le bas, quelqu'un qui est effondré, quand on regarde le haut, quelqu'un qui se repose.* Parce que c'est pas du tout une position confortable en fait.

Le clivage se caractérise par la projection sur l'image (CL-2) d'une séparation radicale à l'intérieur d'une même entité (le haut, le bas).

CM : Procédés anti-dépressifs

Les procédés CM regroupent des modalités défensives mobilisées pour éviter la construction de scénarios de perte et l'évocation d'affects dépressifs fondamentalement déterminés par l'angoisse de perdre l'amour de la part de l'objet. Ils peuvent se soutenir de mouvements proches du déni ou, à l'opposé, de l'humour comme « moyen de défense contre la douleur » (Freud, 1928, p. 370).

- *CM-1 : Accent porté sur la fonction d'étayage de l'objet (valence + ou -)*
  – Appel au clinicien

– Accent porté sur la fonction d'étayage de l'objet : l'objet se définit essentiellement à travers sa fonction d'étayage et de support. Ce mécanisme peut sous-tendre un processus de lutte contre l'érotisation ou l'agressivité dans les relations et/ou une défense contre une angoisse de perte d'objet anaclitique.

> *Planche 10*
>
> C'est deux êtres qui vivent un amour passionné, passionnel, tendre, qui sont heureux de vivre cet amour. *Le mari chouchoute bien sa femme, il l'embrasse bien tendrement, elle, elle ferme les yeux, elle se sent en sécurité avec cet homme.* Voilà.

Le mouvement libidinal évoqué à cette planche semble difficile à supporter et connaît une évolution vers le registre de l'idéalisation et de l'étayage positif dont la fonction est antidépressive mais aussi désexualisante. Ainsi, l'excitation est contrôlée et les risques de perte, liés au registre œdipien des relations hétérosexuelles, sont esquivés.

> *Planche 7BM*
>
> L'homme plus jeune au premier plan a l'air préoccupé et on peut imaginer *qu'il est venu demander conseil à l'homme plus âgé, et l'homme plus âgé a plutôt l'air de dire : « T'en fais pas, ça va »* (?) Conseil pour n'importe quoi, pour rien, un problème affectif ou professionnel, je ne sais pas.

L'impossibilité de mettre en place un mouvement d'opposition à la figure paternelle entraîne le sujet de manière régressive et défensive vers l'investissement d'une relation d'étayage.

> *Planche 10*
>
> Deux personnes qui mutuellement ont du chagrin. Ou une pièce de théâtre. Deux personnes *qui ont du chagrin mutuellement, qui se consolent l'un à l'autre.* (?) Des adultes… d'un certain âge… un homme, une femme.

L'intensité du mouvement dépressif met en échec l'essai de dramatisation (pièce de théâtre) et débouche sur une relation d'étayage d'ordre anaclitique.

– Appel au clinicien : l'appel au clinicien verbalise dans l'ici et maintenant de la passation une demande d'aide et de soutien.

> *Planche 2*
>
> Apparemment c'est un champ cultivé mais j'ai l'impression que c'est pas récent comme dessin, c'est vieux comme époque... C'est pas récent. *Vous voulez pas savoir ce qui me fait penser à ça ?* (oui) Ça m'étonnerait qu'on utilise encore un cheval pour labourer un champ, de plus les vêtements sont bizarres, assez démodés, en plus la fille a des livres dans la main, alors qu'à notre époque on utilise un cartable (rit), en plus deux livres pour... (regarde dehors).

Ce récit, d'allure très défensive, débute par une description critique et remâchée du cadre d'où les personnages sont exclus. L'appel au clinicien permet de soutenir la pensée du sujet et de le dégager partiellement de l'enlisement. Cependant, le récit ne peut toujours pas se déployer dans une histoire car la charge agressive, prise dans des mouvements d'idéalisation négative, entrave et fige toute possibilité d'élaboration.

■ *CM-2 : Hyperinstabilité des identifications*

Le défaut d'inscription psychique de la perte aboutit à des prises de positions identificatoires multiples et instables dont témoigne le passage labile dans le récit, d'une place à une autre ; la nécessité d'occuper tous les rôles à la fois, pour ne pas risquer de perdre une seule place, peut entraîner un flou dans les identifications et/ou une surenchère des caractéristiques labiles à valeur antidépressive.

Ce procédé est à différencier du B3-3 : « Labilité dans les identifications », qui s'inscrit dans les aléas des difficultés d'intégration de la bisexualité psychique et qui fait écho au désir œdipien de prendre la place du parent rival auprès du parent désiré.

Ce procédé est aussi à différencier du E3-1 : « Confusion des identités », dans lequel sujet et objet sont confondus en raison du gommage de la différenciation intersubjective, précipitant la perte totale des repères entre dedans et dehors.

Chez certains sujets, c'est par le biais de prénoms attribués de façon bien particulière aux protagonistes des différents récits que se manifeste cette hyperlabilité des identifications : ce procédé rend compte, dans ce cas, de la nécessité d'assurer un contrôle à visée antidépressive sur les différentes positions identificatoires sollicitées par le matériel.

> *Planche 7GF*
>
> *Ça c'est une petite fille et c'est sa mère* et… qu'est-ce qu'elle a ? (murmure)… *un petit bébé ou… sa mère regarde le petit bébé… et sa fille regarde ailleurs*, elle a l'air triste, *c'est peut-être l'enfant de la fille, une fille-mère +++ Y'a pas de père* (rires), le père s'est… s'est enfui, n'assume pas les… ses responsabilités.

Le sujet oscille rapidement d'une position identificatoire à une autre (« petite fille », « petit bébé », « mère », « fille-mère »), qui révèle sa difficulté à renoncer à l'une des positions, faute de risquer la confrontation à la perte. On peut lire en filigrane, derrière ce récit qui fait de la petite fille une fille-mère et du père un homme qui « n'assume pas ses responsabilités », un fantasme incestueux mettant en évidence la position occupée au sein de la scène primitive.

■ *CM-3 : Pirouettes, virevoltes, clin d'œil, ironie, humour*

Si les deux premières conduites discursives relèvent du retournement maniaque, le clin d'œil au clinicien tend à nier la différence avec lui, et l'altérité ; l'ironie réussit, elle, en liant la charge agressive associée au renoncement, à donner une solution plus satisfaisante au sujet ; celui-ci, dans l'humour, dépasse sa propre souffrance dans une élaboration plus large, confiée au « surmoi bienveillant » (Freud, 1928, p. 375).

> *Planche 16*
>
> (débit rapide) *Ah c'est pire encore. Alors ! N'importe quelle histoire ou par rapport à moi ? Et ben c'est l'histoire de mon avenir et puis c'est à moi d'imprimer ce que je veux dessus. Il y a intérêt que je me presse parce que tout est derrière et y'a intérêt à ce que je me presse si je veux avancer. C'est le drap blanc de mes… le drap blanc de mes nuits blanches, c'est ça ? Ou alors, c'est une grande ardoise Velleda et j'ai tout effacé pour… je veux imprimer moi-même l'histoire de ma vie.*

L'aspect labile du discours, sous-tendu par des pirouettes et des clins d'œil, tente de retourner dans le contraire une problématique de perte et des affects dépressifs.

> *Planche 3BM*
>
> (Rit) *Comme c'est du noir et blanc, ça donne tout de suite une ambiance heureuse* (rit). *Ah, cette personne-là pour raconter une histoire c'est sympa, ils auraient pu éviter le noir et blanc.* ++ (?) Y'a juste une femme assise, la tête contre une banquette ou un fauteuil, donc niveau action c'est plutôt limité. *Je me demande si on a fait passer ce genre de test au dessinateur qui l'a fait.* Y'a un truc, c'est que par terre je me demande c'est quoi. Déjà c'est pas normal qu'elle soit comme ça écroulée par

> terre, *comme façon de s'asseoir y'a mieux. Le mieux ce serait de lui demander mais je pense pas qu'elle puisse répondre* (rit).

Associée à toutes sortes de caractéristiques défensives, l'ironie teintée d'agressivité et d'humour s'inscrit positivement comme une recherche d'issue à l'angoisse dépressive.

3.4 Procédés de la série E (Émergences des processus primaires)

Ces procédés ne sont pas toujours le signe de modalités de type psychotique, ni de désorganisation de la pensée ou de l'identité. Ce sont leurs dimensions quantitative et qualitative qui permettent la distinction entre les émergences en processus primaires nourrissant transitoirement les associations et les émergences envahissantes mettant en évidence un moment de désorganisation ou un fonctionnement psychotique.

Parmi l'ensemble de ces procédés, certains renvoient clairement à des modalités psychotiques, d'autres mettent seulement en évidence des dérapages dans la secondarisation.

La présence ponctuelle du processus primaire rend compte de l'existence d'une perméabilité de bon aloi entre instances psychiques ou, en d'autres termes, d'une souplesse de fonctionnement du préconscient (comme c'est le cas dans les protocoles névrotiques avec des E particuliers).

En revanche, plus les émergences du processus primaire s'avèrent quantitativement importantes, plus le moi du sujet se révèle fragile.

Ces procédés, regroupés à présent sous quatre catégories, permettent de distinguer des registres de fonctionnement différents au sein d'un même processus psychique :

– la série E1 : « Altération de la perception » souligne les troubles des conduites perceptives et du rapport à la réalité ;
– la série E2 : « Massivité de la projection » renvoie aux troubles liés à l'envahissement par le fantasme ;
– la série E3 : « Désorganisation des repères identitaires et objectaux » met l'accent sur les difficultés majeures dans la représentation de la relation à l'objet et/ou dans la représentation de soi ;
– la série E4 : « Altération du discours » témoigne des troubles en rapport avec la désorganisation de la pensée et du discours.

On ne peut établir une équivalence serrée entre procédés E et fonctionnement psychotique.

Dans certains protocoles, l'absence totale de procédés E peut témoigner en faveur de modalités de fonctionnement pathologiques. Tout se passe comme si le sujet ne pouvait se laisser aller à des mouvements régressifs ou encore comme si les émergences inconscientes étaient abrasées.

L'absence totale ou quasi totale de procédés E et la présence exclusive ou quasi exclusive de procédés CF caractérisent certaines modalités de fonctionnements psychotiques chronicisés surinvestissant l'accrochage descriptif d'une réalité externe pulsionnellement désertée. À la différence des sujets fonctionnant selon un mode opératoire et chez lesquels subsiste toujours peu ou prou l'investissement de l'objet et de soi, les sujets psychotiques chronicisés semblent avoir opéré un rejet (au sens du déni) de tout investissement quel qu'il soit.

E1 : Altération de la perception

■ *E1-1 : Scotome d'objet manifeste*

Ce procédé est coté lorsqu'un élément manifeste du matériel (*cf.* liste p. 67 et 68) n'est pas évoqué dans le récit. Il n'y a pas de déformation du réel, à l'inverse de la fausse perception, mais une manipulation du perçu à des fins défensives, pouvant soit s'apparenter au déni, soit sous-tendre le refoulement.

Dans les fonctionnements psychotiques, le scotome correspond au déni de l'existence de l'autre susceptible, dans les cas d'inhibition massive, de mener à une sorte d'effacement de la trace psychique de l'objet.

Les scotomes se repèrent aussi dans les organisations phobiques ou hystériques (refus de voir) et, plus généralement, dans les organisations où l'inhibition domine.

Précisons que le défaut de reconnaissance du fusil planche 8BM peut être un scotome d'objet manifeste, mais pas le revolver de la planche 3BM, qui est souvent non évoqué.

> *Planche 2*
>
> Je l'ai déjà vue celle-là. Je sais pas quoi dire. C'est une famille. Je sais pas si c'est une famille. *C'est un homme qui laboure*… c'est la culture tout ça… *La femme* qui, pas objet… satisfaite… on voit bien qu'elle a… qu'elle est pleine de… qu'elle est… euh… (tout bas) comment on dit ?… D'abord ça se passe à la campagne, *c'est la femme qu'attend un enfant,* j'ai l'impression et ils travaillent tous pour cet enfant. Je sais pas, je me rappelle plus, je l'ai déjà eu, ce que j'ai dit.

Pris dans un discours désorganisé, le scotome du personnage féminin au premier plan sert la défense contre la reconnaissance du lien interpersonnel et l'éviction de la référence à l'autre en tant que source d'excitations pulsionnelles.

> *Planche 2*
>
> Elle est drôle cette image. Elle m'inspire pas. J'comprends pas ce que fait *cette femme*-là. C'est visiblement une paysanne qui ne travaille pas. À côté, *une jeune fille* de bonne famille qui va prendre ses livres ou aller travailler dans un champ. Les livres sont plus à leur place dans une maison ou dans un jardin. C'est tout ce que je peux vous dire.

Le scotome du personnage masculin s'inscrit ici dans une défense manifeste contre la reconnaissance de la triangulation. Cette défense contribue, avec la banalisation, à écarter tout conflit.

- *E1-2 : Perception de détails rares ou bizarres avec ou sans justification arbitraire*

Il s'agit soit de l'évocation de détails présents sur la planche, détails manifestes mais statistiquement rarement utilisés, ou encore de détails mineurs ou à peine perceptibles rendant compte d'une valorisation par le sujet d'éléments peu prégnants qui revêtent pour lui une signification particulière. Ce procédé peut survenir dans des protocoles gravement désorganisés.

> *Planche 13MF*
>
> J'ai vraiment pas la tête à ça. Non mais marquez pas. On voit pas ce qu'il fait là. Je comprends pas. Je vois pas si *c'est un lit à une place ou à deux places*. Je vois pas. Il l'a couchée ou alors il s'est séparé d'elle. Je vois pas ce qu'il fait là.

La défense massive contre la représentation de relation de couple est renforcée par l'interrogation sur la taille du lit, qui constitue un détail rare.

La perception de détails peut prendre une allure bizarre lorsqu'ils sont investis d'une charge projective qui rend leur signification hermétique. La perception de détails bizarres s'observe presque exclusivement dans des protocoles de sujets psychotiques et témoigne d'un surinvestissement inopportun voire illogique d'une partie de la planche au détriment de la situation classique.

> *Planche 4*
>
> Un couple de personnes se tient dans les bras, la femme tient l'homme dans ses bras… derrière eux, il y a une femme qui est assise, *elle se tient une jambe et son genou est sur son autre jambe…* peut-être est-ce un tableau ou se tiennent-ils dans un bar et il s'agit d'une autre personne.

La description objective à l'excès de la position du personnage du second plan confère à ces détails de posture rarement évoqués une allure bizarre :

sorte d'échec de la défense narcissique visant à lutter contre l'émergence d'une excitation pulsionnelle liée à la posture suggestive de ce personnage.

La justification arbitraire à partir de ces détails rares ou bizarres correspond à l'une des expressions des liens arbitraires existant entre les pensées et signalant le maintien de la liaison au sein d'un fonctionnement en processus primaire.

> *Planche 6GF*
>
> ... l'homme, je sais pas s'il peut lui parler *car il est en train de fumer la pipe* il me semble, à moins qu'elle ne soit éteinte *car je ne vois pas la fumée*, mais on ne peut pas voir la fumée *car l'image est coupée à ce moment-là*, en tout cas le visage de l'homme est expressif et elle a l'air de s'en apercevoir.

La justification arbitraire à partir d'un détail rare (fumée) s'impose au sujet face à la difficulté d'intégrer le rapproché libidinal dont témoigne l'évocation de l'image coupée.

> *Planche 6BM*
>
> Vous écrivez vite ! Ça c'est un fils angoissé... qui vient de perdre son père et qui retourne chez lui, à sa maison principale, la maison de son foyer. Alors il a retiré son chapeau, il est à côté de... *pas de sa mère parce qu'il est pas assez sombre son habit*, si sa mère qui est encore sous le choc, mais lui va partir quand même, il va pas rester.

La dénégation de la relation à l'image maternelle est renforcée par l'aspect arbitraire du détail servant à la justifier.

Enfin, certaines perceptions rares et très fines, non arbitraires, peuvent s'inscrire dans un contexte obsessionnel.

> *Planche 1*
>
> Quand on voit un jeune homme qui est en train de considérer attentivement son violon, on peut supposer qu'on l'a peut-être obligé à protéger ce violon car il est posé de manière très statique sur *un tissu de protection* [...].

■ *E1-3 : Perceptions sensorielles – Fausses perceptions*

Ont été regroupés, dans le même procédé, deux troubles portant sur la perception, consistant en une déformation de la réalité perceptive sous l'impact de la projection.

– Perceptions sensorielles : il s'agit ici d'une opération par laquelle le sujet est renvoyé de façon massive à une réalité (généralement ressentie sur le mode persécutif, vécue comme dangereuse) à laquelle il adhère sans distance et sans appui sur la réalité manifeste. Dans ce mouvement, la confusion entre sujet et objet apparaît de façon très nette. On est donc ici confronté à l'arbitraire, dans une perception quasi hallucinatoire et délirante.

Ce procédé est à distinguer du CN-4 (« Insistance sur les limites et les contours et sur les qualités sensorielles ») dans lequel la dimension arbitraire est absente.

> *Planche 3BM*
>
> (S'agite) C'est l'histoire d'une fille qui aime son lit et personne d'autre... (rires)... Non c'est pas la peine de le marquer. Parce qu'elle *aime la laine* et que son lit est fait avec des draps et de la laine +++ *La laine, c'est doux* et elle, elle voulait vivre avec les moutons. Dans sa chambre, y'a rien d'autre que son lit. En fin de compte quand elle *touche la laine*, elle contemple les moutons. Elle se dit que les moutons sont pas bêtes, qu'ils sont utiles. On dit que les hommes c'est tous des moutons mais en fin de compte euh... mais (rit) c'est vrai, on peut pas comparer l'homme à un mouton parce qu'un mouton c'est (incompréhensible) c'est un animal qui, comment dire +++ qui donne du travail à l'homme et qui est le... et dont le... et dont le pelage, non, comment on appelle, qu'on effectue sur les moutons, mais ça va pas la phrase... ça sert pour nous couvrir et à la jeune fille pour rêver aux moutons. Oui.

La réactivation de la perte entraîne une surenchère de défenses par recours aux processus primaires afin de nier représentations et affects dépressifs. La métaphore sensorielle de la laine et des moutons relève du déplacement de l'investissement de l'objet maternel vers un objet de substitution inanimé évoquant une quête régressive intense.

– Fausses perceptions : la fausse perception fait référence à l'altération des éléments manifestes de la planche et rend compte d'une déformation de la réalité. À l'inverse du détail rare pour lequel la perception est correcte, il y a une distorsion voire une aberration perceptive.

> *Planche 11*
>
> C'est quoi ça *une guêpe* ? (masse sombre devant le pont). Qu'est-ce qu'il faut dire là-dessus ? (raconter une histoire) [...] Je vois rien, je suis myope comme une taupe. Puis *c'est une guêpe* qui s'est posée là, *je sais pas si c'est une guêpe*, je vois rien. C'était dans le temps, c'était inscrit dans le temps et *la guêpe* qu'est venue se poser là.

L'inadéquation perceptive s'accompagne d'une incapacité à construire un récit inscrit dans un cadre temporo-spatial cohérent.

> *Planche 12BG*
>
> Il y a *des petits chiens dans la barque* ? C'est l'histoire d'une chienne qui vient de mettre plusieurs petits chiens au monde et *ils sont tous là en train de s'amuser dans la barque.*

Après une question posée au clinicien, le sujet construit un récit hors image à partir d'un percept défectueux, à visée antidépressive.

> *Planche 8BM*
>
> *Je vois des pianos partout, je vois un piano, regardez* (montre le fusil), mais en dessous je vois une salle d'opération. C'est pas normal. Un jeune garçon, je vois pas ce qu'il fait là et derrière y'a soit une salle d'opération, je vois pas comment faire une histoire. Ça peut être un étudiant qui assiste à une opération, un étudiant en médecine, il est bien jeune. (Piano ?) *C'est peut-être ce qu'il voit dans le couvercle de son piano*, je pourrais pas dire que c'est une carabine parce que c'est un truc de piano ça et c'est pas un meurtre parce qu'il est déjà mort et le couteau est déjà enfoncé.

La fausse perception est mise en avant pour éviter la confrontation au fantasme de meurtre qui surgit plus loin, sous l'effet de la question du clinicien, de façon massive et crue, en dépit des dénégations.

■ *E1- 4 : Perception d'objets détériorés ou de personnages malades, mal formés*

Le mouvement projectif attribue à l'apparence des objets ou des personnages de la planche un aspect endommagé, cassé, malade : le percept est déformé par la projection du négatif. Il s'agit donc d'une modalité de la fausse perception. Ce mouvement révèle en général l'existence sous-jacente d'une représentation de soi atteinte dans ses fondements identitaires.

> *Planche 1*
>
> Voilà un garçon qui voulait avoir un violon... Je ne distingue pas bien, soit *qu'il est cassé* au milieu soit qu'il ne sait pas comment faire. L'expression de sa figure... *Je vois une enflure de la paupière droite. Physiologiquement mal présenté.* Figure pas expressive.

La coexistence d'une atteinte de l'image de l'objet (cassé) et de celle du sujet (paupière enflée) met l'accent sur la liaison étroite entre représentation de soi et représentation d'objet.

> *Planche 8BM*
>
> Encore dans le joyeux ! Alors euh... +++ Alors y'a un fusil au premier plan, la personne est en train de se faire opérer sans anesthésie, ça fait plutôt penser peut-être à l'extraction d'une balle, je pense, l'homme qui est à côté du médecin en question, *il lui manque le bras droit, je pense,*

> *y'a que le bras droit qui est visible, enfin que ce côté droit qu'on voit...* Le garçon qui est au premier plan soit il assiste à la scène ou alors il se souvient, oui, je me demande, oui c'est bizarre, ça fait plutôt penser à un hôpital de campagne mais ça n'a pas l'air d'être un fusil de guerre, en tout cas ça expliquerait pourquoi *la personne à côté du médecin a un bras en moins*, oui ça n'a pas l'air d'être un fusil de guerre, oui j'avoue que ça me paraît bizarre, ces images me paraissent bizarres. C'est moins vague que les taches d'encre quand même.

Le retentissement de l'angoisse de castration atteint l'identité du personnage dont l'intégrité corporelle n'est plus assurée.

E2 : Massivité de la projection

- *E2-1 : Inadéquation du thème au stimulus, persévération, fabulation hors image, symbolisme hermétique*

Les sollicitations manifestes et latentes ne sont pas vraiment prises en compte et se trouvent mises de côté au profit d'une fantasmatique ou d'une thématique sans lien avec elles.

La massivité de la projection entraîne une inadéquation du thème, ou la reprise inadéquate d'un thème qui s'impose régulièrement en dépit des variations du stimulus (persévération) ; ou encore elle aboutit à une rupture qui se manifeste par un discours abstrait sur des considérations métaphysiques.

– Inadéquation du thème au stimulus :

> *Planche 19*
>
> C'est marrant ça c'est pas du Picasso quelque chose comme ça ? *Ça c'est une histoire de microbe. Alors voilà un microbe là et ça c'est la maison du microbe. Alors il est dans un noyau de pêche. Un gros plan du microbe. P. m'a dit un jour pourquoi dit-on « microbe », on devrait dire « crobe » tout court. Ce microbe était dans la pêche, était entré dans le noyau et un jour un petit garçon a mangé la pêche, sucé le noyau et attrapé ce microbe. Le microbe a fondé une famille, pondu des œufs, fait des petits et il y avait un bouillon de culture. Ils se sont fourrés dans l'appendice et lui ont donné une irritation. Il a eu des douleurs, s'est fait opérer et le vilain microbe s'est fait tuer.*

Le thème du récit semble déconnecté du stimulus comme pour échapper aux sollicitations latentes de la planche.

– Persévération : la persévération fait référence à la compulsion de répétition. Celle-ci prend des valeurs différentes selon qu'elle s'inscrit dans un registre névrotique ou non.

Dans les protocoles de névrosés, la compulsion de répétition existe mais dans ce cas, le contenu manifeste est pris en compte et la répétition du thème se caractérise souvent par un aller-retour entre expression pulsionnelle et défense.

Dans des protocoles de sujets psychotiques, la persévération s'inscrit dans la prégnance d'un fantasme massif en lien avec la destruction ou la sexualité et qui perdure de façon incongrue malgré la modification des situations. Une pensée compulsive, susceptible de se répéter également dans un même récit, peut faire supposer l'existence d'un mouvement délirant.

Les exemples suivants sont issus du protocole d'un même sujet.

> *Planche 2*
>
> C'est pas facile, faut l'avoir en tête. Va savoir, va savoir, va savoir. *Ça doit se passer en Europe Centrale ou en Israël. Le père est parti à la guerre,* le fils il est là pour travailler, la mère elle est encore enceinte, encore. La fille, elle fait des études, avocate, dans la magistrature. Elle fait des études mais le fils il travaille aux champs et la mère elle est encore enceinte, encore. *C'est en Europe Centrale. Ça se lit dans les yeux de la fille que c'est en Europe centrale. C'est pendant la Deuxième guerre mondiale.*
>
> *Planche 3BM*
>
> *Allemagne nazie ou Italie... pays fasciste.* On lui a enlevé son gosse, alors elle chiale et c'est tout.
>
> *Planche 4*
>
> Qu'est-ce que je peux dire ? Ça se passe en France dans les années vingt, dans les quartiers populaires. C'est un maquereau qui a été humilié et sa femme le retient mais lui il veut répondre et elle, elle le retient. *Années trente/quarante, il est accusé de collaboration, de dénoncer les juifs.* Peut-être accusé ou, merde, je sais pas, c'est à peu près ça quoi.
>
> *Planche 5*
>
> Rien, c'est dur pour l'instant. *Ça se passe en Allemagne. Elle s'appelle Ingrid, c'est une mère de famille qui fait des ménages dans les années trente.* Elle vient d'apprendre une nouvelle bonne ou mauvaise, je sais pas, elle vient l'apprendre à son mari qui est médecin en train de travailler dans la pièce, ça colle pas si elle fait des ménages, elle doit rester à la maison, et peut-être que si c'est comme ça... Voilà.

Ce thème compulsif, mal canalisé (autour de la deuxième guerre mondiale), témoigne de la prévalence d'un fantasme de persécution et de la tentative de projeter au-dehors, dans un espace et un temps soumis à l'instabilité, la menace de destruction interne.

– Fabulation hors image : il s'agit le plus souvent d'un long récit qui n'a qu'un rapport lointain avec le contenu latent de la planche (à la différence du procédé B2-1 : « Histoire à rebondissements », dans lequel le rapport au matériel manifeste est maintenu). Ce procédé rend compte de la diffluence de la pensée et de la perte des repères logiques sous la pression de la projection.

> *Planche 1*
>
> C'est un petit garçon qui... qui voit un violon que ses parents lui ont offert et ça lui rappelle ce qu'on lui avait appris en classe sur la musique et du coup... ça le... il a du mal à le voir d'un autre œil que d'un œil pas trop bienveillant (essuie la planche) *et puis tout d'un coup, il se dit qu'il pourrait peut-être rentrer dedans et s'en faire une maison, peut-être pas, ça ressemble à un bateau puis il pourrait faire jouer les cordes pour que les vagues deviennent moins tumultueuses, plus lisses, plus calmes +++ il voit qu'il pourrait peut-être détacher une corde à ce moment-là et il pourrait la relier à un rocher qui est sur la rive et faire venir les gens sur son bateau et comme ça les gens en marchant sur la corde feraient de la musique et il pourrait faire passer les cordes sous l'eau et les gens nageraient autour des cordes, et tout d'un coup il voit ses parents qui nagent autour des cordes et ses parents se prennent dans les cordes et il est paniqué parce qu'il est en même temps* mécontent que ses parents lui aient offert ce cadeau mais en même temps il les aime quand même alors il les sauve quand même.

La fabulation hors image permet au sujet d'esquiver la confrontation à l'ambivalence des sentiments à l'égard des imagos parentales, ainsi qu'aux sollicitations latentes de l'image. Les mouvements pulsionnels émergent néanmoins à la fin du récit.

– Symbolisme hermétique : ce sont des récits marqués par des considérations métaphysiques portant sur la vie, la mort, le bien, le mal etc. Le symbolisme hermétique diffère de la symbolisation névrotique en ce sens que le discours du sujet n'est plus partageable avec autrui et appartient au sujet seul.

> *Planche 11*
>
> Il est flou, très très flou. *Peut-être la renaissance d'un nouveau monde.* Au départ la terre était une petite étoile et quand elle a explosé, elle s'est reconstituée par des milliers de cellules. *La renaissance de quelque chose de nouveau qui reviendrait.*

■ *E2-2 : Évocation du mauvais objet, thèmes de persécution, recherche arbitraire de l'intentionnalité de l'image et/ou des physionomies ou attitudes. Idéalisation de type mégalomaniaque*

La projection est sous-tendue par une dimension interprétative. Le mouvement commun est celui de l'attribution au matériel ou aux personnages de caractéristiques que le sujet ne peut reconnaître comme siennes.

Ceci met dans tous les cas en évidence le mouvement d'expulsion du dedans vers le dehors, et l'attribution à l'objet externe de ce que le sujet ne peut supporter comme lui appartenant en termes d'affects ou de représentations. La projection protège le sujet, en le faisant déposer sur l'objet l'agressivité, la haine, les sentiments négatifs qu'il ne veut reconnaître comme émanant de lui-même.

– Évocation du mauvais objet : ce procédé est utilisé chaque fois que le sujet attribue un caractère malfaisant à l'un des personnages de la planche. Le concept de « mauvais objet » relève de la terminologie kleinienne et correspond en termes freudiens à la notion de projection. Le mauvais objet peut apparaître indépendamment d'un thème de persécution.

> *Planche 9GF*
>
> C'est deux jeunes filles qui sont jalouses l'une de l'autre... (?) Elles croient toutes les deux qu'un jeune homme aime l'autre, enfin que le jeune homme qu'elles aiment aime l'autre... *celle qui est cachée derrière un arbre a tendu un piège à celle qui est en train de courir sur la plage* ++ (?) Je sais pas ce que ça pourrait être.

Dans une mise en scène triangulaire, le récit évoque un « mauvais objet » chargé d'éliminer la rivale œdipienne.

> *Planche 13MF*
>
> *C'est un tueur à gage qui vient d'étrangler sa, sa victime* et il s'essuie le front parce que ça a été, ça a été long... C'est tout.

Ici, le défaut de liaison pulsionnelle inscrit l'évocation du mauvais objet dans un registre de fonctionnement psychotique.

> *Planche 16*
>
> *La ruse féminine*. Je vais tout simplement dire : *la femme*.

L'évocation du mauvais objet est ici sous-tendue par la projection d'un sentiment de méfiance évoquant le mode de relation paranoïaque.

– Thèmes de persécution : dans ce contexte, se trouvent les thèmes fréquents à la planche 5 autour des termes de « fouiner », « espionner » ou encore les thèmes d'attaque aux planches 11 ou 19.

> *Planche 5*
>
> (mimiques +++) Peut-être une, une concierge *qui aime bien fouiner.* Une femme de 60 ans, entre deux âges. Y'a un homme et une femme qui sont dans un immeuble. Et *elle a l'habitude de regarder par le trou de la serrure* et elle les entend plus depuis deux jours alors elle va voir pour raconter aux voisins. Alors elle croit presque les trouver morts mais en fait c'est une querelle de mariage. Alors elle pousse un cri et claque la porte. Et après elle raconte aux voisins... pis quand les deux la croisent dans l'escalier *ils la regardent avec mépris en crachant par terre.* Puis finalement ils s'en vont et la concierge les verra plus jamais.

L'aspect inquisiteur de la représentation féminine, clairement mis en scène, constitue un thème de persécution articulé autour du regard intrusif et envahissant.

> *Planche 11*
>
> Là y'a un suicide qui se prépare, y'a une femme louve qu'est à quatre pattes et sans le faire exprès *y'a un dragon qui la précipite dans le vide*, enfin en pensée car elle va pas le faire, y'a beaucoup de pierres et quand on tombe dessus ça fait mal et ça saigne. C'est tout.

L'évocation d'un imago prégénitale entraîne une angoisse archaïque de persécution.

– Recherche arbitraire de l'intentionnalité de l'image : la projection amène le sujet à supposer que l'on cherche par le biais du matériel à lui imposer certaines idées, sentiments ou réponses. Le sujet pense que le matériel est sous-tendu par des significations cachées, et plus généralement que l'on cherche à lui tendre un piège. « Vous voulez me faire dire... » Ce procédé est proche de la justification arbitraire à partir d'un détail rare, mais relève en plus d'une conviction interprétative et projective.

Cette conduite psychique est particulièrement présente dans les protocoles de sujets paranoïaques.

> *Planche 5*
>
> C'est très laid, tout est hideux, *c'est sans doute voulu.* Les petits bouquins pressés entre deux socles, cette table, tout ça c'est affreux. Un manque d'air qui est gênant. Cela donne l'impression de gêne, de misère d'extrême pauvreté. La femme aussi donne l'impression de fatigue, de déception. Les bouquins sont sans doute des romans policiers et les trois petits là-bas, qui ne sont probablement jamais lus, qui sont stupidement là pour faire bien. Un éclairage stupide, la femme qui a l'air de montrer une cuisse à la Marlène. C'est stupide cet air de mère de famille fatiguée. On peut supposer qu'elle ouvre la porte et qu'elle dit : « Il n'est pas rentré ».

> Le « il » étant pour son fils qu'on peut supposer un garnement d'une vingtaine d'années faiblement élevé et traînant partout.

Les éléments projetés ne sont pas reconnus par le sujet comme lui appartenant, mais relèvent d'une manipulation d'un « autre » qu'il déjoue : l'attitude est interprétative.

– Idéalisation de type mégalomaniaque : ce procédé relève de la projection massive, sans distance ni critique, d'une image de soi ou de l'objet, grandiose et infaillible.

> *Planche 1*
>
> *C'est l'histoire d'un jeune musicien* qui regarde son violon, qui veut apprendre à jouer de la musique, à être un compositeur, il réfléchit à ce qu'il va faire. *Il voudrait bien être chef d'orchestre,* il fait ses études en apprenant ses mélodies pour pouvoir jouer de la musique étant donné que… qu'il a de l'expérience peut-être. *C'est peut-être un jeune homme plein de talent, un jeune garçon peut-être de 12 ans qui me fait penser à un petit Mozart mais sur le violon.*

Le personnage est d'emblée marqué du sceau de la grandeur (« jeune musicien ») ; celle-ci ne fera que s'amplifier au cours du récit sans aucune possibilité de dégagement. À la sollicitation sous-jacente de l'impuissance répond en écho le fantasme de toute-puissance.

- *E2-3 : Expressions d'affects et/ou de représentations massifs ; expressions crues liées à une thématique sexuelle ou agressive*

Ce procédé renvoie à une perte de distance marquée par la projection, voire par l'identification projective.

Les affects ou représentations massifs peuvent être liés à différentes problématiques telles que l'agressivité, la sexualité, mais aussi la perte, l'incapacité ou le dénuement.

Les expressions crues mettent l'accent sur des évocations brutales de meurtre, de viol, de scène sexuelle dénuées de participation affective.

Dans certains cas, cet item peut avoir une valeur de décharge pulsionnelle ponctuelle et surmontable, alors que, dans d'autres cas, la massivité de la projection entraîne un débordement de plus en plus important, accompagné alors d'autres procédés E.

– Représentations massives :

> *Planche 8BM*
>
> J'ai pas d'idée. J'sais pas. J'ai pas envie. Un fusil. Jamais je ne recommencerai cette expérience. Je ne sais pas ce que je voulais dire. Je suis un être plat, je n'ai pas de sentiments, je ne peux que décrire ce que je vois.

> *Un homme qui ouvre le ventre d'une personne* qui a probablement reçu une balle de fusil. C'était la première fois qu'il allait à la chasse avec son fils. Le fils n'avait jamais manié un fusil et son père lui a laissé prendre. Jean s'est remémoré tout d'un coup plusieurs choses qui se sont passées en lui et *brusquement sans réfléchir il tira sur son père*. Voilà. Pof ! Il n'éprouvait aucun remord.

Malgré les tentatives de refus qui s'expriment notamment sur le mode de la critique de soi, le récit se développe autour d'une représentation massive relative au fantasme de meurtre du père.

> *Planche 19*
>
> ++ Sorte de... pas un dessin animé mais une peinture *d'un monstre qui vient attaquer une maison, qui vient terroriser une maison. Je crois que ça me fait penser à un couteau planté dans un corps et du sang tout autour. Comme si un monstre après avoir tué quelqu'un se retire.*

On observe ici une perte de distance progressive entre sujet et objet traduisant la massivité du débordement pulsionnel liée à la confrontation au mauvais objet.

– Affects massifs :

> *Planche 3BM*
>
> Une femme ici qui a l'air bien désespérée, vraiment désespérée. Il semble qu'elle n'en peut plus. Que vient-elle d'apprendre ? Une mort, une séparation. On sent qu'elle est vraiment très lasse, très désespérée. [...].

– Expressions crues : l'expression crue peut se trouver dans un registre de fonctionnement obsessionnel, où la représentation est donnée sur un mode banalisé, du moins avec des affects exprimés *a minima*.

> *Planche 5*
>
> C'est une femme qui a entendu du bruit et elle va voir son mari qui est couché dans une pièce. Lui ne répond pas : *il est mort d'une crise cardiaque.*

Dans des fonctionnements plus pathologiques, ce procédé peut renvoyer à la discordance affective.

> *Planche 13MF*
>
> Ça c'est un homme et une femme qui viennent de faire l'amour ou l'homme peut-être part à son travail après avoir fait l'amour, *après avoir baisé quoi* et c'est peut-être une *prostituée cherchant à avoir de l'argent pour faire gagner de l'argent au maquereau... elle est devenue une putain et a possédé tous les clients à son égard...*

La réactivation pulsionnelle entraîne des difficultés majeures de liaison entre sexualité et agressivité. Les expressions crues, associées aux représentations massives, désaffectivent le rapport à l'objet.

E3 : Désorganisation des repères identitaires et objectaux

■ *E3-1 : Confusion des identités ; télescopage des rôles*

A minima, il s'agit de l'utilisation de pronoms personnels (il, elle, la) qui entraînent une confusion (on ne sait plus de qui l'on parle, qui est qui). Ce mouvement peut alors relever de modalités de fonctionnement variées.

> *Planche 7GF*
>
> Là il y a une liseuse et une petite fille qui doit être la fille de la dame qui lit et *qui tient un bébé dans ses bras*. [...]
>
> *Planche 7BM*
>
> Le père avec son fils, une personne assez âgée et une autre plus jeune. Toujours avec *son* regard plongé dans *ses* pensées.

Lorsque le procédé est utilisé massivement, les personnages du récit sont confondus et le maintien de l'identité subjective est alors remis en question.

> *Planche 9GF*
>
> C'est l'histoire de deux sœurs jumelles, l'une des deux sœurs regarde l'autre et euh... enfin elles se ressemblent mais *sont représentées comme une seule personne qui regarde dans le miroir l'autre personne*.

La confusion identitaire, consécutive à l'échec du dédoublement narcissique, se met en place pour nier la relation et par conséquent le conflit interpersonnel.

■ *E3-2 : Instabilité des objets*

Cet item renvoie à l'instabilité de l'identité. Il s'agit d'un mécanisme par lequel le sujet semble investir très faiblement les objets sans s'attacher plus spécifiquement à l'un ou à l'autre. De ce fait, les objets semblent équivalents, interchangeables, ce qui évoque le défaut de permanence des bons objets : tout semble mis sur le même plan.

> *Planche 1*
>
> C'est un petit garçon qui est en train de chercher une idée pour composer un morceau sur le violon, quoi !... Il cherche, il a pas l'air malheureux du tout, il a l'air pensif... je sais pas... j'ai pas autre chose... *C'est un Allemand, un Français, un Italien ou un Suisse... C'est un suisse Allemand,*

> *un petit Français d'Alsace-Lorraine*, il va manger sa quiche après… je l'appellerai *Henri ou Théodore*, quelque chose dans ce goût-là, je sais pas.

L'instabilité identitaire passe par la multiplication des nationalités attribuées au personnage sans qu'aucune ne fasse l'objet d'un investissement spécifique.

■ *E3-3 : Désorganisation temporelle, spatiale ou de la causalité logique*

Il s'agit d'un procédé relativement rare qui, dès lors qu'il est massif, s'inscrit dans un fonctionnement psychotique assez clair. Il doit être différencié d'un moment de trouble tel qu'on peut le trouver dans d'autres types de fonctionnement.

– Désorganisation temporelle, spatiale : ce procédé relève d'une confusion entre les divers temps (présent, passé, futur) ou entre les espaces et renvoie, par conséquent, à la perte des repères internes. Ce mouvement s'inscrit dans le prolongement du précédent.

> *Planche 5*
>
> C'est une histoire… *c'est une femme qui va dans sa chambre, elle va arroser ses plantes, fermer la lumière, elle va prendre un livre et aller se coucher et après elle va dormir. Mais il faut qu'elle aille manger d'abord et puis elle va aller dormir.* C'est stupide. Vous parlez l'anglais Madame ? J'aime bien passer des tests, ça va me sortir du pétrin.

La cohérence temporelle, et aussi spatiale, du récit n'est pas respectée et les diverses interprétations se télescopent.

> *Planche 19*
>
> Là c'est un soir de Noël. Là y a le Père Noël qui *est passé* et y a un petit enfant qui l'attend, il *va passer* par la cheminée. Voilà, c'est tout c'est la meilleure que j'ai vue.

La confusion des temps (« est passé » – « va passer ») témoigne ici de la perte des repères temporels.

> *Planche 6GF*
>
> C'est l'histoire d'une dame et d'un monsieur. C'est son mari sans doute qui fume la pipe. Elle, elle veut prendre un revolver dans le placard et elle veut le tuer, alors ils vont se battre et *tout à la fin, l'homme y meurt. La femme va en prison… et lui, il reste là, après il bouge pas.* Ça a l'air d'être un grand-père, lui, il fait assez âgé, je lui donne 57 ans.

La désorganisation pulsionnelle fait écho à l'inadéquation des situations temporelles.

– Désorganisation de la causalité logique : ce procédé met au jour le défaut de pertinence du lien entre une pensée ou un acte et sa conséquence, désorganisant la continuité logique de la pensée.

> *Planche 13MF*
>
> Je sais pas ce qu'ils peuvent faire tout habillés. Je peux inventer une histoire très bête, il est en train de mettre la montre à son oreille pour voir si l'heure marche, si sa montre ne s'est pas arrêtée, *parce qu'il faut qu'il parte, parce que c'est une maîtresse là…* voilà, *il va rentrer chez lui étudier, parce qu'il a ses bouquins qui sont là.*

La réactivation d'une fantasmatique sexuelle entraîne des efforts d'esquive importants aboutissant notamment à des troubles de la cohérence logique de la pensée.

> *Planche 9GF*
>
> Mais où court-elle ? Qu'est-ce qu'elle fuit comme ça ? Qu'est-ce qu'elles ont vu ? Elles ont peur ? La petite a peur, ça se voit sur son visage. L'autre je ne suis pas sûre, si, elle a l'air un peu inquiète. Est-ce que c'est la pluie qui les fait fuir ? C'est un cahier qu'elles ont, elles avaient commencé à travailler. Et bien, c'est un projet qui est à l'eau, il faudra travailler ailleurs et fuir la forêt. C'est curieux comme elle enlace l'arbre la grande. *C'est vrai, finalement on va souvent vers un arbre.*

Tout le récit est rythmé par des interrogations tendant à circonscrire le mouvement conflictuel en déplaçant la menace à l'extérieur de la relation. La réflexion finale rend compte de la perte des repères dans la causalité logique entre les pensées.

E4 : Altération du discours

■ *E4-1 : Troubles de la syntaxe, craquées verbales*

Ce procédé est coté pour toute perturbation de la phrase qui signe la défaillance des processus secondaires sous l'impact du fantasme tels que les lapsus par exemple. Cet item se rencontre donc dans tous les types de protocoles et ne revêt pas nécessairement une signification pathologique. En revanche, dans les fonctionnements psychotiques, les néologismes ou autres bizarreries verbales soulignent la faillite de l'adhésion au sens des mots.

> *Planche 4*
>
> Euh… une femme décrivant, non, empêchant son mari d'aller à la guerre… euh elle ne peut plus retenir *son envie du mari d'aller à la guerre.*

Le désir de mort se traduit par la craquée verbale à laquelle s'ajoute aussi une confusion des identités.

> *Planche 19*
>
> *Ça correspond à une maison dont la maison est enfouie sous la neige, peut-être que c'est un croquis ou un dessin d'enfant que je présume, où je vois deux fenêtres et une cheminée et un paysage d'hiver dans le froid, où j'adore le froid, les sports d'hiver et les pays scandinaves au mois de décembre.*

Les nombreux troubles de la syntaxe témoignent de la désorganisation massive du discours dans un contexte de lutte maniaque contre le risque d'engloutissement par le mauvais objet.

■ *E4-2 : Indétermination, flou du discours*

Le discours est vague, comme noyé. Ce procédé peut se trouver dans divers registres et ne constitue pas un indice diagnostique. Il renvoie à une infiltration du cours de la pensée par les processus primaires. Dans les protocoles psychotiques, il est associé à d'autres procédés de la série E.

> *Planche 7GF (registre non psychotique)*
>
> Je vois pas du tout. Une maman raconte… lit des histoires à sa petite fille *et ça la fait réfléchir aux difficultés que donnent les enfants à leurs parents et les difficultés aussi… la surveillance que donnent des jeunes bébés à des jeunes mamans… parce qu'elle tient sa poupée dans ses bras… voilà.*

Le flou du discours a pour visée essentielle d'éviter la conflictualisation de la relation à la mère.

> *Planche 11 (registre psychotique)*
>
> C'est la guerre, la révolution quoi !… C'est la guerre, y'a Henri IV, Napoléon, ils se bombardent, ils vont se faire tuer tous, il est temps qu'ils aillent tous dans la maison prendre leur clé et s'en aller.

Ce récit, envahi par les émergences du processus primaire, renvoie aussi au flou du discours.

> *Planche 6GF (registre psychotique)*
>
> C'est une actrice ça ? C'est un homme qui… un homme du monde… qui veut parler avec euh, qui veut parler avec… une femme qui est assise sur un canapé, qui veut lui apprendre que ++++ que parmi toutes les filles qu'il a rencontrées euh… sa classe, sa classe lui a… l'a marqué, mais sans doute qu'il la connaissait déjà, enfin je sais pas. À moins qu'elle se demande qui c'est et pourquoi elle… non ça j'ai rien dit. Il veut peut-être

lui apprendre que tout le monde la regarde. Elle est un peu euh… surprise +++ Je vois pas ce que c'est ça. Il se sent un peu… un peu mâle à côté d'elle, mâle, M/A/L/E (épelle) sans doute qu'il l'avait déjà remarquée parce que +++ en fait avec ses yeux elle lui demande, qu'est-ce que vous me voulez ?, enfin pas exactement qu'est-ce que vous me voulez. Elle s'attendait pas à ce qu'un homme comme ça, en fin de compte, je décris, je raconte pas d'histoire, lui adresse la parole. Il fait sa cour quoi ! à sa manière.

La difficulté d'organisation du discours, dont témoigne la rupture des liens logiques entre les pensées, met en évidence la dissociation de la pensée.

■ *E4-3 : Associations courtes*

Tout discours composé de deux ou plusieurs idées dépourvues de liens logiques entre elles, comme s'il manquait des chaînons associatifs explicites. Cet aspect confère au discours un caractère décousu. Ce procédé peut être ponctuel ou peut envahir l'ensemble du récit.

Planche 3BM

Alors ça c'est clair c'est quelqu'un qu'est désespéré, c'est une femme, ça pourrait être moi ça pourrait être mon histoire, elle s'est taillé les *veines parce que son amour était impossible parce qu'il y a des lois*. C'est tout.

La fin du récit rend compte de la rupture de la liaison associative et signale ainsi l'association courte.

Planche 3BM

Un arlequin s'était ébroué sur une steppe glacée, tout rempli de vicissitudes infernales, aux membres grêles, la mort dans l'âme et l'âme sur la main avec le cœur construisant des doutes infernaux et bâtissant sur le néant.

Cette histoire dans laquelle le sujet ne tient aucun compte du contenu manifeste du matériel et qui s'apparente à une fabulation hors image est entièrement construite en associations courtes et est très saturée en symbolisme hermétique.

■ *E4-4 : Associations par contiguïté, par consonance, coq-à-l'âne*

Il s'agit de particularités du discours qui se retrouvent, le plus souvent combinées ensemble, dans des propos d'allure maniaque et qui relèvent de la précipitation des pensées ou encore de la fuite des idées.

– Associations par contiguïté : discours dominé par des associations d'idées, sans lien apparent entre elles.

– Associations par consonance : évocation de termes choisis pour leur ressemblance phonétique.

– Coq-à-l'âne : suite de propos passant brusquement d'un sujet à un autre et pouvant entraîner des contractions dans le discours, le rendant alors incohérent voire contradictoire.

> *Planche 6BM*
>
> Le jeune homme et sa grand-mère se racontèrent une histoire de mobylette en panne. La grand-mère écoutait ses histoires. Le jeune homme acheta une veste noire pour lui et une robe de chambre pour sa grand-mère. La grand-mère fut très contente et le jeune homme aussi. Le jeune homme servait le café dans un restaurant pendant plusieurs années. Le soir quand il était libre, il téléphonait à sa grand-mère ou à ses amis. Le jeune homme fut ravi d'aller chez sa grand-mère et chez les amis.

Dans ce récit, l'utilisation massive d'associations par contiguïté et de coq-à-l'âne rend le discours totalement incohérent et sans suite logique. Noter aussi la perte des repères temporo-spatiaux (E3-3).

Troisième étape

SYNTHÈSE

Cette étape consiste à remplir la feuille de dépouillement dans son intégralité afin de déterminer les procédés d'élaboration du discours caractéristiques de l'ensemble du protocole. Elle doit permettre de rendre compte de la diversité des agencements défensifs et de poser des hypothèses quant aux modalités de fonctionnement psychique du sujet.

1 LE REGROUPEMENT DES PROCÉDÉS D'ÉLABORATION DU DISCOURS

Le regroupement des procédés d'élaboration du discours constitue une étape importante et décisive dans l'analyse d'un protocole : il facilite l'appréciation de l'organisation défensive privilégiée au sein du fonctionnement psychique.

Mais c'est également une étape délicate en ce sens qu'elle ne consiste pas en une simple évaluation quantitative qui conduirait à « dresser un catalogue » des procédés présents ; elle exige aussi de la part du clinicien des connaissances approfondies qui viendront, en s'articulant avec les résultats de l'analyse, leur donner sens.

En pratique, le regroupement des procédés repérés dans le protocole revient à les cocher sur la feuille de dépouillement en tenant compte :

- de la fréquence de leur apparition ;
- et/ou de leur poids dans le processus associatif.

Ces deux critères ne sont pas nécessairement liés : en effet, certains procédés peuvent être peu fréquents dans le récit et marquer cependant la présence de mécanismes défensifs particulièrement significatifs au plan psychopathologique, alors que d'autres procédés plus nombreux pourront être moins spécifiques de l'organisation défensive. C'est dire que le regroupement des procédés requiert une démarche à la fois quantitative et qualitative.

■ *Approche quantitative*

La pondération relative de chaque item doit être effectuée avec une grande rigueur. Selon son importance au plan psychopathologique, chacun sera coté de la manière suivante :

présent +
fréquent ++
massivement utilisé +++

On obtient ainsi une évaluation qui permet, grâce aux nuages de croix sur la feuille de dépouillement, de repérer le poids de certains procédés, les répartitions opérées au sein de chaque catégorie, les circulations entre les différents registres de fonctionnement : prévalence des procédés A ou B associés à E ou à C, ou encore prévalence de C associés à E et à A ou B..., toutes les configurations sont possibles et témoignent de la richesse et de la complexité psychique de chaque individu.

■ *Approche qualitative*

Il est par ailleurs important de souligner qu'un simple travail d'évaluation quantitative n'est pas suffisant et risque d'entraîner des erreurs d'appréciation notables. En effet, la place occupée par les différents procédés d'élaboration du discours n'est pas identique. Elle dépend largement du type d'opération psychique qui les sous-tend.

On n'accordera pas la même importance, dans l'évaluation du mode de fonctionnement psychique, à des procédés relevant de conduites nécessairement impliquées dans la passation du test, telle la description du matériel, et à des procédés rendant compte de mécanismes défensifs plus actifs ou plus structurants, comme par exemple l'accent porté sur le conflit intrapsychique (A2) ou la dramatisation (B2).

Il faudra alors apprécier l'éventail des procédés utilisés par le sujet et leur nature, ainsi que leur articulation avec les procédés de la même série ou d'une autre série.

Au terme de ce travail, il conviendra d'effectuer la synthèse des procédés présents et d'apprécier l'éventail défensif à la disposition du sujet. Il s'agira alors de proposer une analyse de l'organisation défensive qui s'étaye sur la feuille de dépouillement, dans la mesure où celle-ci permet de dire quelle est la variété des procédés du discours et leur prévalence.

Il faudra essayer de dégager, à partir des procédés, les mécanismes de défense et conduites psychiques sous-jacentes et les interpréter en termes psychopathologiques. Les connaissances en ce domaine sont donc indispensables pour pouvoir traduire les procédés du TAT en termes de fonctionnement névrotique, limite, narcissique, psychotique, etc.

Exemple

Au sein des procédés de la série A, certains sont susceptibles d'être régulièrement retrouvés dans n'importe quel protocole, quelle que soit l'organisation psychique : par exemple, les précautions verbales (A3-1), les descriptions (A1-1), alors que d'autres procédés plus spécifiques mettent en évidence l'aménagement névrotique du conflit. Parmi ceux-ci les procédés A1, A2-4 et A3-4 sous-tendus par la « conflictualisation intrapsychique », établissent une distinction claire entre réalité interne et réalité externe et mettent l'accent sur le caractère interne de l'élaboration du conflit pulsionnel.

L'association entre les procédés cités précédemment et d'autres procédés de la série A, dont certains ont plus de poids économique, est susceptible de signer la nature névrotique du conflit s'ils rendent compte de l'existence de mécanismes de défense spécifiques de la névrose. Ces mécanismes traduiront l'écartèlement du sujet entre les positions contradictoires, la lutte entre désir et défense et l'existence d'un conflit plus ou moins important entre les instances psychiques.

Parmi ceux-ci, on peut citer A3-1 « Hésitation entre interprétations différentes », A3-1, « Remâchage », A2-4, « Aller-retour entre l'expression pulsionnelle et la défense », A3-2, « Annulation », A3-3, « Formation réactionnelle », A2-3, « Dénégation », A2-2, « Intellectualisation », A3-4, « Isolation entre représentations ou entre représentations et affect — affect minimisé ».

Dans cette configuration défensive qui révèle une organisation névrotique de type obsessionnel, apparaissent également des procédés d'autres séries, notamment de la série B labile. Ils mettent l'accent sur l'existence du « noyau hystérique », dégagé par Freud, commun à toutes les organisations névrotiques.

Leur présence en plus ou moins grande quantité met également en évidence le fait que les mécanismes de contrôle relevés par ailleurs conservent une certaine souplesse, qu'ils n'enferment pas le sujet dans un mode de fonctionnement « isolé » et « intellectualisé », mais au contraire que la pensée conserve ses traces libidinales.

L'association, toujours en petites quantités, de ces procédés de contrôle avec des procédés de la série CI, en particulier CI-3 mais aussi CF, CN, CM, CL, rend compte d'une certaine inhibition et peut traduire des aménagements de type phobo-obsessionnel.

Dans ce cas de figure, les défenses obsessionnelles seront relayées à certains moments par des conduites d'évitement et de fuite du conflit, alors qu'à d'autres moments c'est le recours à des modalités de fonctionnement narcissique ou limite qui peut être temporairement privilégié, notamment dans la tentative de gel des mouvements pulsionnels trop violents ou l'appui pris sur le percept et/ou le sensoriel, ou encore dans la mise en place d'une lutte antidépressive.

Si les procédés de contrôle, où la configuration (A-1, A2-4, A3-4) est peu représentée, s'accompagnent d'une plus grande quantité de procédés « C » et notamment « CF », cela traduit alors l'absence de jeu entre réalité interne et réalité externe. L'accrochage à la réalité externe en « CF-1 », qui ne permet plus dès lors le déploiement du conflit intrapsychique, vient se substituer à l'expression d'une réalité interne défaillante et/ou abrasée. Ce type de fonctionnement, dans lequel les capacités de symbolisation et de dramatisation caractéristiques de la névrose sont mises en défaut, relèvera davantage sur le plan diagnostique de « caractère névrotique » ou bien encore de « névrose de caractère ».
Dans la même perspective, si l'association de procédés de contrôle (A-1, A2-4, A3-4 etc.) avec les procédés de la série E (« Émergences en processus primaires ») se fait en petite quantité, leur présence reflète, comme nous l'avons déjà dit, la circulation de représentants des processus primaires témoin d'une certaine perméabilité topique et de l'efficacité de ces procédés de contrôle qui permettent l'élaboration mentale du conflit.

En plus grande quantité, si cette association de procédés A2-4, A3-1 se fait avec des procédés E qui mettent au jour le surgissement brutal d'émergences en processus primaires, et en particulier de représentations et/ou d'affects massifs (E2-3), elle vient révéler le poids du fantasme sous-jacent et l'éventuelle fragilité de l'organisation défensive.

Si elle s'accompagne de procédés qui traduisent l'attaque des liens de pensée (E4-2, 3, 4) ou l'instabilité des limites (CL-1, CL-3), elle peut révéler une organisation psychique plus précaire et des risques de décompensation.

2 L'ÉLABORATION DU DISCOURS

Cette partie du travail est centrée sur les particularités qualitatives de l'élaboration du discours, en fait sur ses particularités quelles qu'elles soient. Il est nécessaire de respecter la dialectique du fonctionnement psychique du sujet en analysant les articulations singulières des procédés apparaissant non seulement à chaque planche mais aussi dans l'ensemble du protocole.

V. Shentoub *et al.* (1990), à la suite d'A. Green (1973), ont désigné par « lisibilité » la plus ou moins grande fluidité des articulations dans la construction des récits et leur degré de communicabilité entre le sujet et son monde interne d'une part, entre le sujet et l'autre, clinicien, d'autre part. Si ce terme n'est plus utilisé dans cet ouvrage, c'est parce qu'il s'appuie sur la distinction faite par D. Lagache entre mécanismes de dégagement et mécanismes de défense pathologiques en valorisant les processus de secondarisation ; certains procédés auraient ainsi a priori une valeur « dégageante » et d'autres non. Or, la clinique psychanalytique actuelle s'oriente plutôt vers une reconnaissance non hiérarchisée de « styles » d'élaboration ayant chacun leur originalité et leur économie propres, leur continuité et leur discontinuité.

Au TAT, on sait combien des discours excessivement secondarisés peuvent recouvrir un hermétisme plus ou moins radical vis-à-vis des émergences pulsionnelles : l'absence de procédés E dans un protocole n'est pas toujours de bon aloi. À l'inverse, un protocole comprenant ces modalités ne renvoie pas nécessairement à des difficultés psychiques majeures. L'appréciation de la production ne peut être seulement quantitative. Elle revient à analyser la nature et les effets des procédés utilisés et à apprécier dans quelle mesure, de quelle manière et quand ils autorisent l'aménagement et l'expression des représentations et des affects mobilisés par le matériel.

Dans certains cas, les procédés assurent la liaison entre affects et représentations. Dans d'autres cas, et parfois au sein d'un même protocole, on assiste à des ruptures sinon à des mouvements de déliaison. Il s'agit par conséquent d'observer l'éventail ou la réduction des procédés disponibles, d'analyser la présence, l'insistance ou la surcharge de certains procédés et d'en apprécier la « valeur » pour le sujet dans l'espace créé entre les pressions fantasmatiques et les modalités défensives. Dans quelle mesure ces modalités favorisent-elles une circulation des messages intrapsychiques ou vont-elles à leur encontre ? Quelle dynamique sous-tend les possibilités de construction et les éventuelles altérations du discours ? Quelle quantité d'affects ou quelle inhibition entrave le travail de la pensée ?

Apprécier l'élaboration du discours au TAT consiste en somme à prendre en compte :

– le mode de construction des récits ;
– l'éventail des procédés et leur articulation ;
– le lien et les écarts entre affects et représentation ;
– la résonance fantasmatique aux sollicitations latentes du matériel ;
– le poids des mobilisations défensives.

En clair, la nature des procédés mis en œuvre, leur valeur économique et dynamique et surtout leurs constellations sont autant de témoins des modalités du fonctionnement psychique.

3 PROBLÉMATIQUES

Les sollicitations manifestes et latentes des planches du TAT mobilisent des problématiques différentes. On peut donc poser que la mise en scène d'un conflit œdipien ou encore d'une relation de destruction, aux planches qui sollicitent ces problématiques, ne devient significative de conflits non intégrés que si le récit se trouve lui-même perturbé, voire désorganisé par l'impact du fantasme et des défenses. Si, au contraire, un tel matériau est pris dans le réseau d'une « associativité » qui permet la création d'une petite œuvre originale où les fantasmes et la réalité de la planche se conjuguent, nous pouvons émettre l'hypothèse que le sujet est capable de traiter différentes problématiques, sans être désorganisé, dans une dynamique conflictuelle structurante.

Ce qui importe donc, c'est la façon d'élaborer les problématiques que suggèrent les planches à travers le discours transmis au clinicien.

La passation des planches dans l'ordre indiqué implique aussi un déroulement temporel allant du maniement des situations les plus figuratives et les moins ambiguës aux moins figuratives et aux plus ambiguës. Cette progression est susceptible de moduler l'éventuelle charge anxieuse et de laisser entrevoir d'autres aménagements des conflits, notamment face à des sollicitations régressivantes. En effet, les problématiques sont réactivées à la fois par les situations spécifiques à chaque planche et par la dynamique qu'imprime leur chronologie du début à la fin de la passation, dans le sens d'un travail de liaison ou de déliaison des représentations et des affects.

4 HYPOTHÈSES CONCERNANT L'ORGANISATION PSYCHIQUE

Le dernier temps consiste à formuler une hypothèse concernant l'organisation psychique et les diverses modalités de fonctionnement dont le sujet dispose. Cette hypothèse procède de l'analyse des éléments cotés dans la feuille de dépouillement, de l'appréciation et de l'intégration des contenus des récits successifs, eu égard aux éléments différentiels suivants :

- la qualité des processus associatifs ;
- la répartition des investissements narcissiques et objectaux ;
- la capacité d'élaboration des conflits.

La nosographie psychanalytique, comme toute nosographie, offre une tentative de « classement ». Son utilité, comme cadre de référence, est incontestable car elle se réfère non pas aux symptômes isolés ni aux seuls contenus des conflits mais aux organisations particulières qui en assurent les aménagements.

En référence à cette nosographie, les données recueillies au TAT permettent, suivant le cas, de faire l'hypothèse d'une organisation névrotique, obsessionnelle ou hystérique, par exemple, d'une organisation psychotique (schizophrénie, mélancolie, paranoïa) ou encore d'un fonctionnement limite. Si de tels diagnostics sont souvent demandés par des psychiatres et présentent l'intérêt d'orienter parfois la décision thérapeutique, ils laissent dans l'ombre d'autres données du protocole qui montrent, dans la grande majorité des cas, la complexité et la singularité des organisations psychopathologiques.

Le principe de la complexité des organisations psychiques n'échappe point aux auteurs contemporains qui évoquent, sous des vocables différents car issus de cadres conceptuels non identiques, la possibilité de coexistence de structures partielles au sein d'une même organisation psychopathologique. Cette perspective n'a pas seulement un intérêt épistémologique : elle conduit à la prise en compte de la place relative que tiennent ces configurations partielles dans l'économie générale du fonctionnement psychique. Ainsi, les mécanismes et la problématique de style psychotique peuvent prendre une valeur prépondérante, comme ils peuvent n'apparaître que sporadiquement, cédant aussitôt la place aux modalités névrotiques. Il en est de même du narcissisme dont on sait qu'il est « normal » aussi longtemps qu'il s'inscrit dans une économie plus large et qu'il est pathologique s'il envahit tout le champ du fonctionnement psychique (D. Widlöcher, « Préface », *in* O. Kernberg, 1980).

L'appréciation de cet agencement permet non seulement d'affiner le diagnostic mais d'envisager le pronostic, les modalités de la prise en charge thérapeutique, avec ses ouvertures et ses embûches.

En dernière analyse, le TAT met à l'épreuve les possibilités de changement dont le travail s'apparente à celui de la création. Et le changement est le but de tout diagnostic et de toute entreprise thérapeutique.

Troisième partie

ILLUSTRATIONS CLINIQUES

CONTRIBUTION DU TAT À L'ÉTUDE PSYCHOPATHOLOGIQUE DU FONCTIONNEMENT PSYCHIQUE

Le psychologue clinicien est confronté à une situation éventuellement paradoxale lorsqu'il s'engage dans une procédure d'évaluation psychopathologique : il doit à la fois repérer les caractéristiques de pathologies mentales distinctes et en même temps, respecter les spécificités individuelles du fonctionnement psychique de chaque sujet. Ce paradoxe est pourtant susceptible d'être résolu par la clinique projective : elle permet en effet de mettre en évidence les éléments constitutifs d'organisations psychopathologiques particulières, en référence aux grandes entités dégagées par la psychopathologie psychanalytique à partir de Freud et de ses successeurs, et en même temps, cette clinique projective se révèle sensible aux variations individuelles et dévoile la singularité du fonctionnement psychique, au cas par cas.

Dans les perspectives ouvertes par la psychopathologie psychanalytique contemporaine, nous avons choisi de retenir trois grandes organisations conflictuelles : les névroses, les fonctionnements limites et narcissiques, les psychoses. Pour chacune, nous proposons des illustrations cliniques approfondies suivant, étape par étape, la démarche d'analyse et d'interprétation des protocoles de TAT telle qu'elle a été initialement présentée dans les chapitres précédents.

1 LES NÉVROSES

Dans le registre de la névrose, ce sont les caractéristiques du noyau commun de l'hystérie, de la névrose obsessionnelle et de la phobie, qui s'organisent autour du conflit intrapsychique – en termes de première topique (conscient/préconscient/inconscient) et de seconde topique (moi/ça/surmoi) – et de la problématique œdipienne qui en constitue l'armature et en orchestre les effets à travers les processus identificatoires et les représentations de relations.

Revenons brièvement à la description proposée par J. Laplanche et J.-B. Pontalis dans le *Vocabulaire de la psychanalyse* (1967, pp. 267-268).

> Névrose : affection psychogène où les symptômes sont l'expression symbolique d'un conflit psychique trouvant ses racines dans l'histoire infantile du sujet et constituent des compromis entre le désir et la défense. L'extension du terme de névrose a varié ; de nos jours, on tend à le réserver, lorsqu'il est employé seul, aux formes cliniques qui peuvent être rattachées à la névrose obsessionnelle, à l'hystérie et à la névrose phobique.

Il est vrai qu'actuellement, le diagnostic de névrose a disparu de certaines nosographies[1], et pourtant la clinique psychopathologique et projective nous confronte régulièrement aux caractéristiques essentielles, spécifiques de la névrose et permet très clairement de la différencier d'autres entités psychopathologiques : la référence à la sexualité infantile, le conflit intrapsychique et la notion de compromis, l'expression symbolique. Ces trois éléments sont liés les uns aux autres : la symbolisation témoigne de l'accès à un double régime d'expression, manifeste et latent, c'est-à-dire à une double inscription consciente-préconsciente/inconsciente (première topique). Celle-ci rend compte des mouvements créés par la dynamique conflictuelle entre instances psychiques (seconde topique). La source interne du conflit, sa spécificité psychogène trouvent leur origine dans l'histoire du sujet et dans les versions qu'il s'en construit. Enfin, la confrontation entre désirs et défenses découvre une « solution de compromis » qui permet de maintenir les uns et les autres, c'est-à-dire de satisfaire les désirs du ça et ceux du surmoi.

Le TAT permet de mettre en évidence des modalités de fonctionnement « authentiquement » névrotiques. La fine analyse qu'il assure montre en effet, si besoin est, que les névroses constituent toujours des modalités d'organisations psychopathologiques vivantes ; elles n'ont pas disparu du champ de la clinique et il serait dommageable de considérer qu'elles ont été

1. Le DSM-IV a renoncé à cette catégorie psychopathologique, du fait de son « flou », et l'a remplacée par des caractéristiques cliniques observables, c'est-à-dire phénoménologiques.

remplacées par les états-limites. Les travaux récents de l'équipe de l'université Paris-5[1] ont montré avec pertinence l'intérêt de maintenir la distinction entre névroses et états-limites, non seulement pour en caractériser « fidèlement » les différences, mais aussi et surtout pour la mise en place des modalités de prise en charge et de traitement.

2 LES FONCTIONNEMENTS LIMITES

Dans les fonctionnements limites, au-delà des manifestations cliniques et psychopathologiques très diverses qu'ils sous-tendent, c'est la constante « dépressive » qui définit un noyau commun – au même titre que l'angoisse de castration chez les névrosés (J. Bergeret, 1979).

Les définitions classiques des fonctionnements limites soulignent la juxtaposition de conduites névrotiques et de conduites psychotiques avec une distribution variée de ces modalités selon les sujets : dominante névrotique ou dominante psychotique ne doivent pas pour autant affaiblir l'originalité de ces organisations psychopathologiques à part entière qui, par ailleurs, utilisent des modes de traitement des conflits et des mécanismes de défense spécifiques, notamment de leurs angoisses dépressives et œdipiennes.

Nous distinguons dans nos études de cas les fonctionnements limites et les fonctionnements narcissiques afin de montrer comment des aménagements pulsionnels et défensifs différents se donnent le même objectif : tenter d'endiguer l'angoisse de perte d'amour, tenter de contenir l'excitation associée à la fois à cette problématique et en même temps à la fantasmatique sexuelle. Chez les sujets narcissiques, la proclamation de l'autosuffisance, soutenue par l'idéalisation et le gel pulsionnel, constitue l'organisation nucléaire des conduites psychiques : si je me suffis à moi-même, l'éloignement ou la perte de l'autre ne m'atteindront pas ; mais aussi, je serai à l'abri de toute excitation venant de lui, je ne me laisserai séduire que par mon double et serai protégé(e) de la menace sexuelle inhérente à son « étrangèreté ». Chez les sujets limites, c'est l'opération inverse qui prévaut : la proclamation d'une extrême dépendance par rapport à l'autre nécessite sa présence constante, pour pallier les défauts de l'intériorisation et lutter contre les fantasmes destructeurs qui constituent l'envers de la dépendance ; et en même temps, la grande difficulté à se séparer alimente une fantasmati-

1. *Cf.* le volume 4 (1998) de la revue *Psychologie clinique et projective* consacré au thème « Actualité de la névrose ».

que sexuelle, battant en brèche la différenciation, usant de la perméabilité des limites pour empêcher l'absence, au risque de la confusion.

3 LES ORGANISATIONS PSYCHOTIQUES

Au sein des organisations psychotiques, nous retiendrons essentiellement la schizophrénie, dans la mesure où elle constitue, en quelque sorte, le paradigme des altérations graves aussi bien dans les investissements narcissiques que dans les investissements objectaux. À partir de la clinique du TAT, se dégagent notamment, au niveau des caractéristiques du discours, des éléments spécifiques traduisant l'attaque des liens, celle-ci touchant autant la relation du sujet avec lui-même que sa relation à l'autre. La désintégration de la représentation de soi s'inscrit dans la précarité des repères susceptibles de permettre une différenciation effective entre dedans et dehors, entre sujet et objet. Dans les psychoses au long cours, la réduction progressive de l'activité fantasmatique témoigne de l'abrasion des émergences inconscientes et de leurs traductions. Plus le processus psychotique est sévère, plus le fonctionnement psychique se révèle démuni en ressources fantasmatiques, au point d'évoquer une sorte de « mort psychique ». L'assèchement de la vie fantasmatique peut être attribué à la force de mouvements pulsionnels destructeurs, attaquant à la fois les contenants de pensée et leurs contenus. Il y a alors discontinuité, rupture des liens au sein même des processus de pensée caractérisés par la fragmentation et le morcellement, à l'instar de représentations de soi exprimées sans continuité temporelle et sans repères spatiaux, ce dont témoignent l'éclatement des limites, l'explosion identitaire et la projection fragmentaire et désordonnée de contenus psychiques démantelés.

ÉTUDES DE CAS

1 BRUNO, 38 ANS : ORGANISATION OBSESSIONNELLE

1.1 Analyse planche par planche

> *Planche 1*
>
> 4'' Visiblement c'est un enfant qui regarde un violon. Il a sans doute une page de musique. Il réfléchit comment il pourrait en jouer. Il y a un archet. Il se concentre sur l'instrument. (?) Peut-être qu'il s'imagine qu'il pourra jouer. Il se pose des questions sur comment jouer du violon. Je n'arrive pas à faire une histoire. Sans doute il apprendra du violon. 2'

Procédés : Après un temps de latence initial court, le récit se développe au plus près du contenu manifeste (A1 → CF-1) avec un accrochage à un détail (A1-1) précédé d'une précaution verbale (A3-1). Le conflit mis en scène sur un mode intrapsychique (A2-4) ne parvient pas à se développer et on assiste à un aller et retour entre la réalité du matériel par accrochage à un détail (A1-1) et la relance du conflit intrapsychique qui, pris dans un mouvement de remâchage (A3-1), se termine par un arrêt du discours (CI-1). La question du clinicien (CI-1) relance momentanément les mouvements intrapsychiques (A2-4) de façon prudente mais le récit piétine (A3-1) et finit sur un commentaire personnel d'incapacité (CN-2) qui court-circuite l'élaboration du conflit. Après une précaution verbale (A3-1), la fin du récit apparemment plaquée (CI-2) laisse passer une craquée verbale (E4-1).

Problématique : L'identification très proche à l'enfant confronte le sujet à sa propre angoisse de castration, exprimée de façon transférentielle, qui le renvoie directement à son incapacité à construire une histoire.

****

Planche 2

4" C'est la fameuse fable le laboureur et ses enfants de la Fontaine. C'est un laboureur dans un champ, sa femme le regarde et sa fille avec un livre. Elle regarde son père travailler avec un livre dans les mains. Elle juge que la terre rapporte moins que lire un livre et qu'elle pense que d'apprendre dans un livre à travailler la terre c'est mieux. 2'

Procédés : Après un temps de latence court, le sujet met à distance les sollicitations de la planche par un recours à des références littéraires (A1-4, A2-2). La description de chacun des trois personnages (A1-1) et la mise en place de liens de parenté entre eux (B1-1) signent la reconnaissance de la triangulation. La craquée verbale « le regarde avec un livre » (E4-1), avec insistance sur le détail « livre » (A1-1) porteur d'un symbolisme transparent (B3-2) dévoile l'existence du conflit œdipien (B3-2). La centration sur la relation père-fille (B1-1) condense dans un glissement perceptif (E1-3) la labilité identificatoire mère-fille et la question de l'appartenance de l'objet « livre » (B3-3). À l'abri d'une intellectualisation rationalisante et sur un mode intrapsychique (A2-2, A2-4) se fait jour l'opposition entre l'investissement pulsionnel anal et son déplacement sur la sphère intellectuelle (A2-4) davantage valorisante (CN +/CN -2).

Problématique : La triangulation œdipienne est reconnue mais le conflit de rivalité entre les deux femmes pour l'homme est évité et déplacé entre le père et la fille. En guise de fantasme de séduction se met en place une confrontation à propos de la possession de l'objet phallique. Mais l'impossibilité de maintenir cette position entraîne une régression vers une érotisation anale elle-même défendue et désexualisée.

****

Planche 3BM

15" Qu'est-ce que ça représente là en bas ? 25" C'est un enfant qui est effondré de chagrin parce qu'il a cassé un jouet et il ne voit pas comment... il aimait beaucoup ce jouet et ce jouet étant cassé il pleure... (?) L'enfant va se remettre, ce n'est jamais qu'un jouet, et tout ira mieux à nouveau et il comprendra que le jouet peut être remplacé par un autre, mais sur le moment ça l'a très touché car il est effondré sur un canapé. C'est une fille j'ai oublié de vous le signaler, elle a une jupe. Enfin je pense car on ne voit pas très bien. 3'

Procédés : Le temps de latence est plus long qu'aux planches précédentes. La question au clinicien (CM-1) porte sur un détail très signifiant (revolver) non identifié et non intégré dans le récit (A3-4). Cette ébauche de reconnaissance de l'objet a provoqué un fort mouvement d'inhibition sous-tendu par le refoulement (CI-3). La mise en drame s'amorce sous couvert d'anonymat du personnage (CI-2) qui est envahi par un affect fort, voire massif (B2-2/E2-3) : « chagrin » annoncé par la posture (CN-3) : « effondré ». Cet affect s'exprime dans un mouvement d'aller-retour entre l'expression de l'agressivité et de la défense (A2-4) dont l'intensité est à la mesure de la violence pulsionnelle sous-jacente (E2-3). Après un temps de silence (CI-1), le récit piétine (A3-1) et s'arrête (CI-1). La question du clinicien (CI-1) permet la reprise de l'histoire mais sur un mode banalisant (CI-2). De nouveau l'affect (B2-2), justifié par la posture (A1-1/CN-3), occupe le devant de la scène. Le changement brusque de direction dans le cours du récit (A3-4) fait émerger une soudaine sexualisation du personnage (B3-3) qui fait irruption dans le discours (E4-3) et se trouve justifiée par un détail rare (E1-2). Le commentaire final a valeur de refoulement (A3-1/CI-2).

Problématique : La perte est associée à la destruction de l'objet phallique qui ne peut être réparé en raison de la force des pulsions destructrices. La désintrication pulsionnelle peut ainsi paraître importante. Dans ce contexte, l'objet détruit devient dans un premier temps interchangeable faute de pouvoir élaborer l'angoisse créée par sa perte. Dans un second temps se dessine le passage de l'angoisse de destruction à l'angoisse de castration.

****

Planche 4

30" Visiblement ça a l'air d'être un homme qui s'en va et sa femme essaie de le retenir. On voit dans le fond une femme qui se rhabille. C'est une photographie ou un poster. Certainement sa femme lui dit : « Ne t'en va pas, reste avec moi » et le mari s'en va. 3'

Procédés : Après un temps de latence de plus en plus long (CI-1), l'entrée dans l'expression se fait par une verbalisation qui marque à la fois le désir de prendre appui sur la réalité objective (A1-1) et la conscience d'interpréter traduite par l'utilisation de précautions verbales (A3-1). La mise en scène interpersonnelle entre des protagonistes dont l'un reste anonyme (B1-1/CI-2) permet l'expression d'un conflit érotisé et dramatisé (B3-2/B2-1) mais dont les motifs restent imprécis (CI-2). L'attachement à un détail qui n'est pas intégré au récit (A1-1/A3-4) traduit le retour du refoulé lié aux représentations sexuelles (B3-2). La lutte contre l'émergence de telles représentations se poursuit par des mises en tableau (CN-3). L'histoire se termine sous forme de dialogue (B1-1) teinté de symbolisme transparent (B3-2) sans explicitation des motifs du conflit (CI-2).

Problématique : La réactivation de la problématique œdipienne est très forte. L'impossibilité d'aborder la triangulation et de dépasser le conflit œdipien tient à l'incapacité à réunir en une seule et même femme les courants tendre et sensuel : apparaît une femme « compagne » avec laquelle l'érotisation de la relation est difficile en raison de la lutte intense menée contre l'émergence de représentation de femme sexuellement attirante.

****

> *Planche 5*
>
> 4'' Ça, ça représente tout à fait l'image de la mère. Une mère qui vient voir son enfant. Elle ouvre la porte doucement, l'enfant dort. Elle regarde si tout se passe bien dans sa chambre, elle s'apprête à redescendre dans sa cuisine ou à retourner à son repassage en refermant la porte doucement. 3'

Procédés : L'entrée directe dans l'expression (B2-1) se fait par une référence sociale connotée d'idéalisation (A1-3/CN-2). L'introduction d'un personnage non figurant sur l'image (B1-2) favorise une mise en scène interpersonnelle (B1-1). Le récit se poursuit dans la proximité du cadre perceptif et latent. La formation réactionnelle « doucement » (A3-3) témoigne des désirs liés à la curiosité sexuelle (B3-2) suivie d'un mouvement de remâchage (A3-1). Insuffisant pour contenir l'excitation pulsionnelle, ce dernier se double d'un recours à la quotidienneté, au familier (CF-1). Toutefois, l'excitation reste présente à travers les nombreuses représentations d'action (B2-4).

Problématique : Cette planche sollicite fortement des fantasmes liés à la curiosité sexuelle. Ceux-ci sont contre-investis par des défenses coûteuses dans la mesure où elles tendent à abraser les motions pulsionnelles.

****

> *Planche 6BM*
>
> 5'' Toujours l'image de la mère et de son fils. La mère réfléchit car son fils vient de lui raconter une histoire, un fait extrêmement grave, enfin grave à son idée. Il a l'air très sombre, il a son chapeau à la main. Il se reproche d'avoir commis cette faute et de l'avoir racontée à sa mère... (?) Je crois que généralement la mère pardonne tout à l'enfant. Oui, c'est ça la mère lui pardonne mais son fils... et son fils est toujours fautif malgré tout. 3'30''

Procédés : Après un recours direct à l'intellectualisation (A2-2) en prolongement de la planche précédente, la relation interpersonnelle (B1-1) se fait jour à travers un mouvement défensif : utilisation du passé immédiat (A1-2), accent mis sur l'activité intrapsychique de chacun (A2-4). La dramatisation du conflit sans précision des motifs (B2-1/CI-2) est suivie de minimisation à valeur d'annulation (A3-2). La centration sur l'homme (A1-1) commence par une description qui condense affect et sensoriel dans un discret glissement métaphorique : « il a l'air sombre » (B1-3/CL-3) et se poursuit dans l'accrochage au détail (A1-1). L'accent mis sur le conflit intrapsychique (A2-

4) fait apparaître une disproportion entre la massivité de la dramatisation (E2-3) et l'absence de motif (CI-2). La dimension interpersonnelle intensifie le poids du conflit interne (A2-4/B1-1) et entraîne un arrêt dans le discours (CI-3) puis une intervention de la part du clinicien (CI-1). Le recours aux références socialisantes (A1-3) permet la levée de l'inhibition en renvoyant l'image d'une mère idéalisée (CN-2). Cette stratégie n'est pas efficace : la relation interpersonnelle (B1-1) fait retour et laisse entier le conflit intrapsychique (A2-4) qui s'enlise dans le remâchage (A3-1).

Problématique : Le conflit œdipien ne peut être élaboré et la relation triangulaire laisse la place à une relation mère-fils. L'idéalisation de l'image maternelle (« la mère pardonne tout à l'enfant ») dans ce contexte n'est pas porteuse d'interdit et laisse le champ ouvert au désir et à la culpabilité.

****

> *Planche 7BM*
>
> 5'' C'est tout à fait l'image du père, du père qui parle à son fils et son fils lui demande conseil, encore conseil parce que… oui… et le fils a l'air d'écouter son père qui a plus d'expérience que lui et peut se permettre de lui donner un conseil. 1'45''

Procédés : L'entrée dans l'expression (B2-1) se fait à nouveau par un recours à l'intellectualisation (A2-2). Elle est suivie d'une mise en scène interpersonnelle (B-1) dans une relation de soumission. La lenteur, les interruptions dans le déroulement du récit (CI-1), le remâchage (A3-1), l'idéalisation de l'image paternelle (CN-2), tous ces éléments ont valeur de formation réactionnelle et empêchent l'émergence d'agressivité.

Problématique : Le maniement de l'agressivité dans la relation à l'image paternelle est particulièrement difficile : les mouvements d'opposition et de réticence à la parole du père ne peuvent pas être représentés ; seule apparaît la position de soumission à une image idéalisée. La lenteur et la pesanteur du discours où alternent remâchage et inhibition sont à la mesure de l'intensité pulsionnelle sous-jacente.

****

> *Planche 8BM*
>
> 15'' Oh ! ça c'est lugubre votre truc. C'est toujours l'image du père et du fils. Le père semble, enfin subit une opération ou alors c'est le fils qui a pris la carabine et blessé son père. Les médecins opèrent le père pour lui retirer des plombs, oui des plombs que le fils a… enfin a voulu tuer son père mais celui-ci en réchappa.

Procédés : L'entrée dans l'expression se fait par une critique du matériel à valence projective (B2 → E2-2). Le récit s'ouvre par l'intellectualisation habituelle dans un contexte de persévération (A2-2 → E2-1) au service de l'isolation. Il oscille entre deux interprétations (A3-1) dont l'articulation temporelle et logique défaillante (E3-3) rend compte de la massivité des représentations agressives (E2-3). Le récit est entièrement construit dans un aller-retour entre l'expression de l'agressivité et de la défense (A2-4) : remâchage (A3-1) et inhibition (CI-1) alternent en relation avec les émergences en processus primaire particulièrement lisibles dans le traitement des temps (E2-3/E3-3).

Problématique : L'accent est mis sur la force des mouvements pulsionnels. L'agressivité particulièrement massive liée au désir parricide trop transparent risque d'entraîner une désintrication pulsionnelle car les défenses sont débordées.

****

> *Planche 10*
>
> 8" Là, je vois la relation entre mère et fils. La mère donne un conseil à son enfant ou l'embrasse sur le front et l'enfant est heureux de cette protection maternelle.

Procédés : Au prix d'une légère distorsion perceptive (E1-3) puisque le contenu manifeste n'indique pas de différence de génération, la relation entre mère et fils s'impose d'emblée (B1-1/B2-1/B3-2). Le récit se poursuit par une hésitation portant sur deux modes de relation à l'image maternelle : l'un distancé de nature verbale, l'autre dans un rapproché corporel. L'expression d'affect (B2-2) (« heureux ») est donnée dans un contexte relationnel idéalisé et désexualisé (CN-2).

Problématique : Le fantasme incestueux dans le rapproché mère-fils laisse la place à une relation mère-enfant idéalisée et désexualisée.

****

> *Planche 11*
>
> 15" C'est un cauchemar cette photo. Je dirais que c'est un gouffre avec une petite route, ça se passe dans la montagne, une petite route pavée avec des personnages cauchemardesques et à gauche un animal préhistorique, et dans le fond, le pont étant interdit, le personnage ne peut pas poursuivre sa route à cause des personnages mythiques qui lui barrent la route, mais le personnage arrivera à combattre le monstre, à dominer sa peur malgré les obstacles.

Procédés : Le caractère anxiogène de la planche mis en avant sous forme de commentaire (B2-1) est aussitôt tempéré par la mise en tableau (CN-3). Puis à l'abri d'une précaution verbale (A3-1), la description du matériel (A1-1) très saturée en éléments anxiogènes (B2-4) permet de focaliser l'angoisse sur des représentations précises (A1-1). Le cadre ainsi mis en place, peut alors se déployer un scénario imaginaire hautement dramatisé (B2-1) qui, par l'introduction de personnages (B1-2) et la mise en scène interpersonnelle (B1-1), favorise l'élaboration du conflit.

Problématique : Dans un premier temps surgit une angoisse forte et diffuse. L'isolation des éléments permet dans un second temps la construction d'une histoire secondarisée qui témoigne de la reconnaissance des angoisses archaïques et de leur dépassement. Le conflit illustre la dialectique entre culpabilité et interdit.

****

> *Planche 13B*
>
> 15" C'est un petit garçon qui est seul dans une cabane, sur le pas d'une cabane en bois. Il n'a pas de chaussures ni de chaussettes. Je pense que ça doit être un petit garçon très malheureux, pourtant le soleil a l'air de briller malgré la solitude du petit garçon… (?) Tout rentre dans l'ordre, il va retrouver sa famille.

Procédés : Le récit se veut descriptif (A1-1) mais débute par une inadéquation perceptive : « dans » immédiatement rectifiée : « sur le pas » où se lit une discrète confusion dedans-dehors (CL-1). L'affect de tristesse lié à la solitude ne peut dans un premier temps être exprimé mais il apparaît à travers le dénuement vestimentaire perçu chez le petit garçon (CN-2-). Dans un second temps, à l'abri d'un commentaire et de précautions verbales (B2-1/A3-1), l'affect lié au sentiment de solitude est reconnu et peut être nommé : « très malheureux » (B2-2). Cette reconnaissance du monde interne est toutefois télescopée par une référence au monde externe (CL-1, CL-2) qu'annonce la contradiction « pourtant » où prime une logique personnelle (→ E3-3). Suit un arrêt du discours nécessitant l'intervention du clinicien. La reprise se fait par un recours à la banalisation, l'appel à une entité extérieure anonyme : « la famille » (B1-2/CI-2) et une fin plaquée.

Problématique : L'accent est mis sur l'insuffisance des ressources internes face à l'absence de l'objet. Le recours à une dimension sensorielle externe « le soleil » ne peut pallier le dénuement induit par le sentiment de solitude. L'étayage du clinicien permet de réintroduire un objet « famille » susceptible d'offrir un contenant plus social qu'affectif.

La carence des investissements objectaux est corollaire d'une insuffisance de l'investissement narcissique.

****

> *Planche 13MF*
>
> 10" Ça peut représenter la violence… Une femme allongée nue dans un lit et son mari n'ose pas regarder sa nudité et se cache les yeux trouvant

> qu'il a commis une faute envers sa femme, et se cache les yeux… (?) Ça peut être la mère ou la femme.

Procédés : Le récit commence par une précaution verbale et une intellectualisation (A3-1/A2-2). Suit un silence (CI-1). L'histoire met en scène un couple dans une relation fortement érotisée et interdite (B3-2/B2-3). L'appui pris sur le détail « se cache les yeux » (A1-1) accentue l'expression du sentiment de culpabilité (A2-4) dont le motif n'est pas explicité (CI-2), et conduit à un mouvement de remâchage (A3-1). La question du clinicien (CI-1) dévoile le retour du refoulé à travers l'instabilité des identifications (B3-3).

Problématique : Dans un premier temps, le fantasme incestueux mère-fils très prégnant surgit sous forme d'interdit du voir, alors que les pulsions sadiques de possession ne peuvent être représentées. Le retour du refoulé fait apparaître l'image maternelle trop excitante sexuellement qui ne peut jouer son rôle de pare-excitation et se révèle par là même insuffisamment contenante.

****

> *Planche 19*
>
> 10" C'est un dessin moderne. Je vois la mer, la mer, m-e-r. Un dessin moderne que je ne comprends pas. Je vois la mer, des ronds, une espèce de fantôme.

Procédés : Intellectualisation (A2-2), inhibition (CI-1) et restriction (CI-1) caractérisent la réponse à cette planche. L'accrochage aux éléments du contenu manifeste (A1-1) sert l'isolation (A3-4) et ne permet pas de construire une histoire mettant en scène une fantasmatique maternelle. Le refus actif et répété (A3-1) d'établir des liaisons (A3-4) suspend le travail de la pensée.

Problématique : L'appel vers la régression mobilise des défenses massives. Contrairement à la planche 11 qui offre des repères tangibles, ici le contenu « mer » à peine métaphorisé renvoie à une image maternelle ni contenante ni portante dont la figurabilité est compromise.

****

> *Planche 16*
>
> C'est une feuille blanche. (Puis il se met à parler de lui.)

Procédés : Bruno se trouve confronté à un constat factuel équivalent à un refus (CF-1/CI-1).

Problématique : Faute d'un support significatif à cette dernière planche, Bruno ne peut élaborer une histoire, mais il se saisit de la situation pour esquisser un mouvement transférentiel : « il se met à parler de lui ».

1.2 Synthèse : Bruno, 38 ans

Série A **Rigidité**	**Série B** **Labilité**	**Série C** **Évitement du conflit**	**Série E** **Émergences des processus primaires**
A1 Référence à la réalité externe +++ A1-1 : Description avec attachement aux détails avec ou sans justification de l'interprétation + A1-2 : Précisions : temporelle – spatiale – chiffrée + A1-3 : Références sociales, au sens commun et à la morale + A1-4 : Références littéraires, culturelles **A2 Investissement de la réalité interne** + A2-1 : Recours au fictif, au rêve +++ A2-2 : Intellectualisation A2-3 : Dénégation +++ A2-4 : Accent porté sur les conflits intra-personnels – Aller/retour entre l'expression pulsionnelle et la défense **A3 Procédés de type obsessionnel** +++ A3-1 : Doute : précautions verbales, hésitation entre interprétations différentes, remâchage → A3-2 : Annulation + A3-3 : Formation réactionnelle ++ A3-4 : Isolation entre représentations ou entre représentation et affect – Affect minimisé	**B1 Investissement de la relation** ++ B1-1 : Accent porté sur les relations interpersonnelles, mise en dialogue + B1-2 : Introduction de personnages non figurant sur l'image B1-3 : Expressions d'affects **B2 Dramatisation** + B2-1 : – Entrée directe dans l'expression ; Exclamations ; Commentaires personnels. – Théâtralisme ; Histoire à rebondissements. ++ B2-2 : Affects forts ou exagérés + B2-3 : Représentations et/ou affects contrastés – Aller/retour entre désirs contradictoires + B2-4 : Représentations d'actions associées ou non à des états émotionnels de peur, de catastrophe, de vertige… **B3 Procédés de type hystérique** B3-1 : Mise en avant des affects au service du refoulement des représentations ++ B3-2 : Érotisation des relations, symbolisme transparent, détails narcissiques à valeur de séduction + B3-3 : Labilité dans les identifications	**CF Surinvestissement de la réalité externe** + CF-1 : Accent porté sur le quotidien, le factuel, le faire – Référence plaquée à la réalité externe CF-2 : Affects de circonstance, références à des normes extérieures **CI Inhibition** +++ CI-1 : Tendance générale à la restriction (temps de latence long et/ou silences importants intrarécits, nécessité de poser des questions, tendance refus, refus) +++ CI-2 : Motifs des conflits non précisés, banalisation, anonymat des personnages + CI-3 : Éléments anxiogènes suivis ou précédés d'arrêt dans le discours **CN Investissement narcissique** + CN-1 : Accent porté sur l'éprouvé subjectif – Références personnelles + CN-2 : Détails narcissiques – Idéalisation de la représentation de soi et/ou de la représentation de l'objet (valence + ou -) + CN-3 : Mise en tableau – Affect-titre – Posture signifiante d'affects + CN-4 : Insistance sur les limites et les contours et sur les qualités sensorielles CN-5 : Relations spéculaires **CL Instabilité des limites** + CL-1 : Porosité des limites (entre narrateur/sujet de l'histoire ; entre dedans/dehors…) + CL-2 : Appui sur le percept et/ou le sensoriel CL-3 : Hétérogénéité des modes de fonctionnement (interne/externe ; perceptif/symbolique ; concret/abstrait…) CL-4 : Clivage **CM Procédés anti-dépressifs** + CM-1 : Accent porté sur la fonction d'étayage de l'objet (valence + ou -) – Appel au clinicien CM-2 : Hyperinstabilité des identifications CM-3 : Pirouettes, virevoltes, clin d'œil, ironie, humour	**E1 Altération de la perception** E1-1 : Scotome d'objet manifeste → E1-2 : Perception de détails rares ou bizarres avec ou sans justification arbitraire → E1-3 : Perceptions sensorielles – Fausses perceptions E1-4 : Perception d'objets détériorés ou de personnages malades, malformés **E2 Massivité de la projection** → E2-1 : Inadéquation du thème au stimulus – Persévération – Fabulation hors image – Symbolisme hermétique E2-2 : Évocation du mauvais objet, thème de persécution, recherche arbitraire de l'intentionnalité de l'image et/ou des physionomies ou attitudes – Idéalisation de type mégalomaniaque + E2-3 : Expressions d'affects et/ou de représentations massifs – Expressions crues liées à une thématique sexuelle ou agressive **E3 Désorganisation des repères identitaires et objectaux** E3-1 : Confusion des identités – Télescopage des rôles E3-2 : Instabilité des objets + E3-3 : Désorganisation temporelle, spatiale ou de la causalité logique **E4 Altération du discours** + E4-1 : Troubles de la syntaxe – Craquées verbales E4-2 : Indétermination, flou du discours → E4-3 : Associations courtes E4-4 : Associations par contiguïté, par consonance, coq-à-l'âne…

Feuille de dépouillement : Bruno, 38 ans

1.3 Compte rendu

Le protocole est assez fourni mais comporte quelques histoires restrictives et une participation retenue qui limite la fantaisie et tend également à restreindre l'expression des affects sans parvenir à les moduler car ils surgissent souvent de façon massive.

■ *Les procédés*

Les procédés dominants appartiennent aux registres du contrôle et de la labilité. De façon transitoire, de puissants mouvements d'inhibition surgissent en écho de la charge fantasmatique sous-jacente et de discrètes émergences en processus primaire rendent alors compte de la perméabilité intrapsychique.

Dans le *registre rigide*, l'utilisation de la réalité externe renforcée par les précautions verbales, l'attachement aux détails, les mouvements de remâchage, l'intellectualisation et les aller-retour entre l'agressivité et la défense révèlent le registre obsessionnel du fonctionnement psychique. En effet, les défenses mises en place évoquent un mode d'aménagement de la relation à l'objet très à distance et une conflictualisation intrapersonnelle marquée par la lutte intense contre les émergences fantasmatiques dont l'extrême pression fait parfois surgir des représentations agressives ou sexuelles crues. Cette lutte rend compte de la construction laborieuse des récits et de la difficulté à gérer les conflits pulsionnels mais sans jamais désorganiser le cours de la pensée.

Dans le *registre labile* largement représenté, le recours à des mises en scène interpersonnelles parfois érotisées et dramatisées et la mise en avant d'affects forts sont au cœur de la conflictualisation et constituent un palier d'aménagement plus souple des conflits psychiques.

Dans le *registre de l'inhibition*, presque toutes les modalités sont présentes à des titres divers :

- elles soutiennent le refoulement des représentations inacceptables dans le double registre agressif et libidinal ;
- elles participent à l'évitement de mouvements dépressifs ;
- à l'extrême, en l'absence de support tangible, l'inhibition conduit au blanc de la pensée.

Dans le *registre « instabilité des limites »*, se donnent à voir ponctuellement et en lien avec les défaillances des objets internes, des glissements entre le dedans et le dehors comme entre l'affect et le sensoriel.

Les quelques émergences en *processus primaire* sont essentiellement des représentations massives et se situent dans le prolongement des modalités labiles.

■ *La problématique*

La problématique œdipienne est au premier plan. Les liens à l'image maternelle, très forts, sont sous-tendus par une fantasmatique incestueuse prégnante entraînant des sentiments de culpabilité particulièrement intenses. Cette relation est d'autant plus complexe que l'image maternelle est vécue comme excitante et défaillante dans ses fonctions de contenance.

Conjointement, l'impossibilité de rivaliser avec l'image paternelle réactive des mouvements destructeurs difficilement négociables.

Dans ce contexte, le maniement de l'agressivité est difficile en raison de la violence des mouvements pulsionnels sous-jacents.

Cette relation aux images parentales montre, d'une façon générale, une défense contre le rapproché à la mesure du désir inconscient d'en lever l'interdit. Aussi les objets s'avèrent-ils dangereux et face à cette menace, Bruno s'aménage défensivement soit dans une position infantile qui lève la culpabilité, soit dans une position de soumission qui étouffe la violence pulsionnelle sous-tendue par le désir parricide.

La faute vis-à-vis de l'image maternelle, la soumission à l'égard de l'image paternelle semblent être mises en avant pour contenir une excitation pulsionnelle difficilement gérable en raison d'un manque de pare-excitation et d'un vécu carentiel.

Le surmoi possède des caractéristiques pré-œdipiennes de par sa sévérité : la notion de faute massive fait apparaître une dimension dépressive dans laquelle le sujet est atteint, et se devine alors la faiblesse du recours aux objets internes nécessaires au travail d'élaboration du deuil.

En résumé, la discussion diagnostique peut porter entre névrose obsessionnelle franche ou organisation aux confins de la névrose obsessionnelle. En effet la prégnance du noyau hystérique plaide en faveur de l'organisation névrotique mais l'intériorisation de l'objet peut paraître insuffisante pour étayer cette hypothèse. En tout état de cause, les traits obsessionnels sont prévalents.

2 DIANE, 40 ANS : NÉVROSE HYSTÉRIQUE

2.1 Analyse planche par planche

Planche 1

4'' C'est un enfant qui, à mon avis, face à ce violon… contraint… le professeur va arriver, il a l'air d'une lassitude extrême. Une autre : il a toujours rêvé. Il est en contemplation de cet objet. C'est assez rare chez un enfant, je crois. Maintenant, est-ce un enfant ? Est-ce une pipe à côté de la bouche ? C'est un enfant. 2'

Procédés : Mobilisation immédiate freinée par le commentaire à valeur de précaution verbale (B2-1, A3-1) puis par la rupture discursive (CI-1) insuffisante cependant pour empêcher l'émergence d'une représentation dramatisée. L'introduction du personnage (B1-2) reconstruit la possibilité narrative mais s'assortit d'une fragilité de la position identificatoire (B3-3) avec tendance au télescopage des rôles (→ E3-1) et flou du discours (E4-2). La dramatisation restaure cette position identificatoire en engageant le corps et son érotisation dans une relation de contrainte (B3-2). Le changement brusque dans le thème établit l'histoire dans le registre des représentations contrastées (B2-3). Le conflit ne peut se maintenir, ce qui entraîne un repli narcissique (CN-1) immédiatement assuré par un recours au sens commun (A1-3) et une précaution verbale (A3-1). Sous la forme d'une interrogation très proche du commentaire (B2-1) surgit l'instabilité identificatoire (B3-3) associée à une fausse perception (E1-3). La fin réintègre la notion d'immaturité fonctionnelle.

Problématique : Sollicitée par une problématique d'immaturité fonctionnelle, Diane tente de la conflictualiser dans une relation de contrainte érotisée. Mais ce compromis ne tient pas et, après un discret moment de repli narcissique, elle est entraînée vers un questionnement identificatoire où l'investissement phallique reste patent.

****

Planche 2

8'' Il faut que je raconte une histoire ? Eh bien, c'est des, ça représente des champs et cette jeune fille passant sur la route et revenant sans doute d'une course, elle porte des livres… songe… au fond, elle doit être amoureuse de ce garçon et rêve qu'elle le rencontre un jour, qu'elle devient sa femme, qu'elle fonde un foyer et c'est elle qu'elle voit en somme adossée au rocher, si rocher il y a, quelques années après étant enceinte. 1'40''

Procédés : Diane aborde la planche par une question posée au clinicien (CM-1) à connotation de soumission. Le premier temps du récit s'inscrit dans une description du cadre (A1-1) avec une gestion particulière de l'espace (« la route » CN-4) et du temps (« revenant d'une course »), la précaution verbale (A3-1) marquant la réticence dans son engagement. Ce mouvement descriptif assure l'ouverture vers la rêverie (A2-1) et vers une histoire à rebondissement (B2-1) avec érotisation de la relation (B3-2) et réalisation magique du désir lui permettant de contourner la rivalité. Le mouvement projectif final vise à effacer l'autre (« c'est elle qu'elle voit ») et entraîne une fragilisation de la fonction d'étayage (CM-1).

Problématique : La réalisation du désir œdipien ne peut être pensée que hors d'un conflit de rivalité avec la mère, celui-ci la menaçant de perdre un étayage insuffisamment internalisé.

****

> *Planche 3*
>
> 12" C'est une femme d'un certain âge, qu'est-ce qu'il y a par terre ? Qui est sûrement catastrophée par l'événement, elle n'est sûrement pas endormie car c'est une position inconfortable, elle ne peut pas s'être suicidée, elle a des mains bien grosses... C'est une femme sûrement, elle se laisse aller à son chagrin. (?) Ça se termine, j'ai l'impression très mal. Ou au contraire, par l'arrivée d'une personne à qui elle peut se confier... 1'45"

Procédés : Comme dans les deux planches précédentes, mais cette fois d'emblée, on note une trop rapide oscillation entre l'affirmation identitaire (A1-1, B3-3) et l'interrogation quant à l'objet (A3-4). Les affects forts (B2-2) dans un contexte dramatisé de catastrophe (B2-4), pris dans le flou du discours (E4-2), sont contre-investis par la dénégation (A2-3) et la représentation contrastée (B2-3) justifiée par l'attachement aux Dd (A1-1). La défense s'essouffle dans une nouvelle dénégation (A2-3) court-circuitée par l'investissement d'un détail rare arbitrairement justifié (E1-2). L'instabilité identificatoire (B3-3) appelle la centration sur l'éprouvé subjectif (CN-1). L'étayage du clinicien (CM-1) aggrave la dramatisation qui se prend dans des représentations massives (E2-3) mais relance l'appel à l'autre (B1-2) comme objet étayant possible (CM-1).

Problématique : La dénégation constitue un aménagement relativement solide – quoique coûteux – de la problématique dépressive. Celle-ci se dit en terme de manque narcissique phallique plutôt qu'en termes de perte d'objet.

****

> *Planche 4*
>
> 6" C'est un couple dont l'homme est très aimé mais qui est assez indifférent à l'amour de cette femme, qui a un autre centre d'intérêt que cette femme alors qu'elle n'a d'yeux que pour lui. Je la trouve enjôleuse, lui aussi est bien de sa personne... Ça se termine mal, c'est un coureur (rejette la planche), type don Juan. Elle est jolie mais sans classe. 55"

Procédés : D'emblée l'érotisation de la relation (B3-2) vient s'inscrire dans le registre des représentations contrastées (B2-3). Le commentaire (B2-1) montre l'investissement narcissique et séducteur des deux protagonistes (B3-2). Rupture du discours (CI-1) et fin de l'histoire en représentations contrastées (B2-3) dans lesquelles les deux personnages sont érotisés et dévalorisés dans le même temps (B3-2, CN-2 + et -).

Problématique : Le passage très rapide d'une identification masculine à une identification féminine et inversement entraîne une instabilité de la relation. La menace du rejet insupportable l'amène à attaquer et à disqualifier la relation amoureuse.

****

> *Planche 5*
>
> 7'' Ça c'est une mère de famille qui rentre à l'improviste dans la chambre de sa fille ou de son fils, afin de voir quelles sont leurs activités, qui lui rappelle qu'il est nécessaire de travailler, pour voir peut-être même s'il y a un ami du sexe opposé et voir si la tenue est correcte. On peut aussi interpréter qu'elle a été appelée, ce qui est invraisemblable, car les enfants n'appellent pas les parents généralement. 1'5''

Procédés : Les contenus manifestes et latents sont immédiatement saisis, puis dramatisés (A1-1, B2-1), les relations s'instaurent de nouveau (comme à la planche 4) dans un contexte d'instabilité des identifications (B3-3) et de symbolisme sexuel transparent (B3-2) (« voir quelles sont leurs activités »). La pression fantasmatique trop forte entraîne un raté grammatical (→ E4-1) et mobilise une nécessaire contention par le recours à une formation réactionnelle (A3-3). À l'abri d'une précaution verbale (A3-1) un troisième personnage anonyme (B1-2, CI-2) est introduit dans une relation clairement érotisée (B3-2). Cette fois encore l'expression du fantasme déborde, conduisant à un changement de thème apparent (A3-4). Celui-ci permet finalement la réalisation du désir (B2-3) (être appelée alors qu'on est tiers exclu) d'ailleurs immédiatement annulée (A3-2) par un dévoiement de la référence au sens commun (A1-3 → E).

Problématique : Diane réussit à tisser en même temps désirs et défenses : elle traite à la fois de la scène primitive et du voyeurisme et d'une position surmoïque maternelle.

****

> *Planche 6GF*
>
> 14'' Ça peut être tellement de choses. Depuis une soirée entre amis, l'homme d'un âge certain, bel homme ! fait une cour discrète à une jeune fille qui paraît avancée, qui n'a rien de féminin, qui se retourne choquée. Et ça peut être aussi une discussion de ménage. C'est plutôt, non, c'est difficile chez des amis de fumer la pipe... disons, à la maison, au sujet des enfants.
>
> (?) C'est l'homme qui aura gain de cause parce qu'il a l'air de bien savoir ce qu'il veut, un visage volontaire. 1'45''

Procédés : Diane relativise l'engagement projectif par un commentaire (B2-1) et l'introduction de personnages anonymes (B1-1, B1-2, CI-2) pour finalement mettre en scène un fantasme de séduction (B3-2). L'investissement narcissique est rendu très présent à la fois par la surqualification de l'homme, et la disqualification féminine (CN-2 +/CN-2-). Celle-ci, trop forte, est exprimée sous forme d'une dénégation (« rien de féminin ») et sous-tendue par une discrète altération de la perception (A2-3 → E). La dramatisation (B2-1) témoigne cependant que la relation d'objet reste prévalente. Un changement apparent de thème, associé à une précaution verbale (A3-1), prolonge cette relation dans un autre registre, celui de l'agressivité, immédiatement annulée (A3-2) au nom d'une référence banalisante aux conventions sociales (CI-2). Derrière celle-ci, le fantasme sexuel trop prégnant altère la clarté du discours (B3-2 → E4-2). La question du clinicien (CI-1) renforce du côté de l'homme l'affirmation de sa position phallique.

Problématique : L'investissement narcissique dans la relation à l'objet reste très lié au fantasme de séduction et à l'angoisse de castration. L'enjeu narcissique entraîne une dérive agressive.

****

> *Planche 7GF*
>
> Je voudrais savoir ce qu'il faut dire…
>
> 20'' Une conversation assez, non pas intéressante car l'enfant est jeune, mais une conversation entre maman et sa fille et l'enfant passe de l'état de petite fille à l'état presque de jeune fille. Elle a l'air d'avoir des soucis, elle se pose des questions qui n'ont plus de ressemblance avec le jeu qu'elle a entre les bras – le poupon – et sa mère semble vouloir la mettre en confiance et l'enfant n'a pas l'air de vouloir s'y soumettre. Il y a comme un refus, une pudeur. Et la mère pour faciliter la tâche, ne sachant pas comment lui expliquer les choses de la vie, a préféré prendre un livre pour employer des phrases toutes adaptées à l'âge de l'enfant. 2'28''

Procédés : Le temps de latence est inhabituellement long, associé à un commentaire (CI-1, B2-1) qui exprime le déplaisir devant l'inhibition et l'appel à l'autre. L'accent porte d'emblée sur la relation verbale (B1-1) toujours dans le même contexte d'instabilité des identifications (B3-3) mais prise dans une mouvance des limites temporelles (CL-1). Le conflit intrapersonnel (A2-4) s'oriente vers un flou du discours (E4-2) qui met sur le même plan ses interrogations personnelles et un objet de la réalité externe, ce qui témoigne d'une discrète fragilité des limites (CL-3). De nouveau Diane revient au relationnel (B1-1) dans des représentations contrastées (B2-3) et dramatisées sous-tendues par un scénario domination/soumission fortement sexualisé (B3-2). À travers un apparent recours à la banalisation et au conformisme (CI-2, A1-3), elle termine son récit en désexualisant le rapproché : la mère doit faire appel à un savoir extérieur anonyme.

Problématique : La planche sollicite une forte érotisation de la relation mère/fille entraînant un risque de désorganisation. La parole inductrice de séduction nécessite le recours à un tiers externe pour introduire une référence à l'interdit.

****

> *Planche 9GF*
>
> 10'' C'est une jeune fille en robe du soir qui se laisse emporter par des sentiments de désespoir et qu'une sœur aînée ou la mère suit à son insu pour voir la direction qu'elle prend et prévenir l'accident regrettable qui pourrait être la conséquence de l'affolement de sa sœur dont le visage est tourmenté. Il fait nuit, où est-elle, dans une forêt ? Ça va se terminer que la sœur va rejoindre la plus jeune, la raisonner, l'apaiser, la ramener à la maison. C'est bien triste tout ça. 1'50''

Procédés : C'est à travers une surcharge de procédés labiles que Diane s'engage dans l'histoire (B3-2, B2-1, B2-2). Si ceux-ci paraissent efficaces pour se saisir des sollicitations latentes de la planche, l'instabilité des identifications (« mère ou sœur » B2-3) ne réussit pas à prévenir la confusion dont elle tente de se défendre : une expression inappropriée (« accident regrettable » → E4-1) prise dans la perception d'un détail rare (E1-2) (« visage tourmenté ») mobilise des représentations massives liées probablement à la mort (→ E2-3). La charge d'angoisse que l'on pressent va trouver expression dans la phrase suivante, à travers la perception sensorielle (« il fait nuit » → E1-3) et le questionnement sur les repères spatiaux (CN-4). C'est justement en s'appuyant sur les repères de la consigne (« ça va se terminer ») et en s'étayant sur une relation (B1-1) et un investissement de l'action (B2-4) que Diane termine l'histoire, fidèle par là même à son fonctionnement névrotique. Reste que l'affect dépressif est toujours sous-jacent (B2-1, B2-2).

Problématique : La rivalité dans la séduction verse immédiatement dans un fantasme de mort lié à la relation féminine (mère/sœur). C'est en passant à une relation maternante que Diane se récupère d'une manière qui laisse intact le désespoir sous-jacent.

****

> *Planche 10*
>
> 10'' Couple sans âge. Là je mettrais des jeunes gens au cours d'une surprise-partie. Oui, parce qu'il n'y a pas d'éclairage, c'est sombre. C'est pas encore un flirt engagé mais ça ne tardera pas et ce sont sûrement des sentimentaux l'un et l'autre. Ça peut se terminer de deux façons : au revoir et merci ou au contraire, je crois qu'ils se reverront. 1'35''

Procédés : Diane commence le récit par un repérage du couple d'abord désexualisé, immédiatement remplacé par une représentation contrastée (« couple sans âge » « jeunes gens » A1-1, B2-3). La situation est discrètement érotisée (B3-2) à l'appui d'une justification sensorielle (« pas d'éclairage, c'est sombre » CN-4). L'érotisation s'affirme nettement (B3-2) mais l'histoire se poursuit jusqu'au bout dans l'aller et retour entre des désirs contradictoires (B2-3). Quelque chose du désespoir de la planche précédente persiste dans l'un des termes de l'alternative, celui de la rupture (« au revoir et merci » CM-3).

Problématique : L'hésitation identificatoire prise dans l'aller-retour des désirs contradictoires marque ici presque à son acmé la problématique hystérique dans laquelle Diane est engagée.

****

> *Planche 11*
>
> 10'' Ah ! ce sont des gorges… Qu'est-ce que c'est cette petite chose posée ? C'est construit en pierre, alors là… Il y a un animal là, j'ai pas vu, c'est tout à fait un pays chaotique, j'aimerais pas m'y promener la nuit toute seule, j'aurais peur ! Il y a un pont. À droite on dirait une maison. Que représente l'animal à gauche, terrifiant ! Construire dessus ! C'est dantesque, cela fait peur. 1'55''

Procédés : L'exclamation et l'interrogation viennent marquer la prise en compte de la planche (B2-1, A1-1) mais l'angoisse massive relative à un objet mal identifié (E1-2) n'est pas très bien contenue en dépit des tentatives de contre-investissement (« pont construit en pierre » A1-1). L'accrochage au cadre n'aide pas Diane, l'affect est mis au-devant de la scène avec l'appréciation personnelle (B2-1, B2-2, B3-1). Elle tente de se raccrocher à des éléments descriptifs (A1-1) mais cette fois encore elle bute sur une représentation plus vivante et phobogène et se noie dans la dramatisation et l'affect (B2-2, B2-1). L'histoire tout entière est imprégnée en filigrane de symbolisme transparent (« gorge » « animal terrifiant » B3-2).

Problématique : L'angoisse suscitée par la planche relève d'une angoisse de castration beaucoup trop intense pour qu'elle puisse être liée.

****

> *Planche 16*
>
> 10'' Un lac, assez petit au creux d'un cirque de montagne. Sur le bord de ce lac en demi-cercle d'immenses hôtels modernes et de l'autre, faisant face à d'immenses prairies, herbages, sur l'herbe quelques cabanes, des bergeries en grosses pierres, porcheries, troupeaux de vaches et tout à fait au fond du décor un glacier dont les morceaux descendent assez bas. Pas un arbre. Nous sommes environ à 2 000 mètres. Une nuit un grand ébou-

lement, un bruit sourd, le pare-avalanche n'a pas fait son œuvre et a ravagé, détruit cette maison où se trouvait la femme d'un guide de haute montagne qui était absent ce soir là. 3'40''

Procédés : Deux temps scandent la construction de l'histoire :

- dans le premier temps, Diane plante le décor (A1-1) en insistant sur « l'immense », et en se servant des contrastes (B2-3). Toute cette mise en scène s'emballe dans un mouvement maniaque dont on perçoit qu'il tente de contre-investir la représentation massive liée à une angoisse d'effondrement (E2-3) ;
- dans le second temps, Diane tente de lier cette angoisse dans une construction dramatique (B2-1) qui cherche son expression dans une rivalité de type œdipien (B2-4). Mais cette tentative est vouée à l'échec du fait de la fragilité et de la dangerosité des fonctions de pare-excitation (*cf.* la désorganisation de la causalité logique : « le pare-avalanche qui ravage »).

2.2 Synthèse : Diane, 40 ans

Voir feuille de dépouillement page suivante.

2.3 Compte rendu

Dès la première lecture du protocole, l'engagement de Diane dans la situation TAT se révèle très chaud et vivant : se lit quasi immédiatement une intense mobilisation face au matériel qui réactive *des représentations et des affects fortement investis dans leur conflictualité*. Il faut souligner l'oscillation entre des prises de position subjectives et l'appel nécessaire à l'autre.

■ *Les procédés*

Cette même oscillation se retrouve très perceptible dans les procédés labiles qui sont les plus représentés dans le protocole. La dramatisation, les représentations et les affects contrastés, l'aller-retour entre désirs contradictoires permettent de rendre compte de cette oscillation intérieure, mais c'est avec la labilité des identifications soutenues par l'érotisation de la relation que peut s'exprimer la mouvance identificatoire indispensable pour maintenir l'engagement dans le registre relationnel.

Par ailleurs, la relation de séduction induit un investissement des images masculine et féminine dans un processus idéalisant dans sa double polarité positive et négative.

Série A Rigidité	Série B Labilité	Série C Évitement du conflit	Série E Émergences des processus primaires
A1 Référence à la réalité externe ++ A1-1 : Description avec attachement aux détails avec ou sans justification de l'interprétation A1-2 : Précisions : temporelle – spatiale – chiffrée + A1-3 : Références sociales, au sens commun et à la morale A1-4 : Références littéraires, culturelles **A2 Investissement de la réalité interne** → A2-1 : Recours au fictif, au rêve A2-2 : Intellectualisation + A2-3 : Dénégation + A2-4 : Accent porté sur les conflits intra-personnels – Aller/retour entre l'expression pulsionnelle et la défense **A3 Procédés de type obsessionnel** ++ A3-1 : Doute : précautions verbales, hésitation entre interprétations différentes, remâchage + A3-2 : Annulation + A3-3 : Formation réactionnelle + A3-4 : Isolation entre représentations ou entre représentation et affect – Affect minimisé	**B1 Investissement de la relation** ++ B1-1 : Accent porté sur les relations interpersonnelles, mise en dialogue ++ B1-2 : Introduction de personnages non figurant sur l'image + B1-3 : Expressions d'affects **B2 Dramatisation** +++ B2-1 : – Entrée directe dans l'expression ; Exclamations ; Commentaires personnels. – Théâtralisme ; Histoire à rebondissements. +++ B2-2 : Affects forts ou exagérés ++ B2-3 : Représentations et/ou affects contrastés – Aller/retour entre désirs contradictoires + B2-4 : Représentations d'actions associées ou non à des états émotionnels de peur, de catastrophe, de vertige… **B3 Procédés de type hystérique** + B3-1 : Mise en avant des affects au service du refoulement des représentations +++ B3-2 : Érotisation des relations, symbolisme transparent, détails narcissiques à valeur de séduction +++ B3-3 : Labilité dans les identifications	**CF Surinvestissement de la réalité externe** CF-1 : Accent porté sur le quotidien, le factuel, le faire – Référence plaquée à la réalité externe CF-2 : Affects de circonstance, références à des normes extérieures **CI Inhibition** + CI-1 : Tendance générale à la restriction (temps de latence long et/ou silences importants intrarécits, nécessité de poser des questions, tendance refus, refus) + CI-2 : Motifs des conflits non précisés, banalisation, anonymat des personnages CI-3 : Éléments anxiogènes suivis ou précédés d'arrêt dans le discours **CN Investissement narcissique** + CN-1 : Accent porté sur l'éprouvé subjectif – Références personnelles + CN-2 : Détails narcissiques – Idéalisation de la représentation de soi et/ou de la représentation de l'objet (valence + ou -) CN-3 : Mise en tableau – Affect-titre – Posture signifiante d'affects + CN-4 : Insistance sur les limites et les contours et sur les qualités sensorielles CN-5 : Relations spéculaires **CL Instabilité des limites** → CL-1 : Porosité des limites (entre narrateur/sujet de l'histoire ; entre dedans/dehors…) CL-2 : Appui sur le percept et/ou le sensoriel → CL-3 : Hétérogénéité des modes de fonctionnement (interne/externe ; perceptif/symbolique ; concret/abstrait…) CL-4 : Clivage **CM Procédés anti-dépressifs** + CM-1 : Accent porté sur la fonction d'étayage de l'objet (valence + ou -) – Appel au clinicien CM-2 : Hyperinstabilité des identifications → CM-3 : Pirouettes, virevoltes, clin d'œil, ironie, humour	**E1 Altération de la perception** E1-1 : Scotome d'objet manifeste + E1-2 : Perception de détails rares ou bizarres avec ou sans justification arbitraire → E1-3 : Perceptions sensorielles – Fausses perceptions E1-4 : Perception d'objets détériorés ou de personnages malades, malformés **E2 Massivité de la projection** E2-1 : Inadéquation du thème au stimulus – Persévération – Fabulation hors image – Symbolisme hermétique E2-2 : Évocation du mauvais objet, thème de persécution, recherche arbitraire de l'intentionnalité de l'image et/ou des physionomies ou attitudes – Idéalisation de type mégalomaniaque + E2-3 : Expressions d'affects et/ou de représentations massifs – Expressions crues liées à une thématique sexuelle ou agressive **E3 Désorganisation des repères identitaires et objectaux** → E3-1 : Confusion des identités – Télescopage des rôles E3-2 : Instabilité des objets + E3-3 : Désorganisation temporelle, spatiale ou de la causalité logique **E4 Altération du discours** + E4-1 : Troubles de la syntaxe – Craquées verbales → E4-2 : Indétermination, flou du discours E4-3 : Associations courtes E4-4 : Associations par contiguïté, par consonance, coq-à-l'âne…

Feuille de dépouillement : Diane 40 ans

Les procédés de contrôle assurent le repérage du cadre perceptif qui contient efficacement le processus associatif, notamment dans les mouvements de reprise de la secondarisation suivant les débordements labiles.

Dans le registre de l'inhibition, l'anonymat des personnages, les motifs des conflits non précisés, les ruptures discursives tempèrent momentanément les pressions fantasmatiques. Celles-ci resurgissent parfois sous forme de représentations condensées mais toujours lisibles dans leurs significations symboliques.

■ *La problématique*

Les problématiques évoquées se tiennent dans le registre œdipien et mobilisent fortement désirs et défenses dans la dynamique pulsionnelle. L'angoisse de castration présente, difficile à élaborer, apparaît chaque fois que Diane met en scène un héros solitaire et c'est dans l'appel contraignant au relationnel qu'elle tente de l'aménager. Elle apparaît également dans les relations de couple à travers des représentations très stéréotypées de la féminité et de la masculinité. L'impossibilité de renoncer aux désirs œdipiens maintient l'érotisation des relations aux objets parentaux. Cette excitation est exacerbée par l'angoisse mobilisée dans le rapproché avec l'image féminine, peu susceptible d'offrir un maternel contenant et apaisant. L'interdit de penser constitue un autre pôle conflictuel, il s'impose à la femme, qu'elle soit mère ou fille, et rend la relation à la mère peu sûre. Là encore, c'est dans un savoir « externe » que se trouverait la solution dans laquelle elle se perd finalement.

Ce protocole offre une illustration particulièrement riche de la problématique hystérique et des impasses les plus habituelles auxquelles elle nous confronte.

3 LOUIS, 50 ANS : PERSONNALITÉ NARCISSIQUE

3.1 Analyse planche par planche

Planche 1

40" Je dirais qu'il est en train de penser qu'il va falloir encore prendre sa leçon de violon… Je sais pas, il a une moue pensive. Peut-être le sentiment que l'école est pénible mais je ne peux pas dire ce qu'il en pense fondamentalement. Je le vois peu enthousiaste mais je le vois fondamentalement déterminé… C'est un peu la Joconde que vous me faites faire. Il rêve peut-être au rideau rouge. Il a peut-être vu Yehudi Menuhin et il l'a trouvé très beau. Troisième possibilité, il a pas l'air pervers mais il peut se demander comment démonter le violon ou le casser ou le fausser, ou à l'inverse c'est un technicien qui se demande comment c'est construit, comment c'est collé…

Autres considérations, il est peut-être perdu dans un débat intérieur. Comment peut-on sortir de cet instrument des sons charmeurs, qu'est-ce qui fait que la musique nous émeut, interrogation. Comment un instrument peut-il être un tel médiateur ? 5'40"

Procédés : Après un démarrage lent (CI-1) et une précaution verbale (A3-1), le sujet campe le héros dans l'anonymat (CI 2). L'activité se révèle d'emblée intrapsychique (A2-4). Suivent un silence (CI-1) et une petite hésitation qui débouchent ensuite sur une description relative à l'expression « il a une moue pensive » (A1-1). Puis à l'abri d'une précaution verbale (A3-1), l'expression d'un affect de déplaisir (B1-3) est suivie d'une dénégation (A2-3). Le narrateur s'engage dans le récit au risque d'une discrète perte des limites (CL-1) pour évoquer des éprouvés contradictoires (CN-1). Après un silence (CI-1), celui-ci interpelle le clinicien et recourt à une référence culturelle par le biais de la « Joconde » (A1-4) amené par une précaution verbale (A3-1) : ceci pris dans la trame d'une critique légèrement ironique imprégnée d'une connotation en processus primaire (E) dans le cadre d'une perte relative de distance entre le réel et l'imaginaire (CL-1).

L'hésitation entre interprétations différentes (A3-1) s'annonce avec le rêve (A2-1) qui s'articule, à l'aide d'une précaution verbale (A3-1), à une référence culturelle « rideau rouge » (A1-4). La référence culturelle se poursuit avec « Yehudi Menuhin » (A1-4) toujours à l'appui d'une précaution verbale (A3-1), cette fois associée à une idéalisation (CN-2 +).

Le changement brusque dans le cours de l'histoire (A3-4) s'amorce avec la troisième possibilité qui met immédiatement en jeu une dénégation (A2-3) et un conflit intrapersonnel (A2-4). Ce conflit se base sur un aller-retour entre l'expression de l'agressivité et de la défense (A2-4) aboutissant à l'émergence d'une formation réactionnelle (A3-3).

Puis un long silence à valeur d'isolation (CI-1) précède à nouveau un changement de direction dans le cours de l'histoire (A3-1). Ce changement s'étaye là encore sur un conflit intrapersonnel (A2-4). Ce débat intérieur véhiculé par une précaution verbale (A3-1) reste très intrapsychique et intellectualisé. Apparaissent brusquement des éléments de sensorialité et de séduction : « sons charmeurs ».

Problématique : La position d'impuissance, reconnue mais difficile à assumer et d'emblée perçue dans une relation de contrainte, déclenche une série de mouvements défensifs passant par l'agressivité. Celle-ci se donne à voir soit dans le jeu relationnel soit dans la thématique même. Cette stratégie reste toutefois infiltrée de processus primaires venant ébranler les limites entre réel et imaginaire.

La fuite de la réalité frustrante dans le rêve, corrélative d'une identification héroïque à visée de récupération narcissique, vient prendre la relève.

L'objet phallique, investi narcissiquement, reste posé comme un objet de conflit tout en nourrissant la pulsion épistémophilique.

****

> *Planche 2*
>
> 35" Cela évoque pour moi quelque chose de très... très pédagogique comme un roman de Jules Ferry ou Gaston Bonheur. Une jeune fille avec un livre à la main et je ne crois pas que ce soit un roman. Une jeune femme ou une jeune fille qui étudie et ce sont peut-être ses parents. Pour moi le fond ce sont ses attaches. Un certain symbolisme avec les sillons... le livre et les sillons... Je comprends pas très bien le personnage de la mère, je dis la mère, pour moi c'est apparemment la mère... mais attitude... de repos ou de reprise de soi, méditation. Y a peut-être un symbolisme, un rapport symbolique, la mère est peut-être enceinte, alors le visage de la jeune femme ou jeune fille tourné vers elle, c'est peut-être une explication, peut-être ce qu'a voulu y mettre l'artiste, c'est d'ailleurs mon impression au prime abord : évocation d'un destin. 4'50"

Procédés : Temps de latence initial long (CI-1) et précaution verbale (A3-1) se greffent sur une référence culturelle (A1-4) dans le cadre d'une intellectualisation (A2-2). Puis la place est laissée au descriptif (A1-1) : « jeune fille avec un livre à la main » et à une dénégation (A2-3) portant sans doute sur le fantasme sexuel sous-jacent. La triangulation enfin s'ébauche mais avec hésitation sur l'âge du personnage et sa maturité sexuelle (B3-3). Suit une précaution verbale (A3-1). L'accent mis ensuite sur le support, l'étayage (CM-1) et un retour à l'intellectualisation (A2-2) s'effectuent par le biais du « symbolisme des sillons » qui s'appuie sur le percept et le sensoriel (CL-2). Des silences à nouveau (CI-1) ponctuent le récit avant que le sujet ne reprenne sa trame intellectualisée (A2-2), d'ailleurs remâchée (A3-1), où émerge une autre précaution verbale (A3-1). Suivent encore des silences et c'est une posture signifiante d'affects (CN-3) qui prend le pas sous forme légèrement hésitante (A3-1). L'intellectualisation se poursuit (A2-2) à l'aide d'une précaution verbale (A3-1) faisant à nouveau place à une hésitation quant à l'âge du personnage (B3-3) et à une posture signifiante d'affects (CN-3), le tout alourdi de précautions verbales (A3-1).

Le récit se termine grâce à une relation spéculaire (CN-5) soutenue par une recherche arbitraire de l'intentionnalité de l'image (E2-2) et par une référence personnelle (CN-2).

Problématique : L'intellectualisation dominante sert la défense basée sur l'évitement du conflit œdipien, la figure paternelle n'étant pas individualisée. Louis est cependant confronté à l'envie que suscite l'image de la mère enceinte. Il y échappe dans un recours au spéculaire qui rend sa pensée plus difficile à suivre, celle-ci demeurant cependant fidèle à la logique.

****

Planche 3BM

25" Je pense que c'est un garçon malheureux… Euh… il s'est abandonné, il est peut-être abandonné. C'est… cela évoque pour moi des peintures de Murillo, de Ribera. J'ai dit que c'était un garçon mais ça a pas l'air certain. Je dirais bien que je ne peux rien dire d'autre parce qu'il me tourne le dos, mais… Vous allez interpréter ça comment ? J'ajouterais que je ne pense pas qu'il pleure mais il est plutôt las… somnolent, las. 2'10"

Procédés : Après un temps de latence initial (CI-1), le sujet s'engage dans l'expression d'un affect dicté par la planche (B1-3). Après des silences et des hésitations (CI-1), le récit oscille entre deux versions, l'une active où l'abandon est auto-agi dans la posture (CN-3), l'autre subie qui renvoie à la perte d'objet (CM-1). Les références culturelles (A1-4) précédées d'une mise en tableau (CN-3) sont énoncées avec des hésitations et des précautions verbales (CI-1/A3-1). Après avoir hésité sur l'âge et le sexe (B3-3), le sujet perd de vue qu'il interprète un matériel (CL-1) et se montre tout à coup très vigilant par rapport au clinicien. À l'appui d'une nouvelle précaution verbale, le récit se termine par une dénégation de l'affect dépressif (A2-3) et un recours à sa traduction corporelle (CN-3).

Problématique : La réactivation de la problématique dépressive se donne à voir d'emblée dans l'expression d'affects rapidement contre-investie par le recours à un repli narcissique non dénué de référence corporelle et par un accrochage au culturel. C'est à ce prix que Louis court-circuite l'intériorisation dépressive. L'hésitation identificatoire lui permet de lier le vacillement des limites dedans/dehors.

****

Planche 4

30" Ça c'est la technique du roman-photo. Je crois que tout est dans le regard de l'homme selon qu'on l'interprète dans un sens ou dans un autre. J'ai l'impression qu'il a du souci, que sa compagne lui dit « reprends-toi » ou « je suis là » ou… « viens te reposer ». Enfin, que sais-je. Ou alors on peut l'interpréter aussi comme un dernier regard et il va tourner la tête vers elle… Quelque chose qui intrigue à l'arrière-plan, c'est une jeune femme en tenue légère, provocante, avec une jarretelle noire j'ai l'impression d'apercevoir. C'est peut-être la femme à laquelle dans la glace il jette ce regard, je ne sais pas. L'équilibre est du côté de la femme dans le couple. Y en a pas en couleurs ? 3'20"

Procédés : Après un temps de mise en route (CI-1), le sujet entame un récit par une intellectualisation (A2-2) proche de la mise en tableau (CN-3) qui, après une précaution verbale (A3-1), se focalise massivement sur le regard (A1-1) pour en permettre une justification d'ailleurs hésitante (A3-1). Puis à la suite d'une précaution verbale (A3-1) et l'accent porté sur la sphère intrapsychique (A2-4), « il a du souci », s'instaure d'une manière encore hésitante un bref récit en dialogue (B1-1) faisant ressortir une relation d'étayage (CM-1). Se succèdent petite inhibition de type refus (CI-1), changement de direction dans le cours de l'histoire (A3-4), précaution verbale (A3-1) et appui sur le percept (CL-2). Après un long silence (CI-1) survient une perte soudaine de distance (CL-1) entre le héros et le sujet interprétant « j'ai l'impression d'apercevoir », sorte de télescopage ponctuel assorti d'une précaution verbale (A3-1) lors de l'évocation érotisée (B3-2) du tiers décrit (A1-1) « jeune femme en tenue légère provocante » où surgit une perception sensorielle rare (E1-2/CL-2) « avec une jarretelle noire ».

La distance est rétablie enfin, toujours à l'aide d'une précaution verbale (A3-1), mais subsiste l'émergence d'une association courte (E4-3) suivie d'une demande faite au clinicien (CM-1).

Problématique : La difficulté à élaborer le conflit interpersonnel met particulièrement en jeu l'isolation des représentations sous-tendue, d'un côté par une image féminine maternante tenant lieu de surmoi et de moi auxiliaire, de l'autre par une image négativement érotisée de la femme donnant lieu à un basculement des limites. L'usage du jeu de miroir et du regard entraîne une solution coûteuse.

****

Planche 5

2" Ah... La porte entrouverte pour voir si les rideaux sont tirés, si le chat ne dort pas sur le lit. Ça se passe en été... Y a des ombres reportées. Ça doit sentir bon l'encaustique, des raies de lumière sur le parquet, des fleurs du jardin avec des petites bêtes qui sont restées dedans. La personne est une espèce de fée du logis, enfin ça c'est ce que je ressens mais en y regardant de plus près, ça se passe le soir et la lampe est allumée. Ça ne change rien à la chose pour moi, on pourrait broder autre chose si c'est le soir. Quelqu'un travaille le front pensif et on l'invite à en terminer ou bien... ou bien rien. Je sais pas, non je ne vois rien d'autre. J'aimerais mieux que ce soit le jour. 5'30"

Procédés : Louis entre directement dans l'expression avec une exclamation (B2-1). L'attention se focalise d'emblée, à partir d'un attachement aux détails (A1-1), sur le décor dans un mouvement d'investissement du visuel et du sensoriel (CL-2) avec une élision du sujet voyeur (CL-1). L'entrée en scène du personnage anonyme et idéalisé (CI-2/CN-2 +) renforce la formation réactionnelle (A3-3). La sensibilité extrême au sensoriel (CL-2) et le recours discret au détail rare (→ E1-2) servent la mise à distance des éléments conflictuels. On pourrait penser que ces éléments sont du côté de l'érotisation (→ B3-2). Après une idéalisation du personnage féminin anonyme (CN-2 +/CI-2) l'accent est mis sur l'éprouvé subjectif (CN-1), appuyé encore sur des éléments sensoriels et perceptifs (CL-2). S'ébauche alors un changement dans le cours du récit (A3-4) accompagné d'une dénégation (A2-3) et de précaution verbale (A3-1). L'introduction d'un personnage anonyme (B1-2/CI-2) entraîne un mouvement de formation réactionnelle (A3-3) et renforce l'anonymat des relations (B1-1, CI-1). Un fort mouvement d'inhibition (CI-1, CI-3) se termine par un commentaire avec une perte de distance entre le narrateur et le sujet de l'histoire (CL-1) où persiste l'empreinte du sensoriel (CL-2).

Problématique : Par le recours exacerbé au sensoriel et à l'idéalisation de l'image maternelle, Louis réussit à éviter la sollicitation latente de la planche en rapport avec les fantasmes de scène primitive.

****

> *Planche 6BM*
>
> 28" « Ma chère maman, il faut que je te le dise, tu ne l'apprécies pas beaucoup, mais je vais me marier »... ça me donne... ce qui me suggère cette réflexion sentimentale c'est cet aspect roman-photo qu'on retrouve dans plusieurs des dessins que vous m'avez montrés parce que ça peut être infiniment plus banal. Il peut lui demander de l'argent, dire qu'il a cassé sa voiture et qu'elle ne peut pas le conduire. Que contrairement à ce qu'il pensait il ne peut pas rester longtemps avec elle, compte tenu de ses obligations. Ce que je retiens comme tout à fait évident pour moi c'est que c'est la mère et le fils. 4'25"

Procédés : Après un silence (CI-1), le récit s'engage sous forme de dialogue (B1-1). Le conflit s'exprime à travers des représentations contrastées et porte sur l'érotisation des relations (B2-3/B3-2). Cette évocation amène un mouvement d'inhibition (CI-1) suivi d'un commentaire ironique et une critique du matériel. Le changement brusque (A3-4) vise à fuir l'érotisation au sein des relations (B3-2/B1-1). Les différentes hypothèses évoquées se chargent d'une agressivité croissante (E1-4) et aboutissent à un télescopage des rôles (E3-1). Après une justification (A1-1) qui s'ancre sur la formation réactionnelle (A3-3), le commentaire personnel (B2-1) confirme le lien de parenté des personnages (B2-1).

Problématique : Le mouvement défensif par rapport à la proximité incestueuse amène une régression dans le registre anal. Le maniement de l'agressivité fait apparaître une lutte pour échapper à une identification à l'image maternelle sur un mode homosexuel.

****

> *Planche 7BM*
>
> 10" Là ce n'est pas aussi évident pour moi que ce soit le père et le fils. Ça peut être le substitut du père, l'homme admiré, le conseiller, le patron, le supérieur. Je vois une confiance et une complicité dans l'attitude du plus vieux et une grande attention dans l'attitude du plus jeune. Ils sont complices néanmoins, ils sont sur le même plan, parlent d'une chose qu'ils connaissent bien l'un et l'autre. Oui. 2'10"

Procédés : Après une amorce de dénégation (→ A2-3) portant sur le lien de parenté (B1-1), Louis confirme cependant, avec une précaution verbale (A3-1), le personnage âgé dans une position paternelle idéalisée (CN-2 +). L'idéalisation est sous-tendue par la formation réactionnelle (A3-3). L'évocation d'un affect visant à nier toute rivalité (B1-3) est justifiée par les postures des personnages (CN-3). Le mouvement d'idéalisation s'avérant insuffisant, le remâchage (A3-1) est suivi d'une spécularisation de la relation (CN-5).

Problématique : La représentation du couple père/fils suscite une lutte à tous les niveaux pour nier l'agressivité : l'investissement homosexuel, l'idéalisation et la spécularisation viennent renforcer la formation réactionnelle qui s'avère insuffisante.

****

> *Planche 8BM*
>
> Imm. Fichtre... Apparemment une opération dans des conditions de fortune. Le personnage... asiatique je crois, au premier plan, la carabine dans l'angle gauche donnent une odeur de Malraux. J'évoque les grands romans de Malraux... comme il se doit le personnage du premier plan, puisqu'il est asiatique, est impénétrable. 1'50"

Procédés : L'entrée directe dans l'expression s'effectue par une exclamation (B2-1). Après un silence (CI-1), une intellectualisation est amenée par une précaution verbale (A3-1). La description amorcée à partir du personnage anonyme (A1-1/CI-2) s'appuie sur une perception rare articulée au sensoriel (CL-2/E1-3) suivie d'une précaution verbale (A3-1) et avec un détail non intégré (A3-4) porteur d'agressivité. Suit une référence littéraire énoncée avec un certain flou du discours (A1-4/E4-2) dans lequel se repère l'hétérogénéité des registres concret/abstrait (CL-3). Le recours à l'idéalisation (CN-2 +) « grands romans » est suivi après un silence (CI-1) d'une pirouette où se lit une confusion des limites (CM-3/CL-1).

Problématique : La mise à distance importante de l'agressivité dirigée contre l'image paternelle permet sans doute d'éviter la culpabilité et la réactivation de l'angoisse de castration. La défense semble s'effectuer également par rapport à la position homosexuelle passive.

****

Planche 10

32" C'est l'image de la tendresse. Les deux personnages sont très reposés et très chastes. On a caché les bouches, les yeux sont clos et ils se reposent. Ils se reposent l'un sur l'autre. C'est tout ce que j'ai à dire. 1'30"

Procédés : Une longue latence initiale (CI-1) introduit le récit par un affect-titre (CN-3). L'anonymat des protagonistes (CI-2) conforte la spécularité (CN-5) en refusant la proximité du mouvement libidinal et en mettant l'accent sur la posture (CN-3). La recherche d'intentionnalité de l'image (E2-2) porte sur le barrage des orifices (« bouche », « yeux »). Le refus du pulsionnel entraîne le retrait narcissique (CN-3) source de confusion entre registres concret et abstrait (CL-3). Une importante rupture associative clôt le récit restrictif (CI-1).

Problématique : Elle rend compte d'une volonté d'abrasement pulsionnel qui ne laisse plus d'autre solution qu'un repli narcissique. La tentative de se récupérer dans la relation d'étayage échoue faute d'avoir pu établir une relation anaclitique.

****

Planche 11

Imm. Ah… Qu'est-ce que c'est ?… Je pense qu'il s'agit d'une… d'un ouvrage d'art dans un lit de torrent. C'est la montagne. Je ne suis pas sûr qu'il y ait de l'eau mais il devrait y en avoir. C'est très frais. Sur le muret d'étranges choses qui pourraient être des fleurs, des oiseaux. Oui, je pense que le mur se poursuit par un petit ponton et qu'il y a un torrent près d'une maison dont on aperçoit un mur sur la droite. Je pense que ça doit sentir très bon et très frais. 2'40"

Procédés : La fuite dans l'expression et le commentaire exclamatif (B2-1) dirigé vers le clinicien (CM-1), avec une précaution verbale (A3-1), sont arrêtés par une rupture associative massive (CI-1/A3-1). À travers une confusion des limites (CL-1), Louis met finalement en place un début d'histoire à connotation intellectualisée et idéalisante (→ A2-2/CN-2) justifiée par un détail (A1-1). L'appréciation personnelle (B2-1) permet l'évocation de qualités sensorielles (CL-2/E1-3). Après une précaution verbale (A3-1) intervient un dérapage perceptif (E1-2) contrebalancé par l'appui sur le percept (CL-2). L'histoire se termine à nouveau par l'accent mis sur des qualités sensorielles valorisées (CN-4/CL-2/CN-2 +).

Problématique : L'incapacité à reconnaître les affects négatifs est le reflet d'une lutte antidépressive intense. Celle-ci passe en effet par le recours à l'idéalisation et à l'investissement du perceptif et du sensoriel pour combattre l'angoisse liée à une imago archaïque.

****

Planche 13MF

16" L'homme part travailler, je crois. Il a dit à sa compagne qu'elle peut dormir encore, qu'il a fait son café... ce genre-là. Ce genre de choses. De toute façon je pense que c'est plus plastique qu'autre chose... +++ On pourrait évidemment penser à tout autre chose avec la main sur le front de l'homme et l'attitude abandonnée de la femme... On pourrait penser qu'il est arrivé quelque chose... elle est peut-être morte après tout... pourquoi pas, c'est assez ambigu. Je vois plutôt un souci ou une composition qu'autre chose. 3'15"

Procédés : Le récit débute par l'évocation d'une scène quotidienne (CF-1) suivie d'une précaution verbale (A3-1). L'essai de mettre en relation les protagonistes (B1-1) sous couvert de formation réactionnelle (A3-3) échoue : remâchage (A3-1), flou du discours (E4-2) où percent une connotation intellectualisée et un souci d'esthétisme (A2-2) sont immédiatement suivis d'une rupture associative (CI-1). Un changement du cours de l'histoire (A3-4), une précaution verbale (A3-1) et l'utilisation des éléments manifestes de la planche (A1-1) viennent en surenchère. L'évocation de la posture du personnage féminin (CN-3) véhicule un mouvement d'inhibition grandissant (CI-1, A3-1, CI-1, CI-2) tentant d'écarter la représentation de relation érotisée (B3-2). L'évocation de la mort en commentaire (B2-1) ne suffit pas et l'histoire se termine en CN-3 (« composition ») par une association courte (E4-3) où apparaît à nouveau la confusion des registres concret/abstrait (CL-3).

Problématique : La surenchère défensive vise à écarter une représentation sexuelle sadique. La tentative d'isoler l'agressivité ne permet pas de contenir le mouvement sous-jacent.

****

Planche 19

5" Là je crois bien que c'est une maison sous la neige avec deux petites fenêtres comme deux yeux où apparaissent des personnages en chapeaux pointus et une cheminée qui doit être chaude puisque la neige a fondu autour. Et tout autour les éléments... je dirais pas qu'ils sont hostiles mais ils ont quelque chose d'un peu diabolique, j'aperçois un trou avec deux yeux blancs, qui feraient un coup autour de la maison que ça ne m'étonnerait pas. Y a du brouillard, du vent, de la neige, mais ça n'est pas foncièrement hostile. D'abord y a la maison qui est là, qui est rassurante. Je crois qu'il y a... y a des fantômes, je trouve ça plutôt assez drôle. 4'

Procédés : La saisie initiale de la planche se fait par une précaution verbale (A3-1) permettant la centration sur les détails de l'image (A1-1). La perception d'un détail bizarre nuancée par le conditionnel (→ E1-2) et l'introduction des personnages (B1-2) organisent cette première séquence du récit en une fantaisie personnelle qui se termine par l'attachement au sensoriel et aux limites (CN-4). Ensuite le mouvement de dénégation (A2-3) portant sur un contenu d'agressivité ne se maintient pas. Des éléments persécutifs apparaissent (→ E2-2, E1-2), qui font vaciller les limites (CL-1). Une remontée fragile soutenue par le recours au sensoriel (CN-4) est inefficace : remâchage (A3-1) et tentative de dénégation (A2-3) portent à nouveau sur le contenu agressif. Le recours à une représentation d'étayage échoue (CM-1). L'histoire se termine après un important mouvement d'inhibition (CI-3) par l'introduction de personnages anonymes présentés isolément du reste de l'image (B1-2, CI-2, A3-4), suivie d'une pirouette (CM-3).

Problématique : Malgré un investissement phallique apparent, Louis est aussi sensible à la bipolarité bon/mauvais qu'à la bipolarité dedans/dehors. Le mauvais reconnu dehors, sur un mode assez persécutif, est contre-investi par le recours aux limites et au sensoriel avant l'effort final maniaque.

****

Planche 16

30" La feuille n'y est pour rien mais elle porte l'espoir ou le désespoir. Je crois que le désespoir c'est la feuille blanche une fois qu'elle est passée entre mes mains et qu'elle reste blanche. Pour le reste, on peut imaginer plusieurs choses sur cette feuille blanche, on peut... on peut y passer tout entier. On peut résoudre un pensum simplement. C'est... c'est comme une feuille blanche, c'est comme un horizon ou de la neige. C'est uniquement parce qu'elle est blanche pour la neige. Je pense à la neige, de très vastes horizons qu'on peut parcourir. Laisser une marque puis peut-être espérer que ce soit à nouveau blanc pour recommencer, puis aussi c'est aussi le cauchemar de l'examen, la feuille blanche. C'est tout. 4'30"

Procédés : Après une longue latence initiale (CI-1) et une dénégation (A2-3), l'accent est mis sur l'intentionnalité de l'image (E2-2) proposée en tout ou rien (CL-4). La relance du récit dans sa première partie est compromise par la désorganisation des séquences temporelles et spatiales (E3-3) en rapport avec l'expression d'une thématique d'impuissance massive (E2-3). Louis tente alors sur le mode de l'hésitation entre deux thèmes (A3-1) d'élaborer cette intense angoisse mais la tentative échoue : l'attitude projective massive (E2-3) se révèle à travers la porosité des limites (CL-1). Le changement du cours de l'histoire (A3-4) signe la remontée défensive à caractère annulatoire

(A3-2). Louis poursuit alors en s'accrochant aux qualités sensorielles (CL-2), aux limites et aux contours (CN-4) en les rationalisant (A1-1). Un discret mouvement d'idéalisation (CN-2) tend à le soutenir. La connotation anale (« laisser une marque ») fugitive sert d'appui au déploiement du discours sur un mode plus névrotique dans un contexte dramatisé (B2-4) mais néanmoins par le biais du percept et du sensoriel (CL-2) qui résonne à la relation de test.

Problématique : L'histoire met en évidence une problématique massive d'impuissance. Traitée en tout ou rien, elle appelle de nouveau chez Louis l'investissement du sensoriel et des limites. Elle le renvoie à la fragilité de son monde interne sans cesse menacé d'effractions projectives qu'il tente de contre investir, outre par le sensoriel et les limites, par l'idéalisation et l'ancrage narcissique. Grâce à ces mécanismes, il va pouvoir s'appuyer sur un fantasme anal qui dérive vers un fantasme narcissique. Mais l'angoisse de castration très intense fait échouer ce mouvement, le faisant retomber dans sa fragilité identitaire.

3.2 Synthèse : Louis, 50 ans

Voir feuille de dépouillement page suivante.

3.3 Compte rendu

L'opposition latente à la situation proposée est perceptible dans le protocole. Louis se présente sur un mode assez séducteur, particulièrement en proposant au psychologue des références culturelles un peu recherchées et pas toutes convaincantes (« J. Ferry », « odeur de Malraux », etc.).

Le style général semblerait à première vue de type contrôle. Cependant il contraste fortement avec la difficulté discursive : comprendre demande souvent une lecture attentive (fin de la planche 2, planche 4 par exemple). On a l'impression d'une pensée tortueuse (ou distordue) tout à fait éloignée de ce que le niveau socioculturel, l'absence de souffrance psychopathologique reconnue et le style « en A » pourraient faire attendre.

Parmi les procédés les plus représentés du registre rigide, les A2 (A2-2, A2-3, A2-4) et les A3 (A3-1, A3-3, A3-4) traduisent un effort de maîtrise pulsionnelle assez contraignant : maîtrise notamment de l'agressivité et de la coloration sadique de l'investissement libidinal.

S'y ajoute un investissement du descriptif qui a tout autant valeur d'ancrage que de contrôle. Il faut faire un sort spécial à la précaution verbale que Louis utilise de manière itérative, confinant aux commentaires, souvent à valeur narcissique. De la même manière, aux références culturelles relativement nombreuses s'adosse presque toujours un mouvement d'idéalisation.

Série A Rigidité	Série B Labilité	Série C Évitement du conflit	Série E Émergences des processus primaires
A1 Référence à la réalité externe + A1-1 : Description avec attachement aux détails avec ou sans justification de l'interprétation A1-2 : Précisions : temporelle – spatiale – chiffrée A1-3 : Références sociales, au sens commun et à la morale ++ A1-4 : Références littéraires, culturelles **A2 Investissement de la réalité interne** A2-1 : Recours au fictif, au rêve ++ A2-2 : Intellectualisation ++ A2-3 : Dénégation + A2-4 : Accent porté sur les conflits intra-personnels – Aller/retour entre l'expression pulsionnelle et la défense **A3 Procédés de type obsessionnel** +++ A3-1 : Doute : précautions verbales, hésitation entre interprétations différentes, remâchage + A3-2 : Annulation ++ A3-3 : Formation réactionnelle + A3-4 : Isolation entre représentations ou entre représentation et affect – Affect minimisé	**B1 Investissement de la relation** ++ B1-1 : Accent porté sur les relations interpersonnelles, mise en dialogue + B1-2 : Introduction de personnages non figurant sur l'image + B1-3 : Expressions d'affects **B2 Dramatisation** ++ B2-1 : – Entrée directe dans l'expression ; Exclamations ; Commentaires personnels. – Théâtralisme ; Histoire à rebondissements. B2-2 : Affects forts ou exagérés + B2-3 : Représentations et/ou affects contrastés – Aller/retour entre désirs contradictoires + B2-4 : Représentations d'actions associées ou non à des états émotionnels de peur, de catastrophe, de vertige… **B3 Procédés de type hystérique** B3-1 : Mise en avant des affects au service du refoulement des représentations + B3-2 : Érotisation des relations, symbolisme transparent, détails narcissiques à valeur de séduction + B3-3 : Labilité dans les identifications	**CF Surinvestissement de la réalité externe** + CF-1 : Accent porté sur le quotidien, le factuel, le faire – Référence plaquée à la réalité externe CF-2 : Affects de circonstance, références à des normes extérieures **CI Inhibition** +++ CI-1 : Tendance générale à la restriction (temps de latence long et/ou silences importants intrarécits, nécessité de poser des questions, tendance refus, refus) ++ CI-2 : Motifs des conflits non précisés, banalisation, anonymat des personnages + CI-3 : Éléments anxiogènes suivis ou précédés d'arrêt dans le discours **CN Investissement narcissique** + CN-1 : Accent porté sur l'éprouvé subjectif – Références personnelles CN-2 : Détails narcissiques – Idéalisation de la représentation de soi et/ou de la représentation de l'objet (valence + ou -) ++ CN-3 : Mise en tableau – Affect-titre – Posture signifiante d'affects ++ CN-4 : Insistance sur les limites et les contours et sur les qualités sensorielles + CN-5 : Relations spéculaires **CL Instabilité des limites** ++ CL-1 : Porosité des limites (entre narrateur/sujet de l'histoire ; entre dedans/dehors…) ++ CL-2 : Appui sur le percept et/ou le sensoriel +++ CL-3 : Hétérogénéité des modes de fonctionnement (interne/externe ; perceptif/symbolique ; concret/abstrait…) + CL-4 : Clivage **CM Procédés anti-dépressifs** + CM-1 : Accent porté sur la fonction d'étayage de l'objet (valence + ou -) – Appel au clinicien CM-2 : Hyperinstabilité des identifications + CM-3 : Pirouettes, virevoltes, clin d'œil, ironie, humour	**E1 Altération de la perception** E1-1 : Scotome d'objet manifeste + E1-2 : Perception de détails rares ou bizarres avec ou sans justification arbitraire E1-3 : Perceptions sensorielles – Fausses perceptions E1-4 : Perception d'objets détériorés ou de personnages malades, malformés **E2 Massivité de la projection** E2-1 : Inadéquation du thème au stimulus – Persévération – Fabulation hors image – Symbolisme hermétique + E2-2 : Évocation du mauvais objet, thème de persécution, recherche arbitraire de l'intentionnalité de l'image et/ou des physionomies ou attitudes – Idéalisation de type mégalomaniaque + E2-3 : Expressions d'affects et/ou de représentations massifs – Expressions crues liées à une thématique sexuelle ou agressive **E3 Désorganisation des repères identitaires et objectaux** E3-1 : Confusion des identités – Télescopage des rôles E3-2 : Instabilité des objets + E3-3 : Désorganisation temporelle, spatiale ou de la causalité logique **E4 Altération du discours** E4-1 : Troubles de la syntaxe – Craquées verbales + E4-2 : Indétermination, flou du discours + E4-3 : Associations courtes E4-4 : Associations par contiguïté, par consonance, coq-à-l'âne…

Feuille de dépouillement : Louis, 50 ans

Ces procédés rigides sont souvent inefficaces. Le recours aux procédés de type labile, beaucoup moins fréquent, pourrait donner l'impression d'être plus dégageant dans la mesure où ils sont plus tolérants à l'expression de la pulsion. Ces procédés sont presque tous représentés, à l'exclusion de ceux qui signalent l'exagération de l'affect. L'utilisation des commentaires est abondante mais – c'est le cas de la précaution verbale – elle paraît souvent être aussi au service de la visée narcissique.

Placage, évitement et anonymat concourent à l'effort de maîtrise, mais la suspension de la séquence discursive (CI-1, CI-3) devient parfois drastique et n'est peut-être plus alors à considérer comme un mode de fonctionnement du champ névrotique.

Les modes de fonctionnement portant sur « l'investissement narcissique » et sur « l'instabilité des limites » sont manifestement prévalents. Ceux-ci sont tous représentés de manière importante, l'accent étant surtout mis sur les qualités sensorielles et perceptives, la spécularité des relations et, plus discrètement, sur le repérage des limites et des contours. On doit s'interroger sur la fonction de ces mécanismes, qui semblent plutôt assurer un sentiment d'exister que viser à investir une représentation de soi à ériger.

Les procédés de type « maniaque » (CM-1, CM-3) viennent conforter cette impression. Louis lutte contre l'angoisse de castration mais plus encore contre sa dérive presque immédiate dans le champ d'une angoisse plus existentielle.

L'investissement contraignant de la réalité entraîne des « émergences en processus primaire » (perceptions rares, formulations de la pensée qui deviennent difficiles à suivre). La vulnérabilité du monde interne, qui engage le recours aux défenses narcissiques et le raccrochage aux limites précédemment évoqués, suscite également dans le registre E une manipulation inhabituelle du temps et de l'espace et en particulier une fragilité de l'attitude projective. Les émergences persécutives permettent parfois d'élaborer cette vulnérabilité en constituant un mauvais dehors. Ceci se révèle cependant relativement peu efficace : le dedans demeure inquiétant, ce qui entraîne l'affleurement de mouvements maniaques (planches 19 et 16).

■ *La problématique*

Le premier mouvement de Louis semble être d'aménager la sollicitation pulsionnelle dans le registre anal. L'objet « mère », dévalorisé, est en butte à une agressivité érotisée (planche 6BM), cohérente avec la position homosexuelle privilégiée que suscite la sollicitation incestueuse des planches 5, 6BM, 7BM. Identification à la place maternelle, relation à l'image paternelle, soit sur le mode du même soit dans la complicité (7BM), complètent le scénario fantasmatique.

L'investissement du sensoriel en guise d'expression du pulsionnel pourrait être compris dans ce registre. La défense y paraîtrait efficace si l'agressivité à l'égard de l'image paternelle ne faisait tout basculer, la contention dans une position homosexuelle passive entraînant de nouveau l'angoisse de castration.

L'identification féminine est très sollicitante (6BM, 2, 3BM). Parfois teintée d'envie, elle entraîne des vacillements identitaires et une exigence de contre-investissement narcissique contraignante chargée surtout d'assurer les limites toujours en danger de s'effondrer (*cf.* les altérations de l'attitude projective, planche 3BM : « je dirais bien que je ne peux rien dire d'autre parce qu'il me tourne le dos » et planche 16 : « on peut y passer tout entier »).

C'est sans doute devant cette menace de vacillement des limites que Louis organise un certain nombre de défenses du champ persécutif et, *particulièrement*, une représentation du monde en bon dedans/mauvais dehors : « des fleurs… avec des petites bêtes qui sont restées dedans » (planches 5, 19).

Dès lors, on comprend les mouvements dépressifs dont témoigne le TAT fortement contre-investis par l'idéalisation et, à un moindre degré, l'humour. Cet humour, comme la richesse d'utilisation du sensoriel, permettent par moments une création poétique. Mais dans le reste du protocole, toutes les forces de Louis sont utilisées à se défendre contre la souffrance psychique, ce qui le stérilise.

4 CHRISTINE, 19 ANS : ÉTAT-LIMITE DÉPRESSIF

4.1 Analyse planche par planche

L'ensemble des récits est placé sous le signe de l'inhibition (CI-1, CI-2).

> *Planche 1*
>
> C'est un petit garçon qu'on oblige à jouer du violon et puis qui boude devant en faisant autre chose… enfin qui se bloque devant l'instrument.
>
> (?)… Il finira par essayer de jouer, par jouer sans forcément avoir du plaisir et puis… voilà…

Procédés : La reconnaissance passe par l'introduction d'un personnage anonyme (B1-2, CI-2) dans l'ébauche d'une conflictualisation interpersonnelle (→ B1-1). L'agressivité retenue se manifeste par une expression modulée d'affects (B1-3), puis après un silence (CI-1), se fige dans un mouvement d'inhibition radical à résonance motrice (→ CN-3) au risque d'un vacillement des limites (CL-1). La relance du psychologue débouche sur un placage (CI-2) plus ou moins entravé par une dénégation (→ A2-3). La fin abrupte est marquée par un procédé d'inhibition (CI-3).

Problématique : L'enfant se dessaisit de son désir et le projette sur une instance anonyme qui viendrait le contraindre à jouer. À partir de là, s'instaure une problématique anale (contrainte/opposition) où la dimension relationnelle s'estompe au profit d'une attitude à valence caractérielle. Le « petit garçon » s'inhibe corporellement, le récit se bloque et Christine en fait autant par identification massive au héros. L'étayage fourni par la question du clinicien permet d'entrevoir un meilleur registre de fonctionnement par l'abord de la castration.

****

> *Planche 2*
>
> Une jeune fille qui... qui habite à la campagne, dont les parents sont paysans, qui aime étudier, qui hésite entre continuer ses études ou rester à la ferme. Elle se sent différente. Pis elle choisira les études.

Procédés : Le récit présenté sur un mode banalisé (CI-2) est construit d'emblée sur une relation (→ B1-1). L'évocation du conflit intrapsychique (A2-4) recouvre l'hésitation entre satisfaire un désir intellectuel (« aime ») (B1-3) ou pas. Désir qui s'inscrit en fait dans une visée d'idéalisation (→ CN-2) par rapport aux figures parentales indifférenciées. Le récit s'achève sur un placage (CI-2).

Problématique : L'inhibition et le placage viennent obérer le conflit qui ne peut se mettre au jour face aux instances idéales. La différence de générations est perçue d'emblée, mais les parents sont traités sur le mode d'une entité globale qui entraîne une relation duelle et non véritablement triangulaire.

****

> *Planche 3BM*
>
> C'est un enfant qui est triste parce qu'on l'a attrapé et qui attend que quelqu'un vienne le chercher pour le consoler. C'est tout.
>
> (?)... Que quelqu'un va venir et va lui parler pour qu'il comprenne non seulement ce qu'on lui demande mais pourquoi.

Procédés : L'entrée est directe dans l'expression par un affect (B1-3) prêté à un personnage non sexué (« enfant »). L'introduction d'un personnage anonyme (« on ») (B1-2, CI-2) s'inscrit dans une interrelation basée sur une demande d'étayage (CM-1) qui reste sans adresse (CI-2). La restriction, l'inhibition (CI-3) et l'intervention du psychologue ont pour effet de renforcer l'étayage (CM-1), toujours à l'abri d'un anonymat des personnages (B1-2, CI-2) et d'entraîner une nuance projective incluse dans le « pourquoi », qui révèle la fragilité des espaces intérieur et extérieur (CL-3).

Problématique : L'affect dépressif est reconnu ; cependant le conflit est banalisé et débouche sur une demande d'étayage. L'inhibition est levée par la question du psychologue ; celle-ci d'une part renforce la demande d'étayage et d'autre part dévoile une absence de culpabilité par un renversement des rôles où l'enfant demande des justifications à ce qui tient lieu d'instances parentales : ce qui corrobore le fait que le surmoi n'est pas du tout intériorisé.

****

> *Planche 4*
>
> … C'est une jeune fille qui essaie de retenir son fiancé, enfin je sais pas, qui doit partir pour une raison… pour son travail ou bien… et il partira quand même mais ils ont pas l'air fâché. De toute façon il partira.

Procédés : Après une latence initiale (CI-1), le thème banal est énoncé avec une ébauche d'érotisation (→ B3-2) qui tient compte de la tension conflictuelle (B1-1). Intervient une tentative de dénégation (→ A2-3) (« je sais pas ») qui ne s'affirmera qu'en un second temps (A2-3) (« pas l'air fâché »), après que la formation réactionnelle (A3-3) eut interrompu la tension sous-jacente. La représentation d'action finale est donnée dans un remâchage (A3-1).

Problématique : Après une ébauche de mise en tension conflictuelle, le repli stratégique s'opère et il ne devrait plus être question ni de conflit ni d'agressivité ni d'affects désagréables. Cependant, l'abrasement n'est pas total : il existe des rejetons du refoulé à travers les mécanismes de défenses rigides.

****

> *Planche 5*
>
> C'est une femme qui rentre dans une pièce pour regarder si tout est en ordre ou si ses enfants dorment et qui a l'air surprise de trouver la lumière allumée… C'est tout.
>
> (?) Ben qu'elle les recouchera et qu'elle éteindra la lumière (sourit).

Procédés : L'évocation d'une thématique d'ordre et de rangement (A3-3) est présentée dans une alternative (A3-1) avec l'introduction de personnage (B1-2) à travers l'amorce d'une scène inquiétante ou excitante (CI-3). Cette ébauche de scène s'appuie sur l'expression d'un affect (B1-3) relayé par du sensoriel (CN-4). La question posée (CI-1) renforce la banalisation (CI-2), un mouvement défensif par le factuel (CF-1) et le recours à une réponse comportementale.

Problématique : Les modalités défensives (formation réactionnelle, inhibition, recours au factuel, au sensoriel et au comportement) portent sur la pulsion voyeuriste en rapport à une scène primitive dont les protagonistes seraient paradoxalement les enfants.

****

> *Planche 6GF*
>
> Une jeune fille qui écoute son père lui parler. Ben il lui donne des conseils et elle a pas l'air très emballée, enfin, elle a pas l'air d'accord mais ils s'attrapent pas... Après... une fois qu'il sera plus là, elle réfléchira et... elle fera peut-être ce qu'il lui dit.

Procédés : Le récit s'ouvre sur une relation interpersonnelle (B1-1) qui, sous couvert de précautions verbales (A3-1), annonce une conflictualisation. Celle-ci apparaît sous forme de dénégation (A2-3) suivie par l'inhibition (CI-3). Le récit se termine par un essai d'intériorisation du conflit (A2-4) sous forme dubitative (A3-1).

Problématique : Après ébauche de libidinalisation père/fille sur le mode de l'échange, la relation se dégrade et se dit en termes d'opposition. Mais la charge agressive ne peut être acceptée et donne lieu à l'apparition de mécanismes de dénégation et d'inhibition. Cependant, en l'absence de l'objet un compromis peut se dessiner dans la mesure où il en est potentiellement tenu compte.

****

> *Planche 7GF*
>
> Une petite fille qui tient une poupée dans ses bras... enfin... mais pas très tendrement, comme un vague jouet, qui a l'air de regarder ailleurs avec envie, et sa mère qui est à côté a l'air plus intéressée par la poupée que la petite fille, elle a l'air de s'ennuyer la petite fille... la mère va se remettre à lire et la petite fille restera comme ça.

Procédés : Le récit s'ouvre sur un attachement au détail (A1-1) qui annonce le mouvement d'isolement qui va suivre. Après hésitation (CI-1), se présente la dénégation d'un affect tendre (A2-3, B1-3) à l'égard de l'objet « poupée » substitut de l'enfant. Le désinvestissement de l'objet s'accompagne d'une expression d'affect fort (B2-2), source de désorganisation momentanée (→ E4-2). L'isolement (A3-4) intervient par rapport au personnage maternel qui privilégie l'objet inanimé « poupée », au détriment de la relation vivante (→ B1-1). Si bien que la petite fille se retrouve renvoyée à un vide interne (CN-1) et après un nouveau silence (CI-1), l'accent est à nouveau mis sur la non-communication (A2-4) ; la mère retourne à ses occupations factuelles (CF-1) et la fille sans étayage reste confrontée à sa vacuité interne (CM-1).

Problématique : À partir d'une identification à la fonction maternelle, le mouvement de désinvestissement de l'objet renvoie aussitôt à un vécu de faille, voire de vide, inélaborable au moyen d'une représentation mentale et/ou d'un affect dépressif ; tout se passe comme si l'enfant ne rencontrait pas dans le regard de la mère le miroir susceptible de le faire exister.

****

> *Planche 9GF*
>
> Une jeune fille qui est grimpée dans un arbre, qui... qui en voit une autre passer en courant. Alors elle descendra puis... si elle la connaît elle ira lui demander ce qu'elle a et si elle peut l'aider.

Procédés : L'entrée directe, voire précipitée, dans la planche introduit une désorganisation a minima du langage (→ E4-1) où se superposent usage de l'actif et du passif. Suit un mouvement d'inhibition (CI-1), un anonymat qui porte sur l'introduction du deuxième personnage (CI-2) vu en action (CF-1). L'accent est mis sur le faire (CF-1) assorti à nouveau d'un trouble syntaxique, toujours *a minima*, qui porte sur l'usage des temps (futur-présent) (→ E3-3). L'éventualité d'une conflictualisation est évacuée par la mise en place d'une formation réactionnelle (A3-3).

Problématique : La difficulté à prendre en charge les motions pulsionnelles agressives réactivées par la rivalité féminine se traduit par un récit empreint de désorganisation spatiale et temporelle. La formation réactionnelle finale rend compte d'une réorganisation relative.

****

> *Planche 10*
>
> C'est une femme qui est dans les bras de son mari, qui cherche le réconfort, enfin ils ont l'air triste tous les deux, ils cherchent un appui réciproque.

Procédés : À la relation érotisée (B1-1 → B3-2) se substitue une polarité d'étayage (CM-1). L'expression d'un affect dysphorique (B1-3) précède une relation de type spéculaire (CN-5) où se lit à nouveau le besoin d'étayage (CM-1).

Problématique : La relation hétérosexuelle se transforme en relation spéculaire, car elle est sous-tendue par une infinie recherche d'étayage.

****

> *Planche 11*
>
> ... Des hommes qui courent pour se protéger contre... une espèce d'animal, enfin y a une ambiance de catastrophe, le ciel est noir et ils courent vers une grande bâtisse pour se protéger. Malgré le cadre hostile, ils arriveront à se mettre à l'abri.

Procédés : Après un temps de latence initial (CI-1), la planche est traitée sur un mode d'apparence labile phobique (B2-4, CI-3) où le sensoriel (CN-4) a une grande importance, avec présence d'un animal phobogène (A1-1) et de personnages introduits (B1-2). La demande d'étayage est néanmoins présente (CM-1), sous-tendue par une dimension projective persécutive a minima (→ E2-2).

Problématique : La réactivation d'une problématique prégénitale met en œuvre des défenses contraphobiques qui recouvrent en fait un second registre de fonctionnement marqué par la recherche d'un contenant protecteur et délimitant vis-à-vis d'un monde extérieur hostile.

****

> *Planche 13MF*
>
> C'est un homme qui se lève le matin pour aller travailler et qui est encore fatigué… Sa femme reste couchée, mais il a du mal à partir, à émerger de son sommeil, enfin de toute façon il partira.

Procédés : Le récit se déroule sur un mode factuel et banalisé (CF-1, CI-2) empreint d'inhibition (CI-1) malgré une reconnaissance de l'interrelation (« sa femme ») (B1-1 → B3-2).

Problématique : Le conflit lié à la sexualité et à l'agressivité dans le couple est évincé, quasiment dénié. Celui-ci s'avère contre-investi par le quotidien, le factuel, dans un contexte où domine toujours l'inhibition. On peut se demander si l'évocation de la régression dans le sommeil constitue une modalité défensive.

****

> *Planche 19*
>
> C'est une maison dans la neige avec une cheminée, enfin une maison avec une cheminée dans la neige, avec un ciel très nuageux. L'intérieur de la maison a l'air clair et chaud.
>
> (?) Ben qu'il va continuer à neiger encore un moment et les gens vont rester dans la maison.

Procédés : Le récit commence par une description (A1-1) qui achoppe sur une formulation un peu inadéquate dans l'organisation de l'espace (CL-1), mais aussitôt rétablie. Il se poursuit par un surinvestissement de la sensorialité avec sa double dimension d'accent mis sur les qualités sensorielles (CN-4) et la délimitation des espaces intérieur/extérieur (CL-2). Après relance du psychologue (CI-1), le récit se termine sur un placage (CI-2) introduisant des personnages (B1-2) anonymes (CI-2).

Problématique : À travers la légère désorganisation syntaxique du début, peut se lire une problématique phallique narcissique en terme d'objet partiel à attribuer et en même temps la difficulté de délimiter les espaces dedans/dehors. Le surinvestissement des qualités sensorielles va favoriser cette différenciation et le refuge dans un contenant protecteur.

****

> *Planche 16*
>
> C'est l'histoire d'un enfant qui est chez lui et qui joue dans son parc et qui a plein de jouets autour de lui... qui malgré tout ne s'amuse pas, qui se met à pleurer. Sa mère qui est à côté le prend et joue avec lui et il s'arrête de pleurer.

Procédés : Le personnage introduit (B1-2) (« enfant ») est campé dans un espace délimité (« chez », « dans », « autour ») (CN-4) et apparaît nanti (CN-2) d'objets concrets dans une activité délibidinalisée qui tourne à vide (CF-1). L'absence d'investissement du « jouet » corrélative d'un sentiment de vide intérieur débouche sur une expression motrice équivalente d'affect dépressif (B1-3). Le personnage maternel (B1-2) est d'abord présenté comme isolé, à côté (A3-4) puis capable d'accomplir sa fonction d'étayage (CM-1) dans l'exclusivité du holding corporel. Une réanimation de la relation (B1-1) est offerte à partir de là.

Problématique : La planche renvoie directement à la dépression et à l'incapacité d'être seul, faute de constitution d'un objet interne. La tentative de mettre en place un déni sous la forme d'un remplissage ludique au moyen d'objets réels externes (« jouets ») échoue et laisse la place à un non-investissement et à l'expression d'affects dépressifs. Seul l'objet maternel dans sa présence tangible et « porteuse » est susceptible d'enrayer les manifestations visibles de la dépression (« pleurer »).

4.2 Synthèse : Christine, 19 ans

Voir feuille de dépouillement page 185.

4.3 Compte rendu

Malgré une entrée le plus souvent immédiate dans l'expression, l'utilisation d'affects forts et l'accent porté sur un début de conflictualisation, l'ensemble des récits est placé sous le signe de l'inhibition. Si bien que l'impression globale donnée est celle d'un matériel personnel offert et aussitôt soustrait, entravant la compréhension du texte.

Le contraste est en effet frappant au niveau des procédés entre l'utilisation relativement large des B (B1, B2, B3) et la masse des facteurs d'inhibition venant verrouiller l'expression interpersonnelle et pulsionnelle.

Le meilleur registre serait indéniablement assuré par la manière dont certaines représentations de relation et certains affects vont être repris sur le mode du contrôle (A) (formation réactionnelle, dénégation, isolation) pour définir la frange la plus névrotique du protocole.

Mais le plus souvent, les nombreux personnages introduits, notamment à travers une érotisation sous-jacente, sont aussitôt anonymes, campés dans une situation banale et déconflictualisée (CI) qui se perd par moment dans la pensée opératoire (CF).

On notera le relais pris par les procédés CN et CL et l'importance accordée aux procédés CM faisant glisser le versant interpersonnel sur une polarité d'étayage et de perte.

■ *La problématique*

À peine effleuré, le conflit interpersonnel et intrapsychique est réprimé et voudrait bien être abrasé totalement mais les rejetons du refoulé apparaissent et s'infèrent à travers les mécanismes de défense (annulation, dénégation et formation réactionnelle). Les placages, les banalisations sont là pour assurer qu'il ne se passe rien, ni au niveau de l'agressivité ni de la sexualité. Bien que l'angoisse de castration soit inscrite en filigrane, l'essentiel se joue au niveau de la dépression liée à l'angoisse de perte d'objet. La demande d'étayage est patente, mais on peut se demander si c'est une façon de régresser vers une position d'enfant immature attendant le secours de l'adulte pour éviter ainsi de se situer dans une position où le « je » serait assumé, ce qui signifierait autonomie mais aussi opposition, conflit potentiel et accès à la culpabilité. On peut se demander à l'inverse si la précarité des limites tributaire de la fragilité des assises narcissiques ne constitue pas le frein principal d'accès à une position plus évoluée.

Quoi qu'il en soit, l'identification à une mère, dans sa double dimension de femme et de génitrice, se trouve barrée tandis qu'une ébauche de conflictualisation vis-à-vis de l'homme est envisageable.

En définitive, la difficulté d'élaborer la position dépressive s'articule à la quête d'une relation d'étayage. Faute d'avoir introjecté l'objet absent, Christine a besoin de l'objet réel externe afin de colmater le vide interne.

L'hypothèse diagnostique la plus vraisemblable est donc celle d'un fonctionnement limite caractérisé par une mince frange névrotique et l'importance de la faille narcissique.

Série A Rigidité	Série B Labilité	Série C Évitement du conflit	Série E Émergences des processus primaires
A1 Référence à la réalité externe + A1-1 : Description avec attachement aux détails avec ou sans justification de l'interprétation A1-2 : Précisions : temporelle – spatiale – chiffrée A1-3 : Références sociales, au sens commun et à la morale A1-4 : Références littéraires, culturelles **A2 Investissement de la réalité interne** A2-1 : Recours au fictif, au rêve A2-2 : Intellectualisation ++ A2-3 : Dénégation + A2-4 : Accent porté sur les conflits intra-personnels – Aller/retour entre l'expression pulsionnelle et la défense **A3 Procédés de type obsessionnel** A3-1 : Doute : précautions verbales, hésitation entre interprétations différentes, remâchage A3-2 : Annulation ++ A3-3 : Formation réactionnelle + A3-4 : Isolation entre représentations ou entre représentation et affect – Affect minimisé	**B1 Investissement de la relation** ++ B1-1 : Accent porté sur les relations interpersonnelles, mise en dialogue ++ B1-2 : Introduction de personnages non figurant sur l'image + B1-3 : Expressions d'affects **B2 Dramatisation** B2-1 : – Entrée directe dans l'expression ; Exclamations ; Commentaires personnels. – Théâtralisme ; Histoire à rebondissements. + B2-2 : Affects forts ou exagérés B2-3 : Représentations et/ou affects contrastés – Aller/retour entre désirs contradictoires B2-4 : Représentations d'actions associées ou non à des états émotionnels de peur, de catastrophe, de vertige… **B3 Procédés de type hystérique** B3-1 : Mise en avant des affects au service du refoulement des représentations + B3-2 : Érotisation des relations, symbolisme transparent, détails narcissiques à valeur de séduction B3-3 : Labilité dans les identifications	**CF Surinvestissement de la réalité externe** ++ CF-1 : Accent porté sur le quotidien, le factuel, le faire – Référence plaquée à la réalité externe CF-2 : Affects de circonstance, références à des normes extérieures **CI Inhibition** +++ CI-1 : Tendance générale à la restriction (temps de latence long et/ou silences importants intrarécits, nécessité de poser des questions, tendance refus, refus) +++ CI-2 : Motifs des conflits non précisés, banalisation, anonymat des personnages + CI-3 : Éléments anxiogènes suivis ou précédés d'arrêt dans le discours **CN Investissement narcissique** CN-1 : Accent porté sur l'éprouvé subjectif – Références personnelles CN-2 : Détails narcissiques – Idéalisation de la représentation de soi et/ou de la représentation de l'objet (valence + ou -) CN-3 : Mise en tableau – Affect-titre – Posture signifiante d'affects ++ CN-4 : Insistance sur les limites et les contours et sur les qualités sensorielles → CN-5 : Relations spéculaires **CL Instabilité des limites** ++ CL-1 : Porosité des limites (entre narrateur/sujet de l'histoire ; entre dedans/dehors…) CL-2 : Appui sur le percept et/ou le sensoriel ++ CL-3 : Hétérogénéité des modes de fonctionnement (interne/externe ; perceptif/symbolique ; concret/abstrait…) CL-4 : Clivage **CM Procédés anti-dépressifs** +++ CM-1 : Accent porté sur la fonction d'étayage de l'objet (valence + ou -) – Appel au clinicien CM-2 : Hyperinstabilité des identifications CM-3 : Pirouettes, virevoltes, clin d'œil, ironie, humour	**E1 Altération de la perception** E1-1 : Scotome d'objet manifeste E1-2 : Perception de détails rares ou bizarres avec ou sans justification arbitraire E1-3 : Perceptions sensorielles – Fausses perceptions E1-4 : Perception d'objets détériorés ou de personnages malades, malformés **E2 Massivité de la projection** E2-1 : Inadéquation du thème au stimulus – Persévération – Fabulation hors image – Symbolisme hermétique → E2-2 : Évocation du mauvais objet, thème de persécution, recherche arbitraire de l'intentionnalité de l'image et/ou des physionomies ou attitudes – Idéalisation de type mégalomaniaque E2-3 : Expressions d'affects et/ou de représentations massifs – Expressions crues liées à une thématique sexuelle ou agressive **E3 Désorganisation des repères identitaires et objectaux** E3-1 : Confusion des identités – Télescopage des rôles E3-2 : Instabilité des objets → E3-3 : Désorganisation temporelle, spatiale ou de la causalité logique **E4 Altération du discours** → E4-1 : Troubles de la syntaxe – Craquées verbales → E4-2 : Indétermination, flou du discours E4-3 : Associations courtes E4-4 : Associations par contiguïté, par consonance, coq-à-l'âne…

Feuille de dépouillement : Christine, 19 ans

5 SÉBASTIEN, 20 ANS : SCHIZOPHRÉNIE

5.1 Analyse planche par planche

> *Planche 1*
>
> 15'' Ce serait l'interprétation de la vie de Mozart. Il faut que je la raconte ? C'est dur... Surtout que Mozart était un pianiste, non c'était un violoniste. L'histoire c'est la vie de Mozart. C'est tout. (Retourne la planche). 1'20''

Procédés : Amorcé par une précaution verbale (A3-1) et une référence culturelle valorisante (A1-4, CN-2) où l'emploi ambigu du mot « interprétation » indique le glissement vers la confusion narrateur/sujet (CL-1), le récit est alors interrompu par une question adressée au clinicien (CM-1) suivie par l'expression de l'incapacité (CN-2-) à travers le commentaire « c'est dur ». Après un silence (CI-1), l'histoire ne peut se construire, mais un remâchage et un doute stériles (A3-1) renvoient à un doute identitaire (E3-1).

La pseudo-intellectualisation, par laquelle le sujet essaie de renouer avec le thème proposé (A1-4) n'est, en fait, qu'une référence plaquée sur l'incapacité à fantasmer.

Le récit, très restrictif, se termine abruptement par un refus (CI-1). Outre l'inhibition massive, il faut relever le scotome partiel du violon, identifié mais non investi (→ E1).

Problématique : L'inhibition massive ne permet pas l'élaboration d'un récit. Le contenu latent se dérobe et l'histoire reste figée sur le doute identitaire, malgré le recours à une référence très valorisante culturellement.

****

> *Planche 2*
>
> 5'' Alors ce serait une histoire euh... La Fontaine ça va pas... Je peux imaginer ? Ce serait une histoire calquée sur le *Laboureur et ses fils* de La Fontaine, le thème ce serait le travail est un trésor, qu'il laboure son champ et qu'il y a la fille qui travaille pendant ce temps-là, alors que le bonhomme travaille par amour pour le fils qu'il attend, enfin pour l'enfant qu'il attend et elle travaille pour l'avenir. 2'20''

Procédés : Amorcée par une précaution verbale (A3-1) suivie d'un silence (CI-1), la référence culturelle est critiquée (A1-4, CN-2-) mais non élaborée. L'appel au clinicien (CM-1) et la référence culturelle renouvelée (A1-4) dérapent sur un scotome de la femme enceinte (E1-1) et un double télescopage des rôles (confusion des deux personnages féminins et des rôles paternel et maternel (E3-1).

La cohérence du récit se perd (E4-2), compte tenu d'associations courtes (E4-3).

Problématique : Les confusions identitaires mises ici en évidence rendent impossible l'accès à la triangulation.

****

> *Planche 3BM*
>
> 35" Ce serait une histoire calquée sur, enfin qui se passerait pendant la deuxième guerre mondiale... ce serait une femme qui... qui attend le retour de son homme et donc qui a du chagrin. 1'30"

Procédés : Le temps de latence allongé (CI-1) se poursuit comme à l'accoutumée par une précaution verbale (A3-1) et une précision temporelle et culturelle (A1-2, A1-4).

Après un silence (CI-1), le récit est repris sur un mode plus personnel avec l'introduction d'un personnage (B1-2) et l'évocation d'une thématique de perte (CM-1) dans une relation érotisée (B3-2). Cependant, l'affect paraît plus dicté par les circonstances que réellement vécu (CF-2).

Problématique : La position dépressive est reconnue mais ne peut être élaborée. Elle se fige dans un affect de circonstance.

****

> *Planche 4*
>
> 30" Ce serait James Bond 007... une histoire très simple... enfin comment dire, plus portée sur l'acte que sur l'histoire elle-même. 1'02"

Procédés : Le temps de latence reste long (CI-1) à l'abri d'une précaution verbale (A3-1), le récit extrêmement bref et haché (CI-1) est centré sur un héros masculin viril issu d'une référence culturelle (A1-4, CN-2) alors que le personnage féminin est scotomisé (E1-1).

Après une tentative de dénégation (A2-3) (« une histoire très simple »), où Sébastien essaie d'éluder la confrontation au contenu latent, la précaution verbale ne permet pas de relancer le récit, du fait de l'émergence d'une association courte (E4-3) où resurgit le symbolisme sexuel à travers le flou du discours (B3-2, E4-2).

Problématique : Le scotome du personnage féminin permet de contraindre l'émergence de mouvements pulsionnels et l'excitation trop forte liée à la relation hétérosexuelle.

****

> *Planche 5*
>
> 28" Le Petit Chaperon Rouge avec la grand-mère qui est chez elle. Ce qui m'ennuie c'est que la grand-mère n'est pas allongée, cette histoire est

axée sur la grand-mère qui ne peut pas se déplacer… alors à la place du loup ce serait un percepteur d'impôts, le petit chaperon rouge ce serait la grand-mère elle-même… et… euh… comment dire… et *idem*… la grand-mère ce serait son mari, le mari de la grand-mère. 2'45''

Procédés : Après un temps de latence long (CI-1), l'abord de la planche se fait par une fabulation hors image sous couvert d'une référence littéraire (A1-4, E2-1). Le commentaire, saturé en symbolisme hermétique (E2-1), est marqué par la perte totale des liens logiques (E3-3) où s'inscrivent la confusion des identités et le télescopage des rôles (E3-1).

Problématique : La représentation d'une image maternelle intrusive entraîne une désorganisation massive des liens logiques et une perte totale des repères identitaires.

Le conte enfantin renvoie à des fantasmes archaïques mêlant sexualité et angoisse de dévoration.

****

Planche 6BM

20'' La famille Boussardel, c'est tout. Je ne vois pas grand-chose. (?) Un bonhomme qui cherche du travail et ça, ça a l'air d'être sa maman ou une femme de ménage qui le présente à quelqu'un de la maison qui serait une personne influente. 2'

Procédés : Le titre donné à l'histoire apparaît comme une référence culturelle plaquée (A1-4) suivie d'un fort mouvement d'inhibition provoquant l'arrêt du discours (CI-1). La question du clinicien offre un étayage qui permet le repérage du contenu manifeste où la représentation masculine dévalorisée (CN-2-) apparaît dans la dépendance infantile à l'objet maternel ; ce qui nécessite une mise à distance de celui-ci par le recours à la dévalorisation (CN-2-). L'introduction d'un tiers (B1-2, CI-2, CN-2 +) anonyme et valorisé permet la mise en relation des personnages (B1-1) mais l'ensemble du récit reste vague et son déroulement est sans issue (CI-2, E4-2).

Problématique : L'introduction d'un tiers permet au sujet de préserver les limites entre soi et l'autre, en évitant aussi la confusion identitaire et tout abord du conflit.

****

Planche 7BM

15'' Ce serait l'histoire d'un gangster en train de discuter avec un agent de la CIA… et qui se ferait attraper à la fin de l'histoire. 50''

Procédés : Le récit est très restrictif (CI-1). Après une précaution verbale (A3-1), le recours à une référence culturelle (A1-4) permet une mise en relation des personnages (B1-1), essentiellement centrée sur la fonction. Les positions très contrastées (B2-3) où les rôles revêtent un aspect banalisant tout à fait plaqué (CF-1) renvoient en fait à un clivage bon/mauvais (CL-4).

Après une rupture du récit (CI-1), l'effort pour conclure en banalisant laisse paraître un possible télescopage des rôles (E3-1).

Problématique : L'exigence pulsionnelle ne permet pas de s'engager dans une conflictualisation père/fils, ce dont témoigne la non-reconnaissance de la différence des générations. Le clivage est réalisé à travers des représentations sociales opposées.

****

> *Planche 8BM*
>
> 8'' Là, je verrais l'histoire, l'enfance d'un médecin célèbre qui assisterait à des opérations douteuses et qui en serait marqué quoi… qui serait, comment dire, choqué par les circonstances rudimentaires des opérations. 1'

Procédés : En dépit d'une précaution verbale (A3-1) et d'une tentative d'intellectualisation (A2-2), la craquée verbale (E4-1) signe l'incapacité à construire un récit dans un déroulement temporel logique. La violence du fantasme sous-jacent (→ E2-3) engage une confusion des rôles et des identités (E3-1) qui, malgré le recours à une idéalisation mégalomaniaque (E2-2), interdit l'élaboration du récit (E3-3).

Problématique : L'implication intense dans le fantasme d'agression corporelle met au jour l'atteinte identitaire liée au défaut de structuration des repères temporo-spatiaux.

****

> *Planche 10*
>
> 30'' Je n'arrête pas de postillonner dans tous les sens ! (Essuie la planche). Je verrais l'histoire du chat, un chat, je ne sais pas si vous avez vu le film *Le Chat* ? avec Simone Signoret et Jean Gabin, dont la vie serait perturbée par la présence d'un chat. 1'40''

Procédés : Après un temps de latence long et une critique de soi (CN-2), la précaution verbale conduit à une évocation qui paraît hors image (A3-2, E2-2 : « Le chat »). La référence à un contenu culturel (A1-4) permet, dans un appel au clinicien (CM-1), l'ébauche minimale du conflit dans un couple de fiction (A2-1, CI-2).

Problématique : La destructivité potentielle du rapproché corporel appelle le recours au fictif, qui prend l'aspect d'une fabulation hors image par l'introduction d'un tiers incongru.

****

> *Planche 11*
>
> 10'' Fichtre, je vois pas grand-chose, une cascade, une chute… ce serait une exploration, l'histoire d'un explorateur… qui serait en train de… on aurait la vue de l'explorateur, on verrait ce qu'il voit lui, il serait à la recherche d'un trésor assez légendaire, l'arche de Noé. 1'30''

Procédés : Le chaos présenté par la planche entraîne l'expression de l'incapacité du sujet (CN-2). L'accrochage à des éléments descriptifs isolés (A3-4) ne permet pas la mise en place d'un cadre externe.

Après un arrêt du discours (CI-1), la précaution verbale introduit l'évocation intellectualisée d'un héros qui ne peut constituer un support identificatoire (A3-1, A2-2).

Le récit ne peut se dérouler et, après de nouvelles ruptures associatives (CI-1), se fige dans une confusion sujet de l'histoire/narrateur (CN-3, CL-1). Le recours final à une référence culturelle (A1-4) permet d'évoquer, à travers un thème rare (→ E2-2), la charge prégénitale de la planche.

Problématique : Le sujet, confronté ici à l'arbitraire des repères, est renvoyé à une quête des origines où s'inscrit la fragilité identitaire.

****

> *Planche 13B*
>
> Imm. Tom Sawyer… Tom Sawyer et euh… l'histoire que j'ai lue, il est chargé de repeindre le mur et il est en train de se demander quel copain il va trouver pour faire le travail à sa place. 40''

Procédés : L'appel immédiat à un héros littéraire (A1-4) et l'insistance sur le fictif (A2-1) ne permettent pas l'élaboration d'un récit (CI-1). À travers le trouble syntaxique (E4-1) et une fabulation hors-image (E2-1), apparaît le télescopage entre le personnage de fiction et celui de la planche (E3-1). Le recours à un personnage de substitution ne figurant pas sur l'image (E3-1) ne permet pas davantage d'élaborer le récit.

Problématique : Par la référence à Tom Sawyer, Sébastien tente d'inscrire dans l'humour la reconnaissance de la solitude. Mais dans la fuite du réel, l'angoisse dépressive inélaborable laisse paraître la problématique d'identité.

****

> *Planche 13MF*
>
> 2'' Roméo et Juliette, sauf qu'à la fin au lieu de se suicider, ils se marient (retourne la planche). Enfin, c'est dur car Roméo et Juliette avaient une famille (reprend la planche) enfin ils finissent par se remarier.

Procédés : La référence culturelle idéalisante (A1-4, CM-2 +) repose sur une évidente inadéquation perceptive (âge-époque) (E1-3) qui va se renforcer dans la tentative de déni des représentations massives suscitées par la planche (E2-3). Après une rupture (CI-3), le commentaire qui introduit d'autres personnages (B1-2) s'engage dans le flou et les associations courtes (E4-2, E4-3) pour échouer dans une totale désorganisation temporelle et logique (E3-3).

Problématique : La massivité des processus primaires met en évidence la déliaison entre les mouvements pulsionnels de vie et de mort.

****

> *Planche 19*
>
> (Bâille) 50" Ce serait l'histoire qui se passerait en pays nordiques… et… une histoire très banale d'un bûcheron et de sa vie quotidienne. 1'50"

Procédés : Le blocage associatif initial se marque dans la longue latence et la manifestation comportementale régressive (CI-1). Après une précaution verbale (A3-1), l'interprétation intègre un élément sensoriel (la neige) dans une évocation intellectualisée avec une référence géographique (A1-2) ; cette interprétation est compromise d'emblée par un discret trouble syntaxique (E4-1).

Après plusieurs arrêts (CI-1) et malgré l'introduction d'un personnage (B1-2), le récit demeure restrictif et banalisé à outrance (CI-2 ++).

Il faut noter le scotome manifeste (maison ou bateau) (E1-1).

Problématique : L'incapacité à différencier le dedans du dehors et à évoquer un contenant autorisant la projection bon/mauvais objet entraîne l'abrasion de tout mouvement pulsionnel.

****

> *Planche 16*
>
> 2" L'histoire d'un couple qui… serait, tiens pourquoi pas à la recherche d'un trésor, plus un trésor scientifique qu'un trésor matériel, dont le mari part en pèlerinage et revient chargé de certaines expériences pour en faire part à sa compagne, sa femme quoi et euh… ils finissent par trouver ensemble la formule qui permet de trouver le trésor, la formule scientifique. 1'48"

Procédés : Le récit, amorcé par la même tentative répétitive d'intellectualisation (A2-2) suivie par un silence (CI-1) et une précaution verbale (A3-1), est envahi par le flou, le symbolisme hermétique et les troubles syntaxiques (E2-1, E4-2, E4-1).

La thématique répétitive (*cf.* planches 2 et 11) débouche sur une issue mégalomaniaque (E2-2).

Problématique : Le vide de la planche fait resurgir le questionnement très intense initié par le fantasme originel. L'angoisse de cette quête sans cesse renouvelée appelle les défenses maniaques. Celles-ci permettent d'étayer un fantasme de complétude sexuelle donnant la toute-puissance.

5.2 Synthèse : Sébastien, 20 ans

Voir feuille de dépouillement page suivante.

5.3 Compte rendu

Sous l'apparente intellectualisation, le protocole de Sébastien présente une facture dont l'aridité résulte d'une impossibilité à construire une histoire en raison du poids de l'inhibition qui fige tout mouvement de vie (pas de verbe interactif).

Les procédés du discours s'articulent autour de trois axes principaux :

– A : rigides ;

– C : évitement du conflit ;

– E : émergences des processus primaires.

Les *procédés rigides* (A1-4, A3-1) renvoient à une pseudo-intellectualisation intervenant de façon compulsive dès la présentation des planches. Ces contenants culturels ont valeur de cadre externe destiné à contraindre l'excitation pulsionnelle ; ils empêchent, de fait, toute expression et toute élaboration psychique des conflits.

Ces procédés rigides *sont très fortement relayés par les procédés de la série C*, où domine l'inhibition, présents tout au long du protocole et qui mettent en évidence la neutralisation apparente des affects.

En effet, les procédés de la série labile sont quasi absents. L'introduction de personnages ne permet pas de mettre en scène de véritables relations.

Les procédés de la série CM et CN, représentés par une idéalisation de la fonction de l'objet, rendent compte d'une lutte antidépressive comme contre-investissement d'un narcissisme défaillant.

En dépit de la prégnance des procédés de contrôle et d'évitement du conflit, les *émergences en processus primaires* (E) infiltrent tout le protocole et traduisent l'intensité de l'activité pulsionnelle inférée à partir de l'attaque des liens de pensée, de la désorganisation des séquences temporelles et de la problématique identitaire manifeste dans le télescopage des rôles. Les scotomes d'objet manifeste tendent à effacer l'objet dès qu'il est susceptible d'activer les mouvements pulsionnels porteurs de destructivité.

En conclusion, les défenses par le contrôle et l'inhibition massivement représentées étouffent les mouvements pulsionnels et empêchent l'expres-

Série A Rigidité	Série B Labilité	Série C Évitement du conflit	Série E Émergences des processus primaires
A1 Référence à la réalité externe A1-1 : Description avec attachement aux détails avec ou sans justification de l'interprétation → A1-2 : Précisions : temporelle – spatiale – chiffrée A1-3 : Références sociales, au sens commun et à la morale +++ A1-4 : Références littéraires, culturelles **A2 Investissement de la réalité interne** → A2-1 : Recours au fictif, au rêve + A2-2 : Intellectualisation → A2-3 : Dénégation A2-4 : Accent porté sur les conflits intra-personnels – Aller/retour entre l'expression pulsionnelle et la défense **A3 Procédés de type obsessionnel** +++ A3-1 : Doute : précautions verbales, hésitation entre interprétations différentes, remâchage → A3-2 : Annulation A3-3 : Formation réactionnelle → A3-4 : Isolation entre représentations ou entre représentation et affect – Affect minimisé	**B1 Investissement de la relation** → B1-1 : Accent porté sur les relations interpersonnelles, mise en dialogue + B1-2 : Introduction de personnages non figurant sur l'image → B1-3 : Expressions d'affects **B2 Dramatisation** → B2-1 : – Entrée directe dans l'expression ; Exclamations ; Commentaires personnels. – Théâtralisme ; Histoire à rebondissements. B2-2 : Affects forts ou exagérés B2-3 : Représentations et/ou affects contrastés – Aller/retour entre désirs contradictoires B2-4 : Représentations d'actions associées ou non à des états émotionnels de peur, de catastrophe, de vertige… **B3 Procédés de type hystérique** B3-1 : Mise en avant des affects au service du refoulement des représentations → B3-2 : Érotisation des relations, symbolisme transparent, détails narcissiques à valeur de séduction B3-3 : Labilité dans les identifications	**CF Surinvestissement de la réalité externe** → CF-1 : Accent porté sur le quotidien, le factuel, le faire – Référence plaquée à la réalité externe → CF-2 : Affects de circonstance, références à des normes extérieures **CI Inhibition** +++ CI-1 : Tendance générale à la restriction (temps de latence long et/ou silences importants intrarécits, nécessité de poser des questions, tendance refus, refus) + CI-2 : Motifs des conflits non précisés, banalisation, anonymat des personnages → CI-3 : Éléments anxiogènes suivis ou précédés d'arrêt dans le discours **CN Investissement narcissique** CN-1 : Accent porté sur l'éprouvé subjectif – Références personnelles +++ CN-2 : Détails narcissiques – Idéalisation de la représentation de soi et/ou de la représentation de l'objet (valence + ou -) → CN-3 : Mise en tableau – Affect-titre – Posture signifiante d'affects CN-4 : Insistance sur les limites et les contours et sur les qualités sensorielles CN-5 : Relations spéculaires **CL Instabilité des limites** → CL-1 : Porosité des limites (entre narrateur/sujet de l'histoire ; entre dedans/dehors…) CL-2 : Appui sur le percept et/ou le sensoriel → CL-3 : Hétérogénéité des modes de fonctionnement (interne/externe ; perceptif/symbolique ; concret/abstrait…) → CL-4 : Clivage **CM Procédés anti-dépressifs** + CM-1 : Accent porté sur la fonction d'étayage de l'objet (valence + ou -) – Appel au clinicien + CM-2 : Hyperinstabilité des identifications CM-3 : Pirouettes, virevoltes, clin d'œil, ironie, humour	**E1 Altération de la perception** + E1-1 : Scotome d'objet manifeste E1-2 : Perception de détails rares ou bizarres avec ou sans justification arbitraire → E1-3 : Perceptions sensorielles – Fausses perceptions E1-4 : Perception d'objets détériorés ou de personnages malades, malformés **E2 Massivité de la projection** + E2-1 : Inadéquation du thème au stimulus – Persévération – Fabulation hors image – Symbolisme hermétique + E2-2 : Évocation du mauvais objet, thème de persécution, recherche arbitraire de l'intentionnalité de l'image et/ou des physionomies ou attitudes – Idéalisation de type mégalomaniaque → E2-3 : Expressions d'affects et/ou de représentations massifs – Expressions crues liées à une thématique sexuelle ou agressive **E3 Désorganisation des repères identitaires et objectaux** ++ E3-1 : Confusion des identités – Télescopage des rôles E3-2 : Instabilité des objets + E3-3 : Désorganisation temporelle, spatiale ou de la causalité logique **E4 Altération du discours** + E4-1 : Troubles de la syntaxe – Craquées verbales + E4-2 : Indétermination, flou du discours → E4-3 : Associations courtes E4-4 : Associations par contiguïté, par consonance, coq-à-l'âne…

Feuille de dépouillement : Sébastien, 20 ans

sion fantasmatique et affective, sans pour autant enrayer l'attaque des liens de pensée par les processus primaires.

■ *La problématique*

Par le recours constant à des références externes socioculturelles à valeur de contenant de pensée, Sébastien cherche à aménager un espace où peut se dire l'intensité de la quête identitaire et se révéler l'omniprésence de l'interrogation originaire.

L'énergie est essentiellement mobilisée pour éviter tout lien avec les objets. De ce fait, le conflit ne peut être pensé car la reconnaissance de l'autre fait peser la menace d'effraction et de confusion que véhicule une angoisse de destruction non représentable.

Ainsi, l'angoisse reste intensément active et attaque continuellement les liens de pensée. Sébastien est alors sans cesse confronté à la menace de la perte d'identité qui se dit par le vide de l'histoire personnelle.

Ces différents éléments permettent d'évoquer un diagnostic de psychose schizophrénique.

BIBLIOGRAPHIE

ANZIEU D. (1985). *Le Moi-peau*, Paris, Dunod, nouv. éd., 1995.

ANZIEU D. (1987). « Les signifiants formels et le moi-peau », *in* D. Anzieu *et al.*, *Les Enveloppes psychiques*, Paris, Dunod, 1-22.

ANZIEU D., CHABERT C. (1983). *Les Méthodes projectives,* Paris, PUF, 9e éd. mise à jour, 1992 ; 1re éd., 1961.

AZOULAY C., EMMANUELLI M. (2000). « La feuille de dépouillement du TAT : nouvelle formule, nouveaux procédés », *Psychologie clinique et projective*, *6*, 305-327.

ARON B. (1949). *A Manual for Analysis of the Thematic Apperception Test*, Berkeley, Californie, Willis & Berg.

BALKEN E.R., MASSERMAN J.H. (1940). « The language of phantasy III. The language of phantasies of patients with conversion hysteria, anxiety state, and obsessive-compulsive neuroses », *J. Psychol.*, *10*, 75-86.

BELLAK L. (1951). « Projective methods », *in Progress in Neurology and Psychiatry*, New York, Grune and Stratton.

BELLAK L. (1954*a*). *TAT, CAT and SAT in clinical use,* NY, Allyn and Bacon, 4e éd., 1986.

BELLAK L. (1954*b*). « A study of limitations and «failures». Toward and ego psychology of projective techniques », *J. Project. Techn.*, *18*, 3, 279-293.

BERGERET J. (1974). *La Personnalité normale et pathologique*, Paris, Dunod.

BERGERET J. (1975). *La Dépression et les états-limites*, Paris, Payot.

BERGERET J. (1979). *Abrégé de psychologie pathologique ; théorie et clinique*, Paris, Masson, 3e éd.

BOEKHOLT M. (1993). *Épreuves thématiques en clinique infantile. Approche psychanalytique,* Paris, Dunod.

BRELET F. (1981). « À propos du narcissisme dans le TAT », *Psychologie française*, *26*, 1, 24-37.

BRELET F. (1983). « TAT et narcissisme. Perspectives dynamiques et économiques », *Psychologie française*, numéro spécial « Techniques projectives II », *28*, 2, 119-123.

BRELET F. (1986). *Le TAT ; fantasme et situation projective*, Paris, Dunod.

BRELET F. (1987). « On cherche un metteur en scène », *Psychologie française*, numéro spécial « Cinquantenaire du TAT », *32*, 3, 137-140.

BRELET-FOULARD F. (1992). « Le discours mélancolique au TAT » *Bulletin de la Société du Rorschach et des méthodes projectives de langue française*, *36*, 67-76.

BRELET-FOULARD F. (1996). « Quelques notes à propos du penser dans la situation TAT », *Psychologie clinique et projective*, *2*, 2, 245-259.

BRELET-FOULARD F. (1999). « Processus de pensée », *in* C. Chabert, B. Brusset, F. Brelet-Foulard, *Névroses et fonctionnements limites*, Paris, Dunod, chap. 3, 131-175.

BRUSSET B. (1999). « Névroses et états limites », *in* C. Chabert, B. Brusset, F. Brelet-Foulard, *Névroses et fonctionnements limites*, Paris, Dunod, chap. 1, 3-70.

CASTORIADIS-AULAGNIER P. (1975). *La Violence de l'interprétation*, Paris, PUF, coll. « Le fil rouge ».

CHABERT C. (1983). *Le Rorschach en clinique adulte. Interprétation psychanalytique*, Paris, Dunod, nouv. éd. corrigée, 1997.

CHABERT C. (1987*a*). *La Psychopathologie à l'épreuve du Rorschach*, Paris, Dunod, nouv. éd. augmentée, 1998.

CHABERT C. (1987*b*). « Rorschach et TAT : antinomie et complémentarité », *Psychologie française*, numéro spécial « Cinquantenaire du TAT », *32*, 3, 141-144.

CHABERT C. (1992). « Les problématiques dépressives et leurs aménagements ; approche clinique et projective », *Bulletin de la Société du Rorschach et des méthodes projectives de langue française, 36*, 25-40.

CHABERT C. (1998). *Psychanalyse et méthodes projectives*, Paris, Dunod, coll. « Les Topos ».

DANA R.H. (1955). « Clinical diagnosis and objective TAT scoring », *J. Abnormal and Soc. Psychol., 50*, 19-25.

DANA R.H. (1959). « The perceptual organization TAT score : number order and frequency of components », *J. Project. Techn.*, *23*, 3.

DEBRAY R. (1978). « Le TAT en clinique psychosomatique. À propos du cas d'un jeune adolescent asthmatique », *Bulletin de la Société française du Rorschach et des méthodes projectives*, *31*, 83-92.

DEBRAY R. (1983). *L'Équilibre psychosomatique. Organisation mentale des diabétiques*, Paris, Dunod.

DEBRAY R. (1984). « Organisation psychique chez les diabétiques insulino-dépendants : apport du TAT », *Psychologie française*, *29*, 1, 101-103.

DEBRAY R. (1987*a*). « Le TAT aujourd'hui et demain », *Psychologie française*, numéro spécial « Cinquantenaire du TAT », *32*, 3, 127-130.

DEBRAY R. (1987*b*). « Qu'apporte le TAT à 6 ans ? » *Psychologie française*, numéro spécial « Cinquantenaire du TAT », *32*, 3, 157-159.

DEBRAY R. (1997). « TAT et économie psychosomatique. Un bilan actuel », *Psychologie clinique et projective*, *3*, 19-37.

DONNET J.-L., GREEN A. (1973). *L'Enfant de Ça*, Paris, Éditions de Minuit.

EMMANUELLI M. (1991). *Les Processus de pensée à l'adolescence*, thèse de doctorat, université René Descartes-Paris 5.

EMMANUELLI M. (1994). « Incidences du narcissisme sur les processus de pensée à l'adolescence », *La Psychiatrie de l'enfant*, *37*, 1, 249-305.

EMMANUELLI M., AZOULAY C. (2001). *Les Épreuves projectives à l'adolescence. Approche psychanalytique*, Paris, Dunod, coll. « Psychismes ».

FREUD A. (1936). *Le Moi et les mécanismes de défense,* trad. fr., Paris, PUF, 1949.

FREUD S. (1895). « Projet pour une psychologie scientifique », *Naissance de la psychanalyse*, Paris, PUF, 1956, 307-396.

FREUD S. (1912). *Totem et Tabou*, Paris, Gallimard, 1993.

FREUD S. (1915*a*). « Le refoulement », *Œuvres complètes*, XIII, Paris, PUF, 189-205.

FREUD S. (1915*b*). « Pulsions et destins des pulsions » *Métapsychologie*, Paris, Gallimard, 1968, 11-65 ; *Œuvres complètes*, tome XIII, Paris, PUF, 1988.

FREUD S. (1920). « Au-delà du principe de plaisir », *Essais de psychanalyse*, Paris, Payot, 1981, 41-117.

FREUD S. (1926). *Inhibition, Symptôme et Angoisse*, Paris, PUF, 1973.

FREUD S. (1928). « L'humour », *Le Mot d'esprit et ses rapports avec l'inconscient*, Paris, Gallimard, 1930, 366-376.

GREEN A. (1973). *Le Discours vivant,* Paris, PUF, coll. « Le fil rouge ».

GREEN A. (1983). *Narcissisme de vie, narcissisme de mort,* Paris, Éditions de Minuit.

GREEN A. (1990). *La Folie privée*, Paris, Gallimard.

GREEN A. (1993). *Le Travail du négatif*, Paris, Éditions de Minuit.

GREENACRE P. (1971). *Traumatisme, Croissance et Personnalité*, Paris, PUF.

GROSCLAUDE M. (1987). « Toutes les techniques sont projectives, et pourtant... Divergences et convergences dans le bilan. Le cas particulier du Wechsler », Communication au Symposium de la Société du Rorschach et des méthodes projectives de langue française, Strasbourg, 1987.

GUILLAUMIN J. (1977). *La Dynamique de l'examen psychologique*, Paris, Dunod.

HARTMANN H. (1954). *Essays on Ego Psychology.* New York, Int. Univ. Press.

HENRY W.E. (1956). *The Analysis of Fantasy. The Thematic Apperception Technique in the Study of Personnality*, New York, Wiley.

HOLT R.R. (1958). « Formal aspect of the TAT. A neglected resource ». *J. Project. Techn.*, *22*, 2, 163-172.

HOLT R.R. (1961). « The nature of TAT stories as a cognitive product », *in* Kagan et Lesser, *Contemporaries Issues in Apperceptive Methods*, New York, Charles C. Thomas Publishers.

HOLT R.R. (1978). *Methods in Clinical Psychology*, vol. I, *Projective Assessment*, New York, Plenum Press.

HUSAIN O., MERCERON C., ROSSEL F. (2001). *Psychopathologie et polysémie. Études différentielles à travers le Rorschach et le TAT*, Payot, Lausanne.

KERNBERG O. (1975*a*). *Les Troubles limites de la personnalité*, trad. fr., Toulouse, Privat, 1979.

KERNBERG O. (1975*b*). *La Personnalité narcissique*, trad. fr., Toulouse, Privat, 1980.

KLEIN M. (1934). « Contribution à l'étude de la psychogenèse des états maniaco-dépressifs », *Essais de psychanalyse*, Paris, Payot, 1972, 311-340.

KLEIN M. (1940). « Le deuil et ses rapports avec les états maniaco-dépressifs », *Essais de psychanalyse*, Paris, Payot, 1972, 340-369.

KLEIN M. (1948). *La Psychanalyse des enfants*, Paris, PUF, 1975.

LAGACHE D. (1961). «La psychanalyse et la structure de la personnalité », *in Œuvres IV, Agressivité et structure de la personnalité*, Paris, PUF, 1982, 191-237 : « Bibliothèque de psychanalyse ».

LAGACHE D. (1964). « Fantaisie, réalité, vérité », *Revue française de psychanalyse*, *28*, 4, 515-538.

LAGACHE D. (1966). « Point de vue diachronique en métapsychologie », *Revue française de psychanalyse*, *30*, 5-6, 811-818.

LAPLANCHE J. (1987). *Nouveaux Fondements pour la psychanalyse*, Paris, PUF.

LAPLANCHE J. (1992). *La Révolution copernicienne inachevée*, Paris, Aubier.

LAPLANCHE J. (1999). « Court traité sur l'inconscient », *Entre séduction et inspiration, l'homme*, Paris, PUF, 67-114.

LAPLANCHE J., PONTALIS J.-B. (1967). *Vocabulaire de psychanalyse*, Paris, PUF

MARTY P. (1976). *Les Mouvements individuels de vie et de mort. Essai d'économie psychosomatique*, Paris, Payot.

MARTY P. (1980). *L'Ordre psychosomatique. Désorganisations et régressions*, Paris, Payot.

MORGAN C.D., MURRAY H.A. (1935). « A method for investigating fantasies, the Thematic Apperception Test », *Arch. Neurol. Psychiat.*, 34, 289-306.

MURRAY H.A. (1938). *Explorations in Personality*, New York, Oxford University Press, trad. fr., *Exploration de la personnalité*, Paris, PUF, 1953, 2 vol.

MURRAY H.A. (1943). *Manuel du Thematic Apperception Test*, Cambridge, trad. fr., Paris, Centre de psychologie appliquée, 1950.

PIOTROWSKI Z.A. (1950). « A new evaluation of the TAT », *Psychoanalytical Review, 37*, 2, 101-127.

RAPAPORT D. (1946). *Diagnostic Psychological Testing*, Chicago Year Book Publishers.

RAPAPORT D. (1947). « The scoring and analysis of thematic apperception test », *J. Project. Techn.*, *24*.

RAPAPORT D. (1952). « Projective techniques and the theory of thinking », *J. Project. Techn.*, *26*, 3.

RAPAPORT D., GILL M., SCHAFER R. (1949). *Diagnostic Psychological Testing*, New York, Int. Univ. Press-Inc, 13e éd., 1984.

ROTTER J.B. (1940). « Studies in the use and validity of the thematic Apperception test with mentally disordered patients. Method of analysis and clinical problems », *Char. and Pers.*, *9*, 18-34.

SCHAFER R. (1958). « How was this story told ? », *J. Project. Techn.*, *22*, 2, 181-210.

SCHAFER R. (1967). *Projective Testing and Psychoanalysis*, New York, International University Press.

SYMONDS P.M. (1951). In E.S. Schneidman (Ed), *Thematic Test Analysis*, New York, Grune and Stratton.

SYMONDS P.M. (1954). « Are projective test data valid bases for prediction ? », *J. Project. Techn.*, *18*, 4.

TOMKINS S (1947). *The TAT. Theory and Technique of Interpretation*, New York, Grune and Stratton.

WIDLÖCHER D. (1980). « Introduction à l'ouvrage de O. Kernberg », *La Personnalité narcissique*, Toulouse, Privat.

WIDLÖCHER D. (1984). « Le psychanalyste devant les problèmes de classification », *Confrontations psychiatriques*, *24*, 141-157.

WINNICOTT D.W. (1971). *Jeu et Réalité. L'espace potentiel*, trad. fr., Paris, Gallimard, 1975.

■ *Articles et ouvrages de Vica Shentoub*

SHENTOUB V. (1955) « Le Thematic Apperception Test en neuropsychiatrie infantile », *Revue de neuropsychiatrie infantile et d'hygiène mentale de l'enfance*, *3*, 11-12, 588-593.

SHENTOUB V., JAMPOLSKY P., RAUSCH DE TRAUBENBERG N. (1956) « Les techniques projectives et la neuropsychiatrie infantile », *Revue de neuropsychiatrie infantile*, *4*, 245-262.

SHENTOUB V., HEUYER G., RAUSCH DE TRAUBENBERG N., JAMPOLSKY P., RIVET J. (1956). « L'examen psychologique dans la schizophrénie juvénile », *Revue de neuropsychiatrie infantile*, *4*, 419-342.

SHENTOUB V. (1957). « Le TAT et la schizophrénie juvénile ; considérations méthologogiques », *Psychologie française*, *2*, 3, 185-189.

SHENTOUB V., RAUSCH DE TRAUBENBERG N. (1958). « Les techniques projectives ; problèmes théoriques de la validation », *La Psychiatrie de l'enfant*, *1*, 1, 238-246.

SHENTOUB V., SHENTOUB S.A. (1958). « Contribution à la recherche de la validation du TAT : feuille de dépouillement », *Revue de psychologie appliquée*, *8*, 4, 275-341.

SHENTOUB V., SHENTOUB S.A. (1969). « Interprétation de réponses psychotiques tirées de deux protocoles de TAT ; intérêt de la structuration dynamique des affects », *Psychologie française*, *4*, 2, 148-152.

SHENTOUB V, DUCHÉ J., ENGELS C. (1959). « Incidence de la cure de Sakel sur les tests psychologiques des adolescents schizophrènes », *Revue de neuropsychiatrie infantile et d'hygiène mentale de l'enfance*, *9-10*, 3-11.

SHENTOUB V., SHENTOUB S. (1960). « Recherche expérimentale et clinique du thème "banal" dans le TAT », *La Psychiatrie de l'enfant*, *3*, 2, 405-524.

SHENTOUB V. (1961). « Fonction du test projectif dans un travail d'équipe », *Psychologie française*, *7*, 2, 126-133.

SHENTOUB V. (1963). « Conflit et structure dans le TAT chez l'enfant », *Revue de neuropsychiatrie infantile*, *11*, 5-6, 305-309.

SHENTOUB V., BASSELIER M.-J. (1963). « Problèmes du diagnostic structural dans les états phobo-obsessionnels de l'enfant », *Revue de neuropsychiatrie infantile*, *11*, 5-6, 311-320.

SHENTOUB V. (1967). *Le devenir des manifestations phobo-obsessionnelles de la pré-puberté à l'adolescence*, thèse de doctorat de 3ème cycle, Paris, 183 pages.

SHENTOUB V. (1968-1969.) *Le Thematic Apperception Test de Henry A. Murray*, cours polycopié, Institut de psychologie.

SHENTOUB V., DEBRAY R. (1969). « Contribution du TAT au diagnostic différentiel entre le normal et le pathologique chez l'enfant », *La Psychiatrie de l'enfant*, *12*, 1, 241-266.

SHENTOUB V., DEBRAY R. (1970-1971*a*). « Fondements théorique du processus-TAT », *Bulletin de psychologie*, *24* , 292, 12-15, 897-903.

SHENTOUB V., DEBRAY R. (1970-1971*b*). « Organisation de la personnalité de l'enfant qui présente des difficultés d'expression verbale ; contribution du TAT », *Bulletin de psychologie*, *24*, 292, 12-15, 903-908.

SHENTOUB V., DEBRAY R. (1971). « Diagnostic différentiel entre des états pathologiques chez le jeune adulte. Étude de quatre cas ; contribution du TAT et des épreuves d'efficience intellectuelle », *La Psychiatrie de l'enfant*, *14*, 1, 233-272.

SHENTOUB V. (1972-1973). « Introduction théorique à la méthode du TAT », Cours de 1971-1972, enseigné à l'Institut de psychologie et publié dans le *Bulletin de psychologie*, *26*, 305, 10-11, 582-602.

SHENTOUB V. (1973). « À propos du normal et du pathologique dans le TAT », *Psychologie française*, *18*, 4, 251-259.

SHENTOUB V. (1976). « Le TAT », p. 368-373, *in* « Approches projectives en France. Réalisation et tendances », *Revue de psychologie appliquée*, *26* (numéro spécial), 359-400 (en collaboration avec N. Rausch de Traubenberg, M. Backes-Thomas, M. Monod, R. Perron).

SHENTOUB V., DEBRAY R. (1978-1979). « Que faire d'une excessive richesse fantasmatique ? Interprétation d'un protocole inhabituel de TAT », *Bulletin de psychologie*, *32*, 339, 3-7, 309-322.

SHENTOUB V. (1981). « TAT test de créativité », *Psychologie française*, 26, 1, 66-70.

SHENTOUB V., RAUSCH DE TRAUBENBERG N. (1982). « Test de projection de la personnalité », *Encyclopédie médico-chirurgicale*, 9-1982, 37190 A 10.

SHENTOUB V. (1987). « TAT : théorie et méthode » *Psychologie française*, numéro spécial « Cinquantenaire du TAT », *32*, 3, 117-126.

SHENTOUB V. *et al.* (1990). *Manuel d'utilisation du TAT. Approche psychanalytique*, Paris, Dunod.

049038-(II)-(3)-OSB 100°-ALM-VCT

STEDI MEDIA, 1, boulevard Ney, 75018 Paris
Dépôt légal, Imprimeur, n° 8902
Dépôt légal : mars 2005, suite du tirage : septembre 2006 *Imprimé en France*
Dépôt légal 1re édition : 2e trimestre 1990